TEORIA GERAL DA ESTRATÉGIA

O essencial ao processo estratégico

ANTÓNIO SILVA RIBEIRO

TEORIA GERAL DA ESTRATÉGIA

O essencial ao processo estratégico

Prefácio de
Adriano Moreira

TEORIA GERAL DA ESTRATÉGIA
O essencial ao processo estratégico

AUTOR
ANTÓNIO SILVA RIBEIRO

EDITOR
EDIÇÕES ALMEDINA, SA
Av. Fernão Magalhães, n.º 584, 5.º Andar
3000-174 Coimbra
Tel.: 239 851 904
Fax: 239 851 901
www.almedina.net
editora@almedina.net

PRÉ-IMPRESSÃO | IMPRESSÃO | ACABAMENTO
G.C. – GRÁFICA DE COIMBRA, LDA.
Palheira – Assafarge
3001-453 Coimbra
producao@graficadecoimbra.pt

Julho, 2009

DEPÓSITO LEGAL
295689/09

Os dados e as opiniões inseridos na presente publicação
são da exclusiva responsabilidade do(s) seu(s) autor(es).

Toda a reprodução desta obra, por fotocópia ou outro qualquer
processo, sem prévia autorização escrita do Editor, é ilícita
e passível de procedimento judicial contra o infractor.

Biblioteca Nacional de Portugal – Catalogação na Publicação

RIBEIRO, António Silva

Teoria geral da estratégia: o essencial
ao processo estratégico.
ISBN 978-972-40-3897-1

CDU 355
     32

ÍNDICE

Lista das abreviaturas. 7
Lista das figuras 9
Prefácio 11
Introdução 15

CAPÍTULO I – **ESTRATÉGIA COMO PROCESSO**. 21
1. Componentes do conceito 21
    1.1. Ciência e arte 22
    1.2. Edificar, dispor e empregar 32
    1.3. Meios de coacção, meio e tempo 34
    1.4. Objectivos fixados pela política 37
    1.5. Superar problemas e explorar eventualidades 41
    1.6. Ambiente de desacordo 45
2. Relações com a segurança nacional e a defesa nacional 47
    2.1. Segurança nacional. 48
    2.2. Defesa nacional 54
3. Concepções particulares. 61
    3.1. Plano. 62
    3.2. Manobra 63
    3.3. Modelo comportamental 64
    3.4. Posição. 67
    3.5. Perspectiva. 70
    3.6. Complementaridade das concepções particulares 72
4. Divisões. 74
    4.1. Formas de coacção. 75
    4.2. Ramos da estratégia 82
    4.3. Estilo de acção 86
    4.4. Finalidade de emprego dos meios de coacção 90

CAPÍTULO II – **ELEMENTOS ESSENCIAIS DO PROCESSO ESTRATÉGICO** ... 99

1. Modalidade de acção 99

2. Factores de decisão 106

3. Níveis de decisão e execução. 111

4. Princípios e regras 122
    4.1. Existência e utilidade 122
    4.2. Princípio da importância do objectivo 133
    4.3. Princípio da economia de esforço 142
    4.4. Princípio da liberdade de acção 166

5. Centro de gravidade 179

6. Vantagem estratégica 185

7. Provas da estratégia 190

CAPÍTULO III – **INTERACÇÃO ESTRATÉGICA** 197

1. Tipologia dos processos 197
    1.1. Características 197
    1.2. Processos conjuntivos 202
    1.3. Processos disjuntivos 205

2. Formas de acção. 208
    2.1. Pacíficas 209
    2.2. Não pacíficas 218

3. Modelos de acção estratégica. 227

CONCLUSÕES 236

BIBLIOGRAFIA 239

ÍNDICES REMISSIVOS 247

Índice remissivo de assuntos 249

Índice remissivo onomástico 257

LISTA DAS ABREVIATURAS

AIEA	– Agência Internacional de Energia Atómica
ANZUS	– *Australia, New Zeland and the United States*
BIRD	– Banco Internacional para a Reconstrução e o Desenvolvimento
CIA	– *Central Intelligence Agency*
CNUCED	– Conferência das Nações Unidas sobre o Comércio e o Desenvolvimento
COMECON	– *Council for Mutual Economic Assistance*
CPLP	– Comunidade dos Países de Língua Portuguesa
EFTA	– *European Free Trade Association*
EUA	– Estados Unidos da América
FAO	– *Food and Agriculture Association*
FMI	– Fundo Monetário Internacional
GATT	– *General Agreement on Tariffs and Trade*
IDN	– Instituto da Defesa Nacional
LDNFA	– Lei de Defesa Nacional e das Forças Armadas
NATO	– *North Atlantic Treaty Organization*
OCDE	– Organização para a Cooperação e Desenvolvimento Económico
OEA	– Organização dos Estados Americanos
OIT	– Organização Internacional do Trabalho
OMM	– Organização Meteorológica Mundial
OMS	– Organização Mundial de Saúde
ONU	– Organização das Nações Unidas

OUA	– Organização da Unidade Africana
PNUDI	– Programa das Nações Unidas para o Desenvolvimento
RAF	– *Royal Air Force*
RBA	– *Revolution on Business Affairs*
RMA	– *Revolution on Military Affairs*
UIT	– União Internacional de Telecomunicações
UNESCO	– *United Nations Educational, Scientific and Cultural Organization*
UNICEF	– *United Nations Children's Fund*
UPU	– *Universal Postal Union*
URSS	– União das Repúblicas Socialistas Soviéticas

LISTA DAS FIGURAS

Fig. 1 – Níveis de protecção a alcançar	53
Fig. 2 – Relações entre concepções particulares de estratégia.	67
Fig. 3 – Divisões da estratégia quanto às formas de coacção	76
Fig. 4 – Níveis de decisão e de execução	119
Fig. 5 – Factores de decisão, princípios e regras da estratégia	129
Fig. 6 – Tipologia dos processos de interacção internacional	200
Fig. 7 – Caracterização das relações internacionais de conflito, de oposição e de competição	211
Fig. 8 – Formas de acção pacíficas	220
Fig. 9 – Modelos de acção estratégica a nível integral	233

PREFÁCIO

Este livro marca um avanço digno de registo no estudo da *Estratégia*, que foi por mim introduzido nos currículos da Universidade Técnica (ISCSP), alargando ali a área das relações internacionais. As razões para adoptar essa orientação foram várias, podendo destacar-se as seguintes: tinha sido importante a contribuição dos Estados-Maiores ocidentais, na guerra de 1939-1945, para desenvolver a interdisciplina, não apenas para organizar a utilização dos programas científicos e técnicos que determinaram a evolução das artes da guerra, mas também para conseguir harmonizar a intervenção da cadeia de comando em relação a contingentes compostos por uma multiplica diversidade de etnias, culturas, e religiões; depois, a exigência, que continuou a acentuar-se na guerra fria, de as organizações de segurança e defesa recorrerem ao out-sorcing, com alguma deriva inquietante para a privatização da guerra; entre nós, para dar maior expressão ao saber das instituições de ensino superior militar, uma parcela valiosa da qualidade da investigação e ensino em que tem de assentar o envolvimento português na competição pela excelência que orienta a articulação transnacional de todas as instituições.

Não é fácil, nesta entrada do milénio, conceptualizar a mudança acelerada de paradigmas, e organizar uma lógica de resposta à conjuntura, sem ter presente que, na expressão de Popper, o aparecimento de um único cisne negro destrói a convicção de que todos os cisnes são brancos: nesta data o cisne negro aponta para uma transformação da estrutura política do planeta sem modelo orientador confiável, tendo sempre presente que os riscos de guerra não podem considerar-se eliminados, tudo a exigir uma verdadeira revolução intelectual e uma meditação profunda sobre os valores de referência.

A era de Clausewitz era apoiada em discursos famosos, dos quais talvez algumas das intervenções de Winston Churchill representem o ponto final. No dia 13 de Maio de 1940, dirigindo-se ao Parlamento inglês, afirmou o seguinte: "Digo à Câmara, como já o disse aos ministros que se juntaram a este governo, que nada mais tenho para oferecer do que sangue, trabalho, lágrimas e suor. Temos perante nós uma terrível provação. Temos perante nós muitos e muitos anos de luta e sofrimento. Perguntais, qual é a nossa política? Eu respondo, é travar a guerra em terra, no mar, e no ar. Combater com todo o nosso poder e toda a força que Deus nos der, travar a guerra contra essa monstruosa tirania nunca antes ultrapassada no negro e lamentável catálogo dos crimes contra a humanidade".

O meio século de guerra fria, durante o qual esteve sempre presente na memória dos dois blocos, NATO e VARSÓVIA, a experiência brutal do bombardeamento atómico do Japão a inspirar a contenção das capacidades partilhadas de destruir a humanidade, terminou com a queda do Muro de Berlim em 1989, com um avanço científico e técnico que orientou para novas disciplinas de segurança e defesa.

Em primeiro lugar para a revisão das políticas militares, em busca de uma racionalização das estruturas e do armamento, tendo presente o fim da *balance of power*, com os EUA dotados de "An overstuffed armed forces" (Lawrence J. Kork), a caminho de uma sofisticação de meios sem precedentes, que conduziu ao conceito de *exército de laboratório* e de *guerra cirúrgica*, concebido como levando à vitória com apenas perdas do adversário.

Aquilo que não foi possível prospectivar confiavelmente foi a espécie de conflitos futuros, à medida que se multiplicavam os factos que envelheciam a experiência anterior: a necessidade de reformular a histórica directiva da preparação soberana para a guerra como condição de assegurar a paz, ganhou exigência com o processo de formação da União Europeia, com as antigas grandes potências a convencionarem o controlo dos armamentos em conferências plurilaterais, com definição de "*medidas de confiança e segurança*", tudo sem todavia eliminar a "mentira real" das relações entre Estados.

A realidade foi entretanto acentuando a "*mudança de natureza das ameaças*", como que desenhando dois mundos diferentes, na concepção de Maurice Bertrand (*Le fin de l'Ordre Militaire, 1996*): um mundo, como que emergente, em que os riscos das guerras tradicionais subsiste, envolvendo sobretudo as recentes soberanias nascidas no que os ocidentais chamaram "*o resto do mundo*", regiões pobres, pouco desenvolvidas, por vezes com regimes ditatoriais, com fracturas e composições plurais, étnicas e culturais, herdadas da situação colonial, sofrendo os efeitos colaterais do globalismo económico; com o diferente mundo, das sociedades afluentes e consumistas, sediadas na área que foi chamada a "*cidade planetária*" do norte do Globo, sem questões territoriais importantes, incluindo os poderes emergentes como a China, e que vão formulando e aderindo a uma nova percepção da segurança global, fazendo progredir o conceito de "*sistema de segurança*", muito apoiado na doutrinação da ONU, que vai parecendo agora menos escutada.

Esta circunstância temporal de mudança não assegura que a síntese final prospectivada de um tal sistema tenha um trajecto livre de acidentes, o que alimentará sempre uma problemática apreensão: doutrinas como a do *fim da história* (Fukuyama), do unilateralismo dos EUA, da concepção da *guerra cirúrgica*, da assumida "*revolução nas questões militares*" apoiada nos sofisticados avanços tecnológicos e nas tecnologias da informação promissoras de vitórias sem custos operacionais, tudo proporcionando redução de efectivos profissionalizados, não impediram que a realidade desencadeasse "*ruturas em cascata*" (Étienne de Durand), como demonstram o Iraque e o Afeganistão, duvidosamente entre os caminhos da guerra e manutenção da paz.

O facto é que a tranquilizante sofisticação tecnológica dos ocidentais é desafiada pela proliferação das armas de destruição maciça, com a gravidade da ameaça no Irão e na Coreia do Norte, e o fundado receio que admite o estabelecimento próximo de duas dezenas de potências mundiais; por outro lado, uma teoria de *novos conflitos*, e *novas ameaças*, o *desafio do forte ao fraco*, o *terrorismo global*, excedem os conceitos operacionais da racionalização tentada pela RMA – uma anunciada revolução nas forças armadas.

O recurso à semântica paliativa talvez não seja suficiente para dar validade, mais que auxiliar, aos propostos conceitos operacionais: os franceses distinguem *coercition* de *maîtrise de la violence*, os americanos distinguem entre *guerra* e *outras operações*, diferenciando, como que ideologicamente, entre *alta tecnologia* e *rusticidade*, entre *guerra* e *conflitos atípicos* (Herfried Münkler, John Keegan).

Esta situação, encaminha para reconhecer que desponta um novo, mas apenas vislumbrado, internacionalismo, pondo o acento tónico na *segurança*, que inspira a investigação, a doutrina, e a governança, com um longo caminho a percorrer.

O desígnio da segurança, que inclui ameaças militares e não militares, tem obstáculos inesperados, como acontece com o desastre financeiro global que marca a entrada no milénio.

A conjuntura exige uma metodologia de *pensamento complexo*, que ganha com o esforço de contribuir para uma *Crítica da Estratégia Pura*, linha em que se insere esta brilhante tese do Almirante Doutor Silva Ribeiro, galardoado com a mais alta classificação que reconheceu uma carreira simultaneamente académica e profissionalmente activa. A intervenção de Clausewitz não fica porém dispensada, quando se avalia a complexidade da globalização, a qual não extinguiu a validade da atenção ao facto de que a guerra é um *"verdadeiro camaleão"*, e à circunstância de que *"na guerra, cada um dita a lei do outro"*. A assimetria não elimina os factos, a sofisticação tecnológica não apoia descasos no que toca à reformulação de resposta à desafiante segurança, a teorização estratégica estará sempre atenta a que a realidade fará inesperadamente aparecer um cisne negro que a desmente.

ADRIANO MOREIRA

INTRODUÇÃO

O forte incremento das acções estratégicas indirectas dos Estados na segunda metade do século XX, contribuíu decisivamente para o desvanecimento da fronteira intangível entre o que, tradicionalmente, se designa por estado de paz e estado de guerra. Assim aconteceu porque aqueles actores mantêm, em permanência e a qualquer nível e âmbito, complexas relações intermédias de natureza estratégica.

Estas circunstâncias tiveram importantes repercussões sobre as actividades de preparação e emprego dos sistemas estratégicos nacionais, uma vez que os Estados estão permanentemente ameaçados, no seu conjunto, por diversas formas de coacção, insidiosas ou directas, que se combinam e fortalecem reciprocamente, sendo as mais comuns de natureza económica/tecnológica e psicológica/ideológica, com recurso a meios e processos irregulares.

Em consequência, a noção clássica de defesa nacional passou: a aplicar-se permanentemente; a envolver a totalidade dos recursos e actividades de cada Estado; a englobar medidas de preparação técnica e psicológica, desenvolvidas com grande antecedência relativamente às contingências a que se destinam, de forma a dissuadir ou a aumentar a capacidade de resistência; a conjugar as responsabilidades estratégicas sob a direcção única de uma entidade, como acontece às forças militares em operações.

Nestas circunstâncias, justifica-se apresentar o quadro teórico essencial ao processo estratégico, isto é, para a aplicação ao conjunto sequencial e peculiar de acções que têm como objectivo habilitar os responsáveis estratégicos a determinar a ordem das ameaças a superar e das oportunidades a explorar, utilizando potencialidades e colmatando vulnerabilidades. Este processo é usado para preparar e empregar o poder nacional na materialização dos objectivos nacionais.

A investigação científica sobre a teoria da estratégia tem sido rara em Portugal, onde uma convencional tradição anti-estratégica se aliou ao quadro intelectual do liberalismo, para fomentar alguma rejeição e para desvalorizar a importância do tema. Persistentemente, após 1974, alguns sectores das elites política e intelectual do país têm manifestado relutância relativamente aos assuntos estratégicos. Esta postura explica o forte atraso em que se encontra a investigação científica sobre a teoria da estratégia, e a dificuldade da sua integração nos currículos universitários de um país democrático e moderno, mas sujeito a desafios estratégicos diversos e permanentes. Nestas circunstâncias, percebe-se porque são poucas as obras fundamentais sobre a teoria da estratégia, escritas por portugueses a pensar em Portugal. A maioria delas são estudos sectoriais sobre o processo ou o contexto estratégico, que não integram os conceitos operacionais necessários para terem uma validade teórica geral. Por conseguinte, os estudantes, os decisores e os executantes da estratégia, quando necessitam dessas obras, têm de recorrer ao estrangeiro, sobretudo aos EUA e ao Reino Unido, onde há um esforço sistemático de investigação no campo da teoria da estratégia, fruto das ligações organizadas entre o Estado, as empresas e as universidades.

O presente texto aborda os conceitos operacionais da estratégia que a experiência do autor como estrategista levou a considerar como sendo os essenciais ao processo estratégico. Tendo como referência fundamental esta preocupação, realizaram-se leituras e entrevistas exploratórias, sustentadas numa permanente observação participante sobre o tema.

Relativamente às leituras exploratórias, procurou garantir-se que assegurassem a qualidade da problematização e permitissem tomar contacto com trabalhos anteriores que se debruçaram sobre objectos semelhantes. O critério de selecção das obras consultadas não tomou como factor a idade, mas a qualidade do seu conteúdo; isto é, a superior capacidade para explicar determinado aspecto relacionado com os fundamentos da teoria da estratégia. Porém, o tempo não só não envelhece os trabalhos que são verdadeiramente bons, como tem a capacidade de revelar a respectiva qualidade.

As entrevistas exploratórias a docentes, investigadores, especialistas e peritos com um conhecimento privilegiado em estratégia, tiveram o carácter muito informal da troca de pontos de vista. Contudo, ajudaram a tomar contacto com a realidade por eles vivida, pouparam tempo de leitura e facilitaram a identificação do quadro conceptual da estratégia. Das entrevistas realizadas, destacam-se os contributos dos: docentes e investigadores, mais direccionados para o conteúdo dos conceitos da estratégia; especialistas e peritos, mais focalizados no processo estratégico. Tendo assumido, em circunstâncias e tempos diversos, responsabilidades nestes dois níveis de análise, utilizaram-se as entrevistas exploratórias para obter o máximo de informação de qualidade sobre o tema.

A permanente observação participante foi o método complementar exploratório que mais ajudou a tomar contacto com as necessidades de sustentação teórica do processo estratégico. Todavia, também se recorreu, ainda que pontualmente, a alguma observação diferida, feita a partir da investigação a trabalhos elaborados em Portugal e em países aliados.

Escolhido o tema, efectuadas as leituras e as entrevistas exploratórias, bem como usados os métodos complementares exploratórios, identificou-se e explicitou-se a seguinte questão central: «Que conceitos operacionais da estratégia são essenciais à sustentação teórica do processo estratégico?». Esta questão central, à qual a obra procura responder, foi identificada e explicitada a partir da comparação das diversas abordagens reveladas pelas leituras, pelas entrevistas e pela observação participante, de forma a evidenciar aquela que se considerou como a mais adequada para a realização da investigação e para a apresentação dos resultados, caracterizada por três questões derivadas, que traduzem a problemática:

– Qual o conteúdo do conceito de estratégia como processo?
– Quais os elementos essenciais do processo estratégico?
– Quais as características básicas da interacção estratégica?

A identificação e explicitação desta problemática foi uma tarefa complexa, que obrigou a diversas interacções com as leituras, as entrevistas e a observação participante, aperfeiçoando-a de forma a definir o objecto de estudo em conformidade com o ângulo que se pretende explorar, e a expor a orientação teórica escolhida, esclarecendo qual o sistema conceptual organizado. Para a realização de tal tarefa usaram-se diversos critérios. Houve o cuidado de evitar que o entusiasmo ou os requisitos profissionais levassem a empreender um trabalho que, embora útil, fosse intelectualmente vulgar. Também se teve em atenção a necessidade de relacionar o problema com a actividade profissional própria e com o gosto pelo seu conhecimento. Por conseguinte, na identificação e explicitação do problema, houve um esforço, não só, para a sua adequação aos interesses pessoais mas, também, para que respondesse a critérios académicos, onde a originalidade do pensamento e das ideias foi uma preocupação muito marcante, para se conseguir apresentar alguma novidade à comunidade científica.

Os conceitos operacionais apresentados são apenas os relevantes para o processo estratégico. Para os seleccionar, em primeiro lugar, identificaram-se os conceitos mais gerais da estratégia. Depois, em torno deles, dispuseram-se os conceitos intermédios, ou de 1ª ordem, e os conceitos particulares, ou de 2ª ordem, estabelecendo as suas ligações, de forma a que aqueles processos disponham de uma integração conceptual tão sólida, ampla e objectiva quanto possível. Os conceitos incluídos na obra são construções abstractas, que visam dar conta do real, isto é, apresentar um entendimento geral sobre o processo estratégico.

Dos conceitos apresentados, a grande maioria são operatórios, embora existam alguns sistemáticos. Os conceitos operatórios resultam de construções empíricas, realizadas por outros autores a partir de observações directas ou de informações por eles recolhidas. Foram desenvolvidos do particular para o geral, partindo de indicadores que o real apresentou, devidamente seleccionados, reagrupados, ou combinados. Os conceitos sistemáticos resultam de construções lógicas, que se realizaram por raciocínio abstracto-dedutivo, por analogia e por oposição. Foram desenvolvidos do geral para o particular, partindo de paradigmas criados por autores clássicos, mas estudando cada conceito em relação a outros conceitos e indicadores. Neles se incluem, em especial, os princípios e as regras da estratégia.

O texto é composto por três capítulos dedicados à identificação, ao debate e ao desenvolvimento dos conceitos operacionais do processo estratégico.

O capítulo I estuda o conceito de estratégia como processo, debatendo os seus componentes, caracterizando as relações com os conceitos de segurança nacional e de defesa nacional, passando em revista as concepções particulares de estratégia como plano, manobra, modelo comportamental, posição e perspectiva, abordando ainda a complementaridade destas concepções. Apresenta, também, as divisões do conceito de estratégia quanto às formas de coação, aos ramos da estratégia, ao estilo de acção e à finalidade de emprego dos meios de coação.

O capítulo II caracteriza os elementos essenciais do processo estratégico, nomeadamente, a modalidade de acção, os factores de decisão, os níveis de decisão e execução, os princípios e as regras da estratégia, o centro de gravidade, a vantagem estratégica e as provas da estratégia.

O capítulo III debate as características básicas da interacção estratégica, apresentando a tipologia dos processos, as formas de acção e os modelos de acção estratégica.

O quadro taxonómico apresentado foi desenvolvido de forma a revelar coerência interna e coesão, para além de generalidade e flexibilidade em níveis suficientes para permitirem a eventual integração de novas categorias e variáveis resultantes de futuras investigações. Também se procurou garantir a sua compatibilidade com os conceitos operacionais das relações internacionais, relativos à estrutura, aos actores, aos instrumentos de acção e aos instrumentos de controle, que se encontram estudados com actualidade em bibliografia da especialidade produzida em Portugal.

CAPÍTULO I

ESTRATÉGIA COMO PROCESSO

1. Componentes do conceito

Apesar do esforço intelectual realizado por eminentes pensadores, a estratégia continua a ser uma das ciências humanas menos desenvolvidas, e o seu significado permite bastante controvérsia e múltiplas interpretações, em resultado de estar associado a inúmeras situações em relação às quais, como notou Couto[1], a guerra constitui o modelo original.

Embora a evolução histórica e a generalização do conceito de estratégia, por si só, permitissem e justificassem um estudo de grande profundidade, tal implicaria um desvio do objecto da presente investigação. Por

---

[1] Couto, Abel, *Elementos de Estratégia*, p. 195. O termo estratégia entrou na linguagem dos negócios após a II Guerra Mundial, quando os militares começaram a discutir se alguns dos elementos que tinham permitido alcançar o sucesso na guerra, podiam ser aplicados à actividade empresarial, de forma a reconstruir e reanimar a economia mundial. Neste contexto, destaca-se o emprego da estratégia como disciplina de gestão a partir da década de 1960, em resultado dos trabalhos de Ansoff na área do planeamento estratégico empresarial (Ansoff, H. Igor, *Corporate Strategy*, Nova Iorque, McGraw-Hill, 1965) e de Chandler no campo da estratégia e estrutura das organizações (Chandler, A. D., *Strategy and Structure: Chapters in the History of the Industrial Enterprise*, Cambridge, MIT Press, 1962). Desde este tempo que a estratégia tem assumido uma relevância crescente no campo das práticas de gestão empresarial, como é evidente, por exemplo, nos trabalhos de: Whipp, R. «Creative deconstruction: strategy and organization» em, Clegg, S. R., Hardy, C. e Nord, W. R., ed., *Handbook of Organisation Studies*, Londres, Sage, 1996, pp. 261 a 275; Knights, D. e Morgan, G., «Strategic discourse and subjectivity: towards a critical analysis of corporate strategy in organization», *Organization Studies*, nº 12, vol. 3, 1991, pp. 251 a 273.

isso, recorreu-se aos resultados da dissertação de mestrado[2], complementados por reflexões posteriores que acrescentaram clareza, simplicidade e rigor ao conceito, de forma a ser possível definir a estratégia como a ciência e a arte de edificar, dispor e empregar meios de coacção num dado meio e tempo, para se materializarem objectivos fixados pela política, superando problemas e explorando eventualidades em ambiente de desacordo.

Como a palavra estratégia caiu no uso comum, é essencial caracterizar com algum detalhe o significado de cada um dos componentes do conceito, para que se possa inferir a sua função no processo estratégico que o Estado[3] adoptará nas relações internacionais. Isto é, no conjunto sequencial e peculiar de actividades destinadas a gerar, a criar, a compor, a organizar, a articular e a utilizar as respectivas capacidades, nas acções destinadas a contribuir para a materialização de objectivos nacionais[4].

1.1. Ciência e arte

O primeiro componente do conceito de estratégia proposto é formado pela ciência e pela arte. A estratégia é uma ciência, porque se compõe de

---

[2] Ribeiro, António Silva, *Planeamento da Acção Estratégica Aplicado ao Estado*, Lisboa, Minerva, 1997.

[3] Lara, António de Sousa, *Ciência Política – Estudo da ordem e da subversão*, Lisboa, Instituto Superior de Ciências Sociais e Políticas, 2004, p. 211, considera que, segundo a perspectiva clássica, o «Estado é toda a população de nacionais fixa num dado território, onde existe uma autoridade soberana que tem a missão de assegurar a satisfação das necessidades colectivas gerais e abstractas, de justiça, segurança e bem-estar material e espiritual».

[4] A partir da interpretação dos interesses nacionais e analisando as interacções dos diferentes grupos sociais, compete ao Governo a função de definir os objectivos nacionais, respeitando as raízes histórico-culturais da nacionalidade. Collins, John M., *Grand Strategy-Principles and Practices*, Maryland, Naval Institute Press, 1974, p. 273, considera que os objectivos nacionais «são os objectivos fundamentais da Nação, para os quais estão direccionadas as políticas e aplicada a energia. A satisfação destes objectivos pode ser feita a curto, médio e longo prazo». Nesta óptica, os objectivos nacionais podem ser definidos como metas específicas da política nacional, de cuja concretização depende a satisfação dos interesses nacionais, realizáveis através da adopção de medidas tendentes a uma utilização racional do poder nacional. Alguns deles nascem quando o decisor político conclui, na sequência da análise à interacção de poderes, que há aspectos a controlar para proporcionar tranquilidade (segurança) à comunidade nacional.

um objecto preciso, susceptível de investigação e análise, com recurso a ferramentas teóricas e a práticas independentes, ciclicamente transformadas pela actividade intelectual. Integra, ainda, um método de investigação e análise que explica convenientemente os fenómenos estratégicos (factos e acontecimentos) quanto à sua essência, causalidade e efeitos[5], recorrendo a ferramentas teóricas (perspectivas) e a ferramentas práticas (técnicas) próprias ou emprestadas de outras ciências sociais. Todavia, nem sempre assim aconteceu. De início, enquanto o objecto da estratégia esteve centrado na arte de comando, os fenómenos estratégicos foram explicados com recurso às técnicas da História e da Táctica. Por isso, os estudos estratégicos dessas épocas centraram-se na descrição dos combates. A partir do século XVIII, o objecto da estratégia centrou-se, progressivamente, na disputa entre vontades políticas. Em simultâneo, fruto dos progressos científicos, os estudos estratégicos incorporaram as perspectivas e as técnicas de outras ciências sociais, das quais a ciência política é a principal. Em consequência, as obras de estratégia tornam-se pluridisciplinares.

Segundo Fernandes[6], as ferramentas teóricas básicas de investigação e análise da ciência política são: a perspectiva das tendências individuais; a perspectiva racionalista; a perspectiva funcionalista; e a perspectiva sistémica. Qualquer delas importa à compreensão, ao estudo e à utilização da estratégia como processo de decisão e de acção do Estado nas relações internacionais. Com efeito, a perspectiva das tendências individuais fundamenta-se no princípio de que a acção política, económica, social e militar tem sempre origem em homens individualmente considerados. Sendo a sua vocação predominante o estudo do comportamento dos agentes individuais, com a ajuda de conceitos psicológicos e sociais, é útil na investigação e na análise do papel do líder na tomada de decisão estratégica. A perspectiva racionalista fundamenta-se no princípio de que o comportamento de indivíduos, ou de grupos sociais, decorre de objectivos racionalmente seleccionados. Esta perspectiva não nega a importância das tendências individuais, mas inclui-as na definição dos motivos que entram na ponderação da escolha do comportamento político. Por tomar em consideração a personalidade básica do indivíduo ou dos grupos sociais, e os objectivos

---

[5] Fernandes, António José, *Introdução à Ciência Política. Teoria, Métodos e Temáticas*, Porto, Porto Editora, 1995, pp. 11 e 12.
[6] Ibid, pp. 37 a 55.

conscientemente seleccionados para explicar o comportamento dos intervenientes, é indispensável na investigação e análise do conjunto dos factores que determinam as opções estratégicas. A perspectiva funcionalista fundamenta-se no princípio de que o comportamento político e social é resultado de uma tensão entre as exigências e as expectativas que a sociedade dirige ao indivíduo (agente), e a capacidade de resposta ou de acção que este é capaz de dar ao exercício das funções que desempenha. Por conseguinte, a perspectiva funcionalista, ao considerar que a acção política e social é sempre condicionada, não apenas pela personalidade básica do agente, mas, também, pelo complexo de funções interdependentes e conflituantes em que se inscreve, é importante na investigação e análise da intervenção dos diversos actores no processo de elaboração estratégica, na qual pondera racionalidade com incrementalismo.

A perspectiva sistémica é uma síntese das perspectivas anteriores, que apresentam conceitos operacionais restritos. Fernandes[7] refere que teve origem na Biologia, com os trabalhos de Bertalanffy sobre a célula, no início do século XX. Foi introduzida nas ciências sociais por Talcott Parsons. David Easton aplicou-a à ciência política em trabalhos realizados entre 1965 e 1967. Partindo do princípio que é o poder que autonomiza o domínio da ciência política, e considerando um sistema[8] como um conjunto de variáveis, seja qual for o grau de relação entre elas, Easton definiu o sistema político como «um conjunto de interacções através das quais, numa

---

[7] Fernandes, António José, op. cit., pp. 43 a 55.

[8] Maltez, José Adelino, *Princípios da Ciência Política – Introdução à Teoria Política*, 2ª ed., Lisboa, Instituto Superior de Ciências Sociais e Políticas, 1998, p. 90, refere que a ideia de sistema foi integrada na ciência política a partir de outras ciências sociais, nomeadamente a antropologia e a sociologia, sobretudo na chamada terceira fase da ciência política: a teoria sistémica funcionalista e a teoria sistémica cibernética. Assim, a partir da análise do sistema social chegou-se à análise do sistema político. Neste contexto, distingue Talcott Parsons que, através da perspectiva funcionalista, elaborou algumas teses de análise do sistema social, considerando o sistema político como um dos subsistemas sociais. A partir da teoria sistémica funcionalista de Parsons, desenvolveu-se a teoria sistémica cibernética, que destaca a autonomia do sistema político no âmbito da sua «capacidade para transformar um certo número de informação em decisões obrigatórias». Sistema, pode, então, ser entendido como um conjunto de elementos que se encontram em interacção, ou como um conjunto de elementos interdependentes que formam uma totalidade coerente.

determinada sociedade, se realiza a distribuição autoritária de valores»[9]. Partindo do conceito de sistema, Jean-William Lappierre, em 1980, alargou a análise aos sistemas sociais, decompondo-os em subsistemas principais (biossocial, ecológico, económico, cultural e político). Ao sistema político foi atribuída a capacidade para tomar decisões obrigatórias para todos os membros da sociedade. Os processos de decisão e as relações de poder são os seus principais elementos. Quanto às relações de poder, distinguiu as de mando/obediência que requerem consenso sobre a legitimidade, das de dominação/submissão que implicam uma força coerciva. Por sua vez, Karl Deutsch, em 1968, chamou a atenção para a retroacção ou realimentação como elemento essencial à subsistência dos sistemas políticos num mundo onde coexistem estabilidade e mudança. Esta perspectiva é essencial para a investigação e análise do processo estratégico nos actores das relações internacionais[10].

Relativamente às ferramentas práticas básicas de investigação e análise da ciência política, Fernandes[11] identificou: a técnica de observação documental; a técnica de observação directa; a técnica de comparação e a técnica de sistematização. Qualquer delas importa à compreensão, ao estudo e à utilização da estratégia como processo de decisão e acção do Estado nas relações internacionais. Com efeito, a técnica de observação documental inclui a análise de biografias, de arquivos públicos e privados, de documentos oficiais, da imprensa, de anuários, de boletins, de catálo-

---

[9] Easton, David, *A Framework for Political Analysis*, Englewood Cliffs, Prentice-Hall, 1965, p. 25, apud Maltez, José Adelino, op. cit., p. 90.

[10] De acordo com Maltez, José Adelino, *Curso de Relações Internacionais*, Lisboa, Princípia, 2002, p. 160, são actores das relações internacionais os «indivíduos ou grupos que participam numa acção internacional e que têm objectivos, ou interesses comuns, no tocante à realização dessa acção». Importa, também, referir a definição atribuída a este conceito por Santos, Vítor Marques dos, *Apontamentos das Lições de Teoria das Relações Internacionais*, Lisboa, Instituto Superior de Ciências Sociais e Políticas, 2005, p. 49, para quem é «actor das relações internacionais qualquer entidade dotada de autonomia face ao ambiente relacional externo, prosseguindo objectivos e motivações próprios, deve apresentar um grau de complexidade organizacional interna, com uma dinâmica processual consistente e coerente, que lhe permita a tomada de decisões necessárias para conduzir acções no plano externo tendo, necessariamente, para tal, as condições de mobilização dos recursos que lhe permitem influenciar directamente o ambiente, ou os demais actores com os quais interage».

[11] Ibid, pp. 58 a 67.

gos e de obras literárias, com recurso a métodos clássicos ou tradicionais derivados da análise literária ou histórica, ou a métodos quantitativos modernos, como a semântica quantitativa e a análise de conteúdo. É especialmente útil na formulação estratégica, quando se procede à pesquisa da informação necessária à análise da situação a qualquer nível de decisão. O mesmo acontece com a técnica de observação directa, que é efectuada através de sondagens, de entrevistas, de medidas das opiniões e atitudes, e de observação participante. Porém, estas têm intervenção relevante na tomada de decisão sobre as opções estratégicas, tanto na escolha como no seu reajustamento durante a operacionalização. A técnica de comparação é realizada com recurso a métodos clássicos, assentes na análise funcional e estrutural entre fenómenos, a métodos matemáticos quando os fenómenos são quantificáveis, a métodos gráficos matemáticos (diagramas, estereogramas, histogramas, gráficos triangulares e gráficos quadrangulares) e a métodos gráficos não matemáticos (mapas geográficos, organogramas e sociogramas). Esta técnica é indispensável na ponderação da relação de forças e na elaboração de modalidades de acção estratégica. A técnica de sistematização está ligada à estratégia logo na formulação porque, para permitir um conhecimento razoavelmente satisfatório dos factores de decisão[12], próprios e do contrário, a recolha, o processamento e a difusão de informação, deve obedecer à sistematização das hipóteses de acção. Os resultados também podem ser objecto da sistematização à priori, com vista a estabelecer modelos de acção estratégica úteis no futuro[13].

Apesar de o conhecimento científico informador da estratégia como processo recorrer, preferencialmente, às perspectivas e às técnicas de investigação e análise da ciência política, e estar em constante expansão, apresenta sempre limitações estruturais e operacionais. As limitações estruturais do conhecimento científico, decorrem da: insuficiência de dados, sobretudo dos que se referem aos factores de decisão do contrário, o que provoca incerteza sobre os seus comportamentos; diversidade de soluções estratégicas, resultantes das diferentes possibilidades de articulação dos factores de decisão próprios e do contrário; irracionalidade acidental ou deliberada das acções contrárias, o que agrava a incerteza sobre

---

[12] Serão caracterizados em II.2. Traduzem-se por um paradigma que engloba o objectivo fixado pela política, o meio, os meios de coacção, o tempo e o contrário.

[13] Couto, Abel, op. cit., p. 207.

os seus comportamentos; multiplicidade de actores com quem são mantidas relações diversificadas, segundo um leque amplo que varia entre a cooperação e o conflito; personalização das decisões, resultantes destas incorporarem a subjectividade decorrente do gosto pelo risco e do valor que cada responsável político e estratégico atribui ao que está em jogo em cada momento[14]. As limitações operacionais do conhecimento científico, resultam da aplicação do conhecimento científico informador aos processos de decisão e acção, proporcionar resultados estratégicos com diferentes níveis de sucesso, dependentes da capacidade de criação, do génio e da inspiração do estratega, que se reflectem na forma como articula, poliariza, impulsiona e aplica os meios ao seu alcance, num dado meio e tempo para alcançar os objectivos nacionais. Como afirma Couto, «nem todos, apesar de informados pelo mesmo conhecimento científico, são capazes de exercer a estratégia da mesma e da melhor maneira»[15].

As limitações estruturais e operacionais da aplicação do conhecimento científico aos fenómenos estratégicos, torna irrefutável que a estratégia, para além de uma ciência, é, também, como refere Charnay[16], a arte de combinação dos factores de decisão, usando, para cada um deles, a parte subjectiva e a parte objectiva dos critérios de adequabilidade, exequibilidade e aceitabilidade, que são a essência do cálculo estratégico. Este autor também afirma que a estratégia é «a arte da coacção e da anti-coacção, da persuasão e da imposição, do respeito e da violação. Ela pressupõe a existência de um outro que é necessário vencer ou, pelo menos, tornar favorável. Ela insere na realidade, ela permite escapar à solidão, à ilusão especulativa, pois é a actividade pela qual se confronta com o outro (sem que haja fatalmente conflito). Com efeito, os fenómenos como o «antagonismo», a «oposição», o «litígio», a «tensão», a «luta», e os seus antónimos a «aliança», o «reagrupamento», a «união», a «consolidação», a «fusão», o «respeito pelo outro», oscilando entre a simbiose com o outro e a sua destruição total, agrupam a maior parte dos comportamentos humanos, individuais ou colectivos. Eles constituem uma matriz quase inesgotável para criticar e reordenar a infinita diversidade destes comportamentos tomados

---

[14] Couto, Abel, op. cit., p. 208.
[15] Ibid, p. 207.
[16] Charnay, Jean-Paul, *Critique de la Stratégie*, Paris, L'Herme, 1990, p. 33.

como condutas estratégicas»[17]. Embora estas duas definições coloquem grande ênfase na estratégia como arte, não contemplam todos os elementos essenciais do processo estratégico. Para isso, afigura-se essencial considerar que a arte estratégica é a hábil formulação e operacionalização da modalidade de acção, onde se articulam os factores de decisão, segundo os princípios e as regras estratégicas de aplicação, tendo em conta diversos modelos de acção estratégica validados pelas provas da estratégia, que se desenvolvem nos níveis de decisão e execução exigidos pela complexidade do aparelho do Estado, de forma a proporcionar a vantagem estratégica suficiente para afectar o centro de gravidade contrário[18].

Os factores de decisão, traduzidos pelo paradigma que engloba o objectivo fixado pela política, o meio, os meios de coacção, o tempo e o contrário, contribuem para, a cada nível de decisão e execução estratégica, evitar a confusão entre o produto científico (ou conteúdo) e o processo científico (processo) da estratégia, que é o objecto desta investigação. O produto científico da estratégia apela à elaboração de proposições logicamente relacionadas e válidas no tempo e no espaço. Contudo, a pesquisa por estes princípios imutáveis nunca teve sucesso, uma vez que os investigadores consideraram a estratégia como uma ciência física, que poderia produzir realidades de acordo com certas regularidades. Este problema foi agravado por pensadores militares que reivindicaram produtos científicos, sem os sujeitarem a um processo científico. Com efeito, tanto Jomini como Mahan ignoraram as evidências de casos que não se enquadraram nas suas teorias ou nos seus princípios da estratégia. Nestas circunstâncias, o paradigma do objectivo fixado pela política, do meio, dos meios de coacção, do tempo e do contrário, serve como o mínimo denominador comum para lembrar que não é possível um produto verdadeiramente científico a partir do estudo da estratégia. Porém, em simultâneo, proporciona um enquadramento para o tratamento de factos e evidências, a verdadeira essência do processo científico da estratégia. Neste contexto, Wylie[19] não reivindica «que a estratégia é ou pode ser uma ciência no sentido das ciências físicas. Pode e deve ser uma disciplina intelectual da mais elevada ordem, e

---

[17] Ibid, pp. 76 e 77.
[18] Vd. nr. 42.
[19] Wylie, J. C., *Military Strategy: A General Theory of Power Control*, Westport, Greenwood Press, 1980, p. 10.

o estrategista deve preparar-se para gerir ideias com precisão, clareza e imaginação... Por isso, a estratégia [o conteúdo], em si, pode não ser tão científica, como é ordenada, racional, objectiva, inclusiva, discriminatória e discernente [o processo]».

As limitações do produto científico da estratégia colocam em evidência a importância da arte na elaboração da melhor combinação de meios de coacção, no meio, no tempo, em função de objectivos fixados pela política e perante contrários. Obviamente que a estratégia depende das regularidades gerais do paradigma dos factores de decisão. Porém, não obedece sempre à sua lógica, uma vez que é uma actividade criativa assente em bases científicas. Estas, são essenciais nas fases da formulação e da operacionalização estratégica, porque requerem que os líderes civis e militares entendam bem o modelo estratégico que integra a modalidade de acção, os factores de decisão, os níveis de decisão e execução, os princípios e regras, o centro de gravidade, a vantagem estratégica, os modelos de acção e as provas da estratégia, cuja aplicação parece ser universal. As relações entre estes elementos essenciais da estratégia como processo, permitem planear, garantem o debate de visões estratégicas, e facultam a realização de cálculos e de avaliações de risco alternativas. Por conseguinte, o modelo estratégico e a sua aplicação, têm natureza científica e devem ser ensinados a todos aqueles que participam na formulação e na operacionalização da estratégia nacional. No entanto, convirá notar que, embora existam aproximações cada vez mais científicas à formulação e à operacionalização da estratégia, esta permanece como sendo, sobretudo, uma arte e não uma ciência.

Como arte, a estratégia tornou-se mais difícil ao longo dos tempos. Clausewitz designou-a por "talento do general". Na realidade, a pessoa do estratega, definido por Charnay como «um seleccionador de conduta, um detentor de decisão»[20], é o factor determinante da estratégia como arte, já que o seu génio inato condiciona o sucesso da acção estratégica. Nela, projecta-se a sua maior ou menor capacidade intelectual e a sua personalidade. Daí que uma das tarefas mais delicadas e decisivas para se conseguir tirar conveniente partido do poder nacional[21] na materialização dos objectivos

---

[20] Charnay, Jean-Paul, op. cit., p. 295.
[21] Moreira, Adriano, *Teoria das Relações Internacionais*, Coimbra, Almedina, 2002, p. 247, define poder como o «produto dos recursos materiais (tangíveis) e imateriais

nacionais, seja a selecção adequada dos estrategas completos, ou mestres na arte da estratégia, por serem capazes de desempenhar as funções de líder estratégico, de praticante estratégico e de teórico estratégico.

O líder estratégico proporciona visão e objectividade, exerce o comando, aprofunda as perícias de liderança e inspira outros a pensar e a agir. O praticante estratégico desenvolve uma compreensão mais profunda de todos os níveis da estratégia e das suas relações, formula e operacionaliza modalidades de acção derivadas de orientação interdepartamental e conjunta, emprega os diferentes instrumentos do poder nacional, unifica as actividades militares e não militares através do comando, e exercita perícias de liderança[22]. O teórico estratégico estuda a história das disputas internacionais, desenvolve conceitos e teorias estratégicas, integra-as com os elementos do poder nacional e com a estratégia integral e as estratégias gerais, e ensina e divulga a arte estratégica. Estas funções, cada uma delas com um conjunto distinto de perícias, formam as competências do mestre na arte da estratégia[23], adquiridas ao longo da sua vida, através da

---

(intangíveis), que se integram à disposição da vontade política do agente, e que este usa para influenciar, condicionar, congregar, vencer, o poder de outros agentes que lutam por resultados favoráveis aos seus próprios interesses». Na mesma linha, Maltez, José Adelino, *Princípios da Ciência Política – Introdução à Teoria Política*, Lisboa, Instituto Superior de Ciências Sociais e Políticas, 2ª ed., p. 122, afirma que «o poder é, então, instrumental, i. e., destinado à realização de um objectivo e não uma coisa mensurável em termos quantitativos, o poder é sempre uma relação: a capacidade de realizar objectivos é sempre função das capacidades opostas». Para Bessa, António Marques, *O Olhar de Leviathan*, Lisboa, Instituto Superior de Ciências Sociais e Políticas, 2001, p. 145, o poder do Estado está fundamentado nos recursos materiais e humanos e na capacidade do governo em os usar com eficácia. Afirma que os fundamentos do poder nacional assentam em grandezas mais ou menos mensuráveis, como a extensão do território com as suas peculiaridades e riquezas naturais, e a dimensão da população, com as suas qualificações.

[22] O praticante estratégico detém a arte estratégica proporcionada pela experiência que, como refere Charnay, Jean-Paul, op. cit., p. 196, depende dos conhecimentos adquiridos pela prática, e do talento ou do génio dos protagonistas, para deles tirar partido sob pressão das circunstâncias e dos acontecimentos técnicos e sociais.

[23] As principais competências comuns às três funções do mestre na arte da estratégia, são pensar holisticamente e pensar normativamente. O teórico estratégico deve ter uma plena compreensão do espírito político, económico, social e militar do seu tempo. Deve ser capaz de pensar em abstracções, perceber dilemas, possibilidades e relações que podem não ser óbvias para os observadores ocasionais. Deve ser crítico e capaz de ver além das limitações do presente, sentindo novas oportunidades e propondo meios para as alcançar. Em

educação e da experiência. Embora bastante complexas, são coerentes e mutuamente apoiantes.

Ser mestre na arte da estratégia não é o mesmo que ter o chamado génio estratégico. Este, revela uma habilidade transcendente para perceber o centro de gravidade do contrário e para imaginar a articulação dos factores de decisão, segundo a modalidade de acção mais eficaz e eficiente, para provocar o seu desequilíbrio estratégico. Devido ao facto de os instrumentos do poder nacional se terem diversificado de forma tão espectacular e complexa, é cada vez mais difícil surgirem verdadeiros génios estratégicos. Por isso, a actividade de prodígios estratégicos individuais, tal como se manifestou nos séculos passados, é hoje desempenhada através de um empreendimento corporativo dentro dos governos. No caso concreto da estratégia de defesa nacional, devido ao seu carácter interdepartamental, os líderes dos diferentes sectores do Estado necessitam de desenvolver perícias complementares e sobrepostas, bem como um entendimento de que, integrar e sincronizar organizações e elaborar modalidades de acção e planos de acção, reflectindo as três competências da arte estratégica, é tão importante como procurar a mestria individual. Por isso, as tendências são no sentido de favorecer o aparecimento de competências que permitam lidar com as organizações e as estratégias, desempenhando simultaneamente as três funções do estratega completo.

---

suma, deve inspirar outros a pensar. O líder estratégico deve ter capacidades para perceber e compensar as suas fraquezas, para compreender as potencialidades e as vulnerabilidades dos outros, e para desenvolver relações simbólicas entre os indivíduos, de forma a criar uma equipa efectiva. O praticante estratégico deve ser particularmente forte no entendimento das relações causa-efeito e no ordenamento faseado das actividades. Deve ter uma compreensão astuta dos níveis operacionais e tácticos, incluindo a relação das actividades militares e não militares nesses níveis. Deve perceber, não só, a aplicação da força, mas, também, outros métodos do uso do poder militar, como as operações psicológicas e a assistência a países terceiros. Deve, ainda, ter óptimas competências de comunicação. Enquanto os líderes estratégicos e os teóricos estratégicos procuram impor e edificar a sua comunicação escrita e oral para finalidades de exortação, o praticante estratégico transforma inspiração em planos e fins materializáveis, medidos pelo critério da clareza e inspiração do mestre na arte da estratégia.

1.2. Edificar, dispor e empregar

O componente conceptual relativo a edificar, dispor e empregar, evidencia que a estratégia intervém em toda a gama de acções genéticas, estruturais e operacionais, destinadas, em permanência, a gerar e criar novos meios (edificar), a compor, organizar e articular os meios (dispor) e a utilizar os meios (empregar). Nesse sentido, obriga à elaboração de planos de acção, onde é definida a vontade consciente, directora e coordenadora dos esforços estratégicos, através de orientações que, ao proporcionarem a um Estado as melhores condições para poder superar os problemas antepostos pelos contrários, ou explorar as eventualidades proporcionadas pelas circunstâncias em ambientes de desacordo, permitem a acção estratégica. Sun Tzu enfatiza a importância da elaboração de planos de acção detalhados e bons, ao afirmar que «a guerra é uma questão de vital importância para o Estado. Envolve a vida e a morte de pessoas e afecta a sobrevivência ou o desaparecimento do Estado. Deve ser minuciosamente estudada»[24].

A esse respeito, como evidenciou Charnay[25], os planos de acção constituem enquadramentos sociológicos e cronológicos, que situam, em cada momento a utilização de um certo factor ou a tomada de uma determinada decisão. Têm uma função ideológica e coordenadora. Devem reduzir o erro na tomada de decisões sucessivas, mas são cada vez menos precisos à medida que se projectam no futuro, onde as reacções contrárias e os acontecimentos gerais são afectados por grande incerteza. Por isso, reitera a proposta de Jomini para dividir o plano de acção em sistemas de operações mais reduzidos, coerentes e focalizando as adaptações necessárias na obtenção do objectivo final. Assim, cada plano de acção decompõe-se em sequências autónomas e articuladas entre si. Cada sequência engloba, frequentemente, uma multiplicidade de fins, de forma a atender, positivamente, a aliados e neutros e, negativamente, às diversas categorias de contrários. Desta forma, os elementos estruturantes edificar, dispor e empregar contribuem para esclarecer que a estratégia não pode ser reduzida a um exercício mecânico, ou a um único aspecto. É, antes, um processo destinado a proporcionar a adaptação permanente a condições e circunstâncias

---

[24] Apud Hou, Wee Chow; Sheang, Lee Khai; Hidajat, Bambang Walujo, *Sun Tzu A Arte da Guerra e do Gerenciamento*, 3ª ed., Rio de Janeiro, Editora Record, 2005, p. 34.

[25] Charnay, Jean-Paul, op. cit., p. 128.

em constante modificação, num mundo onde predomina o acaso, a incerteza e a ambiguidade.

A componente conceptual em análise também evidencia uma relação de determinação da estratégia nacional, aquela que define a actividade em que o país se vai envolver, relativamente às estratégias de acção que estabelecem as bases da disputa para aquela actividade. Com efeito, a estratégia nacional, pela sua íntima ligação com a política, trata da formulação integral das acções «o que se tem de fazer?», que antecede os aspectos genéticos, estruturais e operacionais «como se vai fazer?», a cargo das suas disciplinas ou sub-estratégias. Segundo Couto, a estratégia genética «tem por objecto a invenção, construção ou obtenção de novos meios a colocar à disposição da estratégia operacional, no momento adequado, e que servem o conceito estratégico adoptado e tenham em atenção a evolução previsível da conjuntura»[26]. Na opinião do mesmo autor, a estratégia estrutural «tem por objecto a detecção e análise das vulnerabilidades (ou pontos fracos) e das potencialidades das estruturas existentes, com vista à definição das medidas mais adequadas, incluindo a criação de novas estruturas, que conduzam à eliminação ou atenuação das vulnerabilidades, a um reforço das potencialidades e, em última análise, a um melhor rendimento dos meios ou recursos»[27]. A estratégia operacional, frequentemente designada por táctica, cuida de pôr em prática as acções específicas de emprego dos meios para alcançar os objectivos. O seu objecto é, não só, conciliar os objectivos a atingir com as possibilidades proporcionadas pelas estratégias genética e estrutural, mas, também, orientar a evolução destas, de forma a adaptá-las às necessidades operacionais.

A relação de determinação que se acaba de enunciar, é muito útil para demonstrar que a estratégia não trata apenas da forma como se empregam os meios, muitas vezes ligada a exames da qualidade dos desempenhos dos organismos do Estado, onde é avaliada a eficiência resultante das estruturas que possuem. Os esquemas usados nestes exames melhoram os desempenhos operacionais dos Estados que os adoptam. Porém, todos eles actuam na mesma direcção, incrementando os resultados pela redução dos custos e pelo aumento da eficiência nas actividades. Ora, quantos mais Estados adoptarem estas práticas, menos significativa se torna a vantagem estraté-

---

[26] Couto, Abel, op. cit., p. 231.
[27] Ibid, p. 232.

gica que, no limite, é anulada, quando todos forem excelentes na realização de actividades estratégicas semelhantes e de forma muito eficiente. Nestas circunstâncias, é evidente que a estratégia operacional, embora garanta a utilização dos meios, por si só, não confere sucesso à estratégia, porque não permite definir um rumo para o país. Quanto à estratégia estrutural, embora faculte um processo de composição, organização e articulação dos órgãos do Estado, não permite, sem outras fontes de inspiração e de esforço, galvanizar a sua acção segundo um rumo estratégico para o futuro. Quanto à estratégia genética, embora indique como gerar e criar novos meios, não faculta, por si só, nem líderes estratégicos, nem novas estratégias. Daqui resulta, que só a conveniente conjugação da edificação, com a disposição e com o emprego dos meios, permitirá elaborar uma estratégia de sucesso.

1.3. Meios de coacção, meio e tempo

O componente conceptual relativo a meios de coacção, meio e tempo, garante que, nos planos de acção, são considerados apenas os factores de decisão relevantes, evitando-se assim a dissolução ou pulverização da análise estratégica, perante a impossibilidade de lidar com todos os elementos relativos aos actores e ao ambiente das relações internacionais[28]. Para além disso, assegura o controlo sobre os factores de decisão como um todo, porque relaciona os meios de coacção na forma adequada (material e moral), aos teatros devidos (meio) e ao tempo oportuno (momento, duração e ritmo), aspectos essenciais para discriminar as manifestações do grau de negação e a caracterização das formas de luta usadas para cada contendor.

---

[28] O ambiente das relações internacionais, ou conjuntura é, na opinião de Moreira, Adriano, op. cit., p. 65, o enquadramento circunstancial das relações internacionais. É o quadro global da realidade internacional em todas as suas vertentes. É a descrição realista, exaustiva, profunda e rigorosa do estado de situação ou desenvolvimento de uma determinada realidade. Está associado à dinâmica do sistema político internacional, definida por Couto, Abel, op. cit., p. 19, como «... o conjunto de centros independentes de decisões políticas que interactuam com uma certa frequência e regularidade...». Neste contexto, o ambiente das relações internacionais engloba os factores da situação (dados), o seu encadeamento no tempo (inter-relação) e a necessidade de os actores explorarem as eventualidades e superarem os problemas, com recurso a respostas de poder.

Relativamente aos meios de coacção, esta componente conceptual evidencia que a estratégia conceptualiza e avalia os recursos próprios e contrários, como meios para apoiar as respectivas políticas. Ou seja, os recursos de cada actor só são meios de coacção, quando a modalidade de acção fornece alguma compreensão sobre a forma como serão edificados, dispostos e empregues. Na realidade, os orçamentos, os equipamentos e as pessoas são recursos que a modalidade de acção dispõe e emprega. Mas, o elemento estruturante em análise, realça que os meios importantes para a estratégia são os que viabilizam o mecanismo da coacção[29]. Isto é, todos aqueles, de qualquer natureza, que podem ser aplicados em esforços estratégicos substanciais e prolongados, de forma a influenciar as acções do contrário com previsibilidade, garantindo assim a materialização dos objectivos nacionais. Neste sentido, Sun Tzu evidencia a importância das informações ao referir que «aquele que possui minucioso conhecimento de si mesmo e do inimigo está fadado a vencer todas as batalhas. Aquele que se conhece a si mesmo mas não ao inimigo tem hipóteses iguais de vencer ou perder. Aquele que não se conhece nem a si mesmo nem ao inimigo

---

[29] Para Derek, Jinks, *How to Influence States: Socialization and International Human Rights Law*, Chicago – Public Law and Legal Theory Working Paper n.º 62, University of Chicago, Março 2004, p. 7, existem três formas de exercício da influência nas relações internacionais: a coacção, a persuasão e a aculturação. A coacção é o mecanismo mais óbvio de influência. Surge quando um actor modifica normas, crenças ou práticas de outros actores, demonstrando-lhes os benefícios em caso de conformidade, ou custos em caso de rejeição, mediante a utilização de recompensas materiais e de punições. A persuasão consiste no inculcar de normas, de crenças e de práticas, e requer a utilização de técnicas, de argumentação e a deliberação, de forma a convencer, seduzir e ensinar o outro. Na aculturação um actor adopta normas, crenças e práticas de outro actor. A aculturação difere da persuasão e da coacção. Em relação à persuasão podem ter-se em conta três diferenças fundamentais. Enquanto a persuasão requer legitimidade, envolve difusão e comunicação, e implica a determinação do conteúdo da mensagem, a aculturação requer apenas a percepção da existência de uma referência que está subjacente às crenças, às normas e à prática, acarretando um processo tácito, e, por último, envolve a determinação da relação internacional. Por conseguinte, pode concluir-se que o processo de aculturação formata a identidade, as preferências, os interesses e o comportamento. A base para a distinção entre a aculturação e a coacção reside no binómio custo-benefício, que não é tido em conta no processo de aculturação, sendo que este tem como base de influência as expectativas sociais e a identidade de um povo. Por sua vez, o processo de coacção baseia-se no interesse nacional. De facto, a principal diferença entre os processos de aculturação e os de coacção, resulta de que os primeiros derivam da conformidade e aceitação, e os segundos da submissão por imposição.

está fadado a perder em todas as batalhas»[30]. É a coacção que distingue a estratégia do planeamento orientado de outros ramos da actividade humana que, muitas vezes, usam o conceito de forma abusiva. Para evidenciar este aspecto, Charnay afirma que a estratégia é a «arte da coacção»[31], que pressupõe a existência de um contrário que é preciso vencer ou, pelo menos, tornar favorável, como anteriormente referido.

No que se relaciona com o meio, a componente conceptual em análise torna evidente que a estratégia é um processo que leva em conta as interacções de um contexto com elementos como a geografia, a história, a natureza do regime político, a economia e a tecnologia, entre outros. No entanto, nem sempre assim aconteceu. Como refere Charnay, «tradicionalmente, a arte da guerra clássica referia-se à geografia física para a grande táctica e à topografia para a pequena táctica»[32]. Isto é, usava-se o controlo do espaço estratégico como área geográfica onde se desenvolviam os planos e as manobras. Isto acontecia porque o tamanho e a localização geográfica de um país são factores estratégicos determinantes. Como notaram Murray e Grimsley[33], em Israel as pressões da geografia têm sido tão avassaladoras, que produziram uma obsessão com a segurança. Os EUA, como na maior parte da sua história estiveram fisicamente afastados de ameaças externas, puderam ignorar ou, até, rejeitar a maior parte dos princípios da política da balança de poderes. Todavia, isto não é mais possível, e «actualmente a palavra espaço é utilizada para designar, em simultâneo, um lugar e um conjunto de comportamentos que aí se podem exercer: um meio»[34]. Como referiu Gray[35], a estratégia é produto do diálogo entre a política e o poder nacional no contexto do ambiente de segurança internacional geral. Desta forma, à medida que mudam os elementos do meio, os componentes do conceito de estratégia devem ser adaptados.

---

[30] Apud Hou, Sheang e Hidajat, op. cit., p. 35.
[31] Charnay, Jean-Paul, op. cit., p. 76.
[32] Ibid, p. 131.
[33] Murray, Williamson e Grimsley, Mark, «Introduction: on Strategy», Murray, Williamson; Knox, McGregor; Bernstein, Alvin, ed., *The Making of Strategy, Rulers, States and War*, Cambridge, Cambridge University Press, 1999, p. 7.
[34] Charnay, Jean-Paul, op. cit., p. 131.
[35] Gray, Colin S., «Inescapable Geograhy», *The Jounal of Strategy Studies*, vol. 22, n.ºs 2/3, JUN/SET 1999, p. 169.

Quanto ao tempo, este elemento estruturante destina-se a garantir que a estratégia toma em consideração o momento, a duração e o ritmo da acção. O momento traduz o quadro global da realidade política, económica, psicossocial e militar. A duração define o período de tempo. O ritmo caracteriza a variação de intensidade e de velocidade. Sun Tzu enfatiza que, no planeamento, para além da avaliação das forças próprias e contrárias, é preciso considerar as condições do terreno e do tempo, quando afirma «conheça o seu inimigo, conheça-se a si próprio, e a sua vitória não estará ameaçada. Conheça o terreno, conheça as condições de tempo e a sua vitória será completa»[36]. Porém, como refere Charnay[37], a estratégia clássica desenrolava-se num contínuo de espaço e de tempo que foi desarticulado pela dissuasão nuclear e pelas guerras revolucionárias. O nuclear esvaziou o tempo e contraiu o espaço. A revolução diluiu o tempo e estendeu o espaço. Como tal, considera que «a definição de estratégia não passa mais por uma geometria e uma mecânica de forças inscritas num espaço delimitado, e um tempo medido, mas por uma sucessão de tomada de decisão podendo no limite analisar-se como uma série de golpes...»[38]. Beaufre[39] afirma que o tempo comanda o futuro e que, por isso, a preparação se torna mais importante que a execução. Em consequência, refere que é fútil investir numa defesa nacional cujo futuro será incerto, quando o essencial é estar informado e prever. Por isso, em sua opinião, a tónica e a despesa devem incidir nos órgãos de informação e de estudo, capazes de seguir a conjuntura e de conduzir a manobra de evolução dos sistemas de forças, através de decisões calculadas no tempo. Todavia, a realidade prática demonstra que as previsões desses órgãos são sempre afectadas por uma margem de incerteza e os erros de avaliação pagam-se caro, normalmente com a derrota!

1.4. *Objectivos fixados pela política*

O componente conceptual relativo aos objectivos fixados pela política, clarifica que a estratégia não se destina a lucubrações intelectuais

---

[36] Apud Hou, Sheang e Hidajat, op. cit., p. 36.
[37] Charnay, Jean-Paul, op. cit., p. 37.
[38] Ibid, ibidem.
[39] Beaufre, André, *Introdução à Estratégia*, Lisboa, Edições Sílabo, 2004, p. 59.

destinadas a tomar opções para alcançar metas. Isso é a arte da decisão. A estratégia implica materializar (alcançar ou obter e preservar ou garantir), com recurso ao poder nacional, finalidades colectivas identificadas com precisão e designadas por objectivos nacionais[40]. Por outro lado, como os objectivos nacionais suscitam ou podem suscitar a negação de uma vontade política contrária, este componente conceptual cinge a estratégia aos processos disjuntivos entre poderes políticos. Também evidencia que a estratégia contribui para o esclarecimento dos fins da política, ajudando a estabelecer prioridades entre fins opostos e concorrentes, essenciais para lidar com a escassez de recursos, porque nem todos os interesses e ameaças são iguais. Sun Tzu refere-se à necessidade de prioritizar os objectivos de guerra dizendo que: «A forma mais elevada de capacidade de comando é atacar a estratégia do inimigo; a segunda melhor política é desmontar as suas alianças; a terceira melhor política é atacar o seu exército; a pior política de todas é sitiar cidades muradas. Sitie cidades apenas quando não há outras alternativas»[41]. Assim, realça a importância da prioritização dos objectivos estratégicos, face quer às limitações do potencial estratégico, quer àquilo que é verdadeiramente importante.

Subordinados aos objectivos nacionais encontram-se os objectivos estratégicos básicos, a serem perseguidos por cada forma de coacção, e que têm de ser escolhidos tendo em vista provocar, ao serem alcançados, uma variação favorável na relatividade dos poderes que se confrontam. Para a escolha destes objectivos, Clausewitz apresentou a teoria do centro de gravidade, que evidencia o facto de, em qualquer disputa estratégica,

---

[40] Em complemento do que foi referido na nota de rodapé 4, no contexto do componente conceptual em análise, salienta-se que a consecução dos objectivos nacionais traduz o cumprimento da missão do Estado. Porém, para que tenha significado estratégico, deve provocar uma alteração favorável no poder relativo, que possibilite a adopção de outros objectivos mais avançados, visto que a estratégia é um processo dinâmico e contínuo até alcançar o objectivo final. Nestas circunstâncias, a consecução de um objectivo nacional intermédio, sem a conveniente alteração favorável do poder relativo, deve ser interpretada como uma vitória de Pirro. A alteração na relatividade do poder deve ser estimada, não só em função dos acréscimos e perdas de elementos concretos, mas, também, levando em conta as alterações das vontades estratégicas dos contendores.

[41] Apud Hou, Sheang e Hidajat, op. cit., p. 69.

existirem elementos que, sendo eliminados, provocam o desmoronamento da estrutura de poder do contrário[42].

O componente conceptual em análise realça, igualmente, que há uma relação de determinação hierárquica da política relativamente à estratégia, porque àquela cabe estabelecer os objectivos e orientar a edificação, a disposição e o emprego dos meios de coacção num dado meio e tempo para os materializar. Deste modo, a política relaciona-se com os objectivos a alcançar e/ou manter, e responde à pergunta «o que se tem de fazer?»[43]. A estratégia estuda e estabelece o caminho a seguir, as acções a realizar com os meios de coacção, no meio e no tempo disponíveis para alcançar e/ou manter os objectivos fixados pela política, ou seja, responde à pergunta «como se vai fazer?»[44]. Claramente, a estratégia é subsidiária da política. Nestas circunstâncias, por mais importante que o subsidiário seja em determinada etapa da evolução de um país, não se pode esquecer que, uma vez concluído o subsidiário, o primordial deve ser concretizado. Assim, a política tem uma maior persistência e continuidade, em virtude de estar focalizada nos objectivos nacionais permanentes[45], face ao carácter mais transitório e flexível da estratégia, condicionada pela evolução conjuntural dos problemas e das eventualidades, e por estar focalizada nos objectivos

---

[42] O centro de gravidade é um elemento essencial do processo estratégico, que será analisado com detalhe em II.5. Sobre este conceito Clausewitz refere que, «tudo o que os teóricos podem dizer a respeito é o seguinte: o importante é ter em mente as características dominantes entre ambos os beligerantes. Dessas características resultará um centro de gravidade, um centro de poder e movimento, do qual tudo mais dependerá. Contra esse centro de gravidade deve ser dirigido o golpe concentrado de todas as nossas energias. As pequenas coisas sempre dependem das grandes, as sem importância das importantes e as acidentais das essenciais. Isso nos deve guiar.». Clausewitz, Carl von, *On War*, ed., Michael Howard e Peter Paret, Princeton University Press, 1989, pp. 595 e 596.

[43] Por isso, as políticas são sempre enunciadas de modo substantivo, como a "consolidação da estabilidade económica", a "promoção do desenvolvimento sustentado", o "combate à pobreza", a "redução das desigualdades".

[44] Por isso, as estratégias são sempre enunciadas de modo imperativo. No caso das estratégias relativas a uma política de "consolidação da estabilidade económica", podem ser "controlar os preços", "desarticular cartéis", ou "reduzir os gastos governamentais".

[45] Os objectivos nacionais permanentes são aqueles «que motivam e conformam, em determinada época histórica, toda a manifestação de um povo como Nação e que possuem, em grau maior ou menor, carácter de permanência, passíveis, no entanto, de sofrer alterações em face do seu processo histórico-cultural». *Fundamentos da Doutrina*, Rio de Janeiro, Escola Superior de Guerra, 1981, p. 27.

nacionais actuais[46]. Nestas circunstâncias, é evidente que à política cabe orientar a estratégia. Porém, existe também uma relação de determinação funcional em sentido inverso, porque à estratégia cumpre condicionar a política, reduzindo-lhe o alcance, pela advertência dos perigos que poderão ser despertados por uma acção pouco atenta a reacções previsíveis dos contrários. Nesta função de aconselhamento, a estratégia pode recomendar a adopção de certos sacrifícios e restrições que, do ponto de vista político, sejam julgados excessivos ou contraproducentes. É neste âmbito que se insere o conhecido dilema da segurança e do desenvolvimento, ao qual regimes distintos dão respostas diferentes. As democracias, pelo seu estilo de vida democrático, pelo seu liberalismo mais ou menos generoso, pela sua tolerância pouco vigilante e pelas reacções lentas aos perigos, privilegiam o desenvolvimento. As ditaduras, pelo seu estilo de vida autoritário, são muito mais agressivas e prontas nas respostas, pelo que favorecem a segurança.

Da conjugação das componentes conceptuais edificar, dispor e empregar, com meios de coacção, meio e tempo, e com objectivos fixados pela política, torna-se evidente que a estratégia tem um processo, cuja estrutura[47] resulta da síntese dos objectivos com os procedimentos utilizados para a sua materialização, e que é a responsável, não só, pela consecução desses objectivos, mas, também, pela procura da máxima rentabilidade no emprego do poder nacional para esse efeito. Para isso, deve ser considerada e executada uma modalidade de acção ou manobra estratégica, e avaliadas as acções genéticas, estruturais e operacionais a ela subordinadas e que a dinamizam, de forma a efectuar, a tempo, as correcções ou reformulações necessárias. Tal avaliação exige a adopção de critérios que permitam sentir, em cada fase de evolução da situação, a possibilidade, ou não, da consecução dos objectivos fixados pela política. Na realidade, não basta priorizar os objectivos. Estes têm de ser materializáveis, o que implica uma cuidadosa e minuciosa avaliação da situação estratégica, de forma a evi-

---

[46] Os objectivos nacionais actuais são aqueles «que, em determinada conjuntura e considerada a capacidade do poder nacional, expressam etapas intermédias com vista a alcançar e manter os objectivos nacionais permanentes». Ibid, p. 28. Qualquer deles pode requerer o empenhamento do poder nacional. Porém, apenas uma pequeníssima parte a isso obriga. Estes, são designados por objectivos estratégicos básicos. Se assim não fosse, qualquer país entraria em exaustão estratégica, por insuficiência de poder nacional.

[47] Charnay, Jean-Paul, op. cit., p. 137.

denciar as possibilidades de sucesso e de derrota[48]. Nessa avaliação, deve procurar-se escolher o contendor que possa ser facilmente vencido. Como refere Sun Tzu, «nos tempos antigos, aqueles hábeis na guerra alcançavam vitórias conquistando aqueles inimigos facilmente conquistáveis»[49]. Também é necessário que o objectivo seja materializado num período de tempo razoável, caso contrário a moral degradar-se-á e os recursos nacionais esgotar-se-ão. Sobre esta matéria Sun Tzu afirma que, «jamais houve uma guerra prolongada que trouxesse benefícios ao Estado. Portanto, na guerra, é vantajoso buscar uma vitória rápida e não uma campanha prolongada»[50]. Aquela avaliação requer, igualmente, estimar o preço a pagar pela materialização desses objectivos. Isto é, os objectivos são fixados com a intenção de obter algum benefício tangível face aos recursos empregues, de forma a contribuir para a sinergia das forças envolvidas. Os ganhos da vitória têm de ser superiores aos custos da acção estratégica[51]. Sun Tzu reconhece que há sempre um preço alto a pagar em toda a disputa estratégica, ao referir que: «Quando a vitória demora muito a chegar, o fervor e o moral do exército ficam abatidos. Quando o cerco de uma cidade é prolongado, o exército desgasta-se. Quando o exército é empenhado em campanha prolongada, os recursos do Estado esgotam-se»[52]. Preconiza, portanto, a vitória sem combate ao afirmar que se deve «… subjugar o exército inimigo sem confronto directo em batalha; capturar cidades do inimigo sem assaltos ferrenhos; e destruir a Nação do inimigo sem operações prolongadas»[53]. Desta forma, mostra a conveniência de alcançar os objectivos a custo mínimo, adoptando sempre a modalidade de acção menos onerosa.

1.5. *Superar problemas e explorar eventualidades*

O componente conceptual relativo a superar problemas e a explorar eventualidades, tem enorme relevância no quadro do emprego do poder

---

[48] Hou, Sheang e Hidajat, op. cit., p. 79.
[49] Ibid, p. 80.
[50] Ibid, ibidem.
[51] Ibid, p. 82.
[52] Ibid, p. 139.
[53] Ibid, p. 140.

nacional. Quanto aos problemas, esclarece que o poder nacional é aplicado, tendo em vista provocar a evolução da situação no sentido desejado, vencendo confrontos, contornando obstáculos e diferindo dificuldades antepostas por contendores, de forma a conseguir a materialização dos objectivos nacionais. Nestas circunstâncias, assegura a ponderação do grau de negação[54] adequado ao encontro com outro, de forma a garantir os efeitos básicos de: destruição ou domínio (populações); comando ou controlo (regiões geográficas); instabilidade ou transformação (poderes nacionais). Relativamente às eventualidades, clarifica que o poder nacional é aplicado, tendo em vista provocar a evolução da situação no sentido desejado, aproveitando oportunidades (decorrentes da sorte e do acaso feliz)[55], utilizando apoios e relegando neutralidades existentes no ambiente operativo do Estado, de forma a facilitar a materialização dos objectivos nacionais.

O componente conceptual em análise, pela sua íntima ligação ao emprego do poder nacional, tem outras duas finalidades. Em primeiro lugar, abre o campo de aplicação da estratégia a todos os sectores de actividade do Estado, onde se colocam problemas resultantes da negação dos objectivos nacionais, ou onde surgem eventualidades decorrentes da facilitação dos objectivos nacionais. A estratégia não está, assim, associada apenas ao comando militar de mais alto escalão. É, também, um instrumento permanente do estadista na preparação e emprego do poder nacional, para a materialização de objectivos nacionais susceptíveis de provocar reacções contrárias, sejam elas de negação ou de facilitação. Em segundo lugar, serve para mostrar a complexidade inerente à adopção de soluções doutrinárias na preparação e emprego do poder nacional que garantam, como Charnay refere, «uma eficácia futura»[56].

Muitas vezes, o termo estratégia é interpretado com uma conotação impositiva de crença absoluta e indiscutível em alguma coisa. Consequentemente, quando normas, conceitos, opiniões e recomendações são rotuladas de doutrina e recebem a aprovação da autoridade competente, surge

---

[54] Ou intensidade de negação. Refere Charnay, Jean-Paul, op. cit., p. 165, que a negação é ponderada em função das doutrinas filosófica, política ou social, do direito e da moral, da dogmática e da ética religiosa, pois são elas que fornecem as suas ideologias justificadoras, os valores estratégicos aos políticos.

[55] Ibid, p. 141.

[56] Ibid, p. 140.

o perigo da imposição dogmática, da cristalização de procedimentos e da estagnação de ideias. Ora, em estratégia, onde interessa, acima de tudo, alcançar e manter a vantagem sobre o contendor, o imobilismo naquilo que é mutável e incerto conduz ao desastre. Neste contexto, a doutrina em estratégia requer não só a fundamentação decorrente do conhecimento e da experiência, mas, também, informação sobre o contendor e o discernimento claro em relação ao que é permanente e ao que é instável. Para além disso, implica a aceitação de que questões abertas são menos perigosas que questões fechadas com conclusões parcialmente válidas, elevadas à categoria de doutrina.

Em estratégia, a doutrina só tem sentido na medida em que produzir efeitos práticos, já que o que interessa, acima de tudo, são os resultados concretos. Com efeito, como refere Charnay, «a realidade de uma doutrina estratégica encontra-se no resultado do seu emprego (do seu não emprego táctico em caso de dissuasão)»[57]. Assim, para estabelecer os limites em que a doutrina deve existir em estratégia, convém ter em consideração que as suas finalidades práticas são: seleccionar, disciplinar, simplificar e estabilizar procedimentos em múltiplas actividades, para que elas sejam racionalmente articuladas, produzindo efeitos eficazes com a maior eficiência. Todavia, nunca houve uma teoria que conduzisse a uma doutrina estratégica que indicasse maneiras correctas de alcançar o sucesso. Quando muito, houve uma aceitação geral, proporcionada pelo estudo e pela prática, quanto a modelos de acção recomendados, ou quanto a posições a ocupar diante de situações iniciais. Conforme notou Beaufre[58], tais foram os casos da doutrina geométrica inferida pelos prussianos da ordem oblíqua de Frederico II, e a doutrina geográfica de Jomini, correspondendo a uma interpretação das vitórias de Napoleão. Embora estes exemplos históricos comprovem que os grandes estrategas do passado, perante certa situação, preferiram determinada disposição e manobra inicial das suas forças, nenhum deles alcançou o sucesso em disputas estratégicas diferentes, através de um desenvolvimento repetitivo das suas acções, mesmo quando a relação de forças era francamente favorável. Assim aconteceu porque, como nos complexos confrontos estratégicos as acções são imprecisas, as possibilidades e limitações dos actores são mal conhecidas e,

---

[57] Ibid, ibidem.
[58] Beaufre, André, op. cit., p. 56.

muitas delas permanecem ocultas, não podem haver soluções doutrinárias. A sua imposição na técnica[59] e na táctica[60] é possível. Porém, em estratégia é altamente arriscada. Com efeito, neste caso, pode não levar na devida conta as reacções contrárias, nem considerar com o necessário rigor os factores da situação mais relevantes, por impor soluções padronizadas para superar problemas ou explorar eventualidades oriundas de circunstâncias estratégicas diversas e, por conseguinte, com parâmetros diferentes. Por isso, Beaufre refere que, cada doutrina «corresponde a um jogo que pode ser o melhor, em certos casos, e o pior, noutros»[61]. Neste contexto, afirma que: a doutrina geométrica está completamente morta; a doutrina geográfica tem um papel muito importante em estratégia militar, quando o teatro de operações é muito pobre em comunicações e forma um tabuleiro bem definido[62]; a doutrina da dinâmica racional[63], corresponde, quer ao caso em que se é o mais forte, quer àquele onde o contrário, superior em força, se dispersou perigosamente; a doutrina das combinações[64] impõe-se quando se é o mais fraco e é útil para garantir a superioridade evitando uma dispersão maior que a do outro[65].

---

[59] No campo técnico, pode aceitar-se que uma rotina ou lista de verificação, que condense, de forma objectiva, os procedimentos, para colocar, de forma explícita e nas melhores condições, em funcionamento um equipamento, constitui uma doutrina.

[60] No campo da táctica a doutrina é menos precisa que no campo da técnica, pois resulta de soluções de problemas, com dados muitas vezes sujeitos a factores de difícil avaliação. Porém, quando as situações tácticas são limitadas nas suas variáveis, e quando há comprovação experimental das soluções teóricas propostas, a doutrina tem grande probabilidade de ser adequada.

[61] Ibid, ibidem.

[62] Ibid, ibidem.

[63] Segundo Beaufre, André, op. cit., p. 56, a doutrina da dinâmica nacional foi deduzida nos finais do século XIX, das teorias de Clausewitz e inspirou, em França, o famoso Plano XVII, de 1914. Procura a concentração de esforços para se poder destruir a massa principal do inimigo, o que levará à derrota do resto. É uma luta do forte ao forte, com a decisão a surgir no teatro principal.

[64] Segundo Beaufre, André, op. cit., p. 56, a doutrina das combinações foi apresentada por Liddell Hart como uma tradição britânica para contrapor à estratégia clausewitziana. Procura a dispersão das forças próprias, de forma a levar o contrário a fazer o mesmo. A vitória é obtida através de acções do forte (o que se dispersou menos) ao fraco (o que se dispersou mais), caso necessário nos teatros secundários ou, até, mesmo excêntricos.

[65] Ibid, ibidem.

Em síntese, poderá afirmar-se que o componente conceptual relativo a superar problemas e explorar eventualidades, pela sua relevância no quadro do emprego do poder nacional, evidencia que, por um lado, a doutrina contribui para a formulação estratégica, proporcionando métodos estudados e julgados adequados à obtenção de conhecimentos relacionados com as actividades abrangidas pela arte da guerra. Nesse sentido, a doutrina indica soluções fundamentadas para problemas tácticos ou técnicos repetitivos, sobre os quais exista experiência acumulada. A consideração de procedimentos doutrinários de natureza táctica e técnica, dentro das situações reais enfrentadas, é parte essencial da operacionalização estratégica, concorrendo, em grande medida, para a avaliação da exequibilidade e da aceitabilidade das operações em estudo. Por outro lado, a doutrina condiciona o desenvolvimento dos instrumentos do poder e a preparação dos homens com responsabilidade de operar os meios. No entanto, convém notar que a estratégia, como arte, não é limitada por nenhuma doutrina, nem aceita sugestões doutrinárias acerca da selecção de objectivos ou de maneiras de preparar e empregar o poder nacional.

1.6. *Ambiente de desacordo*

O componente conceptual relativo ao ambiente de desacordo, torna evidente a necessidade da existência de entidades estratégicas, que Charnay considera serem «todo o conjunto humano individualizável, da pessoa à constelação de povos ou de nações, que podem ser sujeitos ou objectos no resultado histórico, jogadores de um jogo, pólos de decisão por si ou pólos de suscitação para outros»[66]. Neste contexto, afirma ainda que «a estratégia não é um assunto de escala de grandeza, mas dos comportamentos de entidades que alteram a intensidade das suas negociações ou das suas convergências e as suas uniões ou divergências recíprocas»[67]. Estas entidades são, pois, os actores contrários, dotados de vontade e de capacidade, que dispõem de estruturas de comando habilitadas a tomar iniciativas e a reagir às acções realizadas, de forma a negar reciprocamente a materialização de objectivos nacionais divergentes. Por isso, a estratégia não

---

[66] Charnay, Jean-Paul, op. cit., p. 126.
[67] Ibid, ibidem.

se aplica às inúmeras situações onde imperam o aleatório, a indiferença, a rotina, o trivial e a passividade.

O componente conceptual em análise também condiciona a aplicação do poder nacional a acções sobre outros actores internacionais. Neste contexto, realça a incerteza[68] inerente a qualquer acção estratégica. Frederico II designou-a por "Sua Majestade o Acaso". A partir do momento em que há choque entre actores contrários, a incerteza fundamental está associada à vontade do contendor, por que é ela que anima os meios usados para reagir. Estes, podem ser razoavelmente quantificados. Porém, como referiu Clausewitz[69], a vontade só pode ser estimada a partir do motivo que a alimenta. É esta característica que explica, em grande medida, o modo estratégico[70], isto é, a forma como são empregues os meios de coacção, e como são agrupados em grandes conjuntos, com a sua própria coerência e racionalidade, os diversos tipos de acções estratégicas. Daí que, por exemplo, as acções estratégicas se prolonguem no tempo e não sejam um golpe único e instantâneo[71], ou a dialéctica dos objectivos e dos meios suba de nível, transformando completamente a natureza da disputa[72].

A vontade de cada actor expressa-se na tomada de decisão estratégica. Como refere Charnay, «é, em si, de natureza psicológica e sociológica, e pode exigir, devido à sua complexidade, análises da situação que dissociem as instituições, as competências e os procedimentos e as suas variações através de técnicas como, por exemplo, o paradigma analítico; ou a medição da amplitude da eficácia real da decisão, relativamente à perda de energia através das hierarquias e dos processos sucessivos da sua operacionalização; ou, ao contrário, a constituição de uma decisão relativamente à aglomeração positiva ou negativa de uma diversidade de comportamentos que se constituem como um conjunto irrecusável. A decisão estratégica é aquela que inscreve uma orientação em função das atitudes relativas ao

---

[68] Como evidencia Charnay, Jean-Paul, op. cit., p. 173, decorrente do desenvolvimento dos recursos e das intenções dos contrários. Pode ser reduzida com apreciações materiais (ao estado da logística) e conceptuais (aos modos de raciocínio e às racionalidades sociais) que o contrário põe em acção.

[69] Clauzewitz, C. von, *Da Guerra*, 2ª ed., Mem Martins, Europa-América, 1997, p. 33.

[70] Charnay, Jean-Paul, op. cit., p. 127.

[71] Ibid, p. 34.

[72] Ibid, ibidem.

outro, de acordo com a finalidade dos seus próprios valores»[73]. Quanto ao motivo que alimenta a vontade, Charnay apelida-o de valor estratégico, e considera que deriva das grandes arquitecturas filosóficas ou religiosas, éticas ou normativas. «É ele que legitima a causa do conflito, regula a intensidade da negação ou a vontade de persuasão e fixa os seus limites. Ele é aquilo porque nos batemos e mostra, ao mesmo tempo, os fins a alcançar e os limites a não transgredir»[74].

2. Relações com a segurança nacional e a defesa nacional

No seu conjunto, os três últimos componentes do conceito de estratégia (objectivos fixados pela política, superar problemas e explorar eventualidades, e ambiente de desacordo), evidenciam a sua importância para o cumprimento da função política do Estado[75]. Caetano define-a como a «actividade dos órgãos do Estado cujo objectivo directo e imediato é a conservação da sociedade política e a definição e prossecução do interesse geral mediante a livre escolha dos rumos ou soluções consideradas preferíveis»[76].

A definição da prossecução do interesse geral relaciona-se com as noções de justiça e de bem-estar, fins últimos ou teleológicos[77] do Estado,

---

[73] Ibid, pp. 126 e 127.
[74] Ibid, ibidem.
[75] O Estado é constituído para desenvolver de forma contínua, organizada e convergente as actividades específicas (ou funções) necessárias à realização dos fins da colectividade política. Caetano, Marcelo, *Manual de Ciência Política e Direito Constitucional*, 6ª ed., Coimbra, Almedina, 1996, p. 157, sistematiza as funções do Estado em jurídicas e não jurídicas: as funções jurídicas englobam a função legislativa e a função executiva, relativas à criação e execução do Direito e que se traduzem na prática de actos jurídicos; as funções não jurídicas compreendem a função política e a função técnica, que se processam através de actos materiais, embora exercidos nos termos da lei e podendo vir a influir na esfera do Direito. A actividade do Estado é una e indivisível. Embora, para efeitos de análise, se tenha recorrido à sistematização proposta por Marcelo Caetano para as funções do Estado, estas, tal como os fins, são complementares e interdependentes entre si. Por isso, o Estado só pode alcançar os seus fins exercendo todas as funções.
[76] Ibid, p. 172.
[77] Relativamente aos fins do Estado, Lara, António de Sousa, op. cit., p. 259, destaca a segurança, a justiça e o bem-estar material e espiritual, que se destina «a satisfazer os

determinantes da equidade social e da satisfação das necessidades materiais e morais da sociedade, através da igualdade das partes e da sua remuneração adequada, e da produção e conveniente repartição de bens, e da prestação de serviços. Assenta, em grande parte, em medidas de política interna, embora implique, também, medidas diversas de protecção externa, como a obtenção de matérias primas, a aquisição de equipamentos, a conquista de mercados para os excedentes de produção, a captação de fluxos turísticos, etc., que podem requerer acções estratégicas.

A conservação da sociedade política está associada à noção de segurança nacional[78], fim último ou teleológico do Estado, condição essencial à preservação da identidade e à sobrevivência de uma unidade política ou, dito de outra forma, à independência e integridade nacionais. Para preservar a identidade e sobreviver, um Estado não deve sacrificar os seus legítimos interesses à cobiça de outros actores e, em caso de provocação, deve lutar pela sua preservação. Como tal, necessita de estar preparado para fazer face a ameaças multifacetadas e de origem diversa. É no contexto da conservação da sociedade política, que se centra o objecto da estratégia de defesa militar. Por conseguinte, interessa aprofundar a análise ao conceito de segurança nacional, e perceber como esta é preservada pela defesa nacional.

2.1. Segurança nacional

Como refere David[79], o conceito de segurança tem sido objecto de uma profunda renovação conceptual, em resultado da evolução dos níveis clássicos de análise da segurança nacional, regional, internacional e cooperativa, propostos pelos realistas e centrados na capacidade do Estado

---

interesses gerais da colectividade. Esta mantém deveres para com o Estado e este obrigações em relação àquela que se concretizam na manutenção da segurança, justiça e acesso ao bem-estar».

[78] A segurança é delimitada pelos interesses que protege. Por isso, pode ser classificada segundo o campo de actuação. A segurança nacional tem por objecto os interesses nacionais, abarca numerosos campos de actuação e é afectada pelo maior número de ameaças que podem prejudicar esses interesses.

[79] David, Charles-Philippe, *A Guerra e a Paz, Abordagem Contemporânea da Segurança e da Estratégia*, Lisboa, Instituto Piaget, 2001, pp. 29 e 30.

em conter autonomamente as ameaças, para o nível da segurança comum, global e humana, proposto pelos liberais, onde o Estado surge associado a organizações intergovernamentais e a organizações não governamentais para solucionar colectivamente as ameaças. Ciente deste facto, optou-se pelo nível clássico da segurança nacional, não só porque o sujeito da investigação é o Estado, mas, também, porque o seu objecto é o emprego da força militar nas relações internacionais tendo em vista reduzir a insegurança. E, neste contexto, as funções de segurança continuam a ter o Estado como referência primacial.

Neste contexto, a segurança nacional foi definida pelo IDN como «a situação que garante a unidade, a soberania e a independência da Nação[80], a integridade e a segurança das pessoas e dos bens; o bem-estar e a prosperidade da Nação; a unidade do Estado e o desenvolvimento normal das suas tarefas; a liberdade de acção política dos órgãos de soberania e o regular funcionamento das instituições democráticas, no quadro constitucional»[81].

O primeiro aspecto evidenciado por esta definição são os interesses nacionais (bens a proteger) que dão corpo à segurança nacional e, pelos quais, em caso de provocação, o Estado deve lutar pela sua preservação. São interesses de carácter nacional, que suscitam duas reflexões. Em primeiro lugar, extravasam ligeiramente a concepção vestefaliana de interesses nacionais ligados à soberania, à sobrevivência, ao território nacional e às instituições do Estado, para abarcar outros interesses mais amplos, que exigem soluções regionais e internacionais para conter os efeitos de actores internacionais ligados ao crime organizado, ao terrorismo, à exploração

---

[80] As rivalidades franco-alemãs do século XIX fomentaram o desenvolvimento de duas concepções da Nação, uma cívica e outra cultural. A concepção cívica nasceu da Revolução Francesa, que preconizou o direito dos povos se defenderem a si mesmos. A essência da Nação é materializada pelo desejo de viver em conjunto, partilhando valores comuns. Esta concepção é indissociável da democracia participativa. A Nação é uma realidade política compreensível, porque a França, como os EUA, são países de imigração. Assim, adquire-se a nacionalidade escolhendo o lugar onde se deseja viver (direito de solo). Em contraposição a esta concepção, pode encontrar-se, a partir do fim do século XVIII, uma outra originária da Alemanha, país de emigração. A nacionalidade caracteriza-se pela pertença a um povo, pela herança de uma língua e por uma cultura. Nasce-se membro de uma Nação, ninguém se torna seu cidadão (direito de sangue).

[81] Sacchetti, António Emílio, *Temas de Política e Estratégia*, Lisboa, Instituto Superior de Ciências Sociais e Políticas, 1986, pp. 21 e 22.

abusiva de recursos comuns, que não se limitam aos territórios nacionais[82]. Em segundo lugar, estes interesses nacionais tanto podem ser afectados por actores contrários, que se encontram no exterior, como no interior das fronteiras nacionais. Como tal, não faz hoje sentido continuar a falar-se em segurança nacional interna e externa. A determinação do actor contrário é uma condição indispensável para centrar todo o problema de segurança nacional, porque evidencia a causa que o determina. A sua identificação e valorização é imprescindível para, no quadro da elaboração da estratégia de defesa nacional, se definirem as hipóteses de guerra e os prazos críticos. Porém, a sua localização geográfica não deve servir de base a uma compartimentação do conceito de segurança nacional segundo as fronteiras do país, porque as ameaças são estruturalmente complexas, dispõem de grande mobilidade e possuem um carácter transnacional e difuso, que não respeita esses limites políticos. Nestas circunstâncias, não é possível descodificar verdadeiramente o que constitui hoje uma ameaça para a segurança interna, que não o seja, também, para a segurança externa, nem distinguir uma ameaça que deva ser combatida por forças policiais, que não possa requerer o contributo de forças militares e vice-versa. A segurança nacional deixou, assim, de ter componentes externas e internas, e passou a reclamar dos Estados uma outra resposta, com recurso às estruturas orgânicas militares e policiais em perfeita coordenação, de forma a criarem-se efeitos sinérgicos, impossíveis de atingir com compartimentações não concertadas e estanques do próprio Estado.

A definição proposta pelo IDN mostra que, quanto à amplitude, houve uma selecção prudente e séria dos interesses a proteger. Perante a impossibilidade de salvaguardar bens muito extensos e complexos, foi estabelecido o âmbito dos essenciais, sobre os quais devem incidir os esforços de protecção. Assim, o conceito de segurança nacional adoptado inclui, claramente, os interesses de sobrevivência política. Também podem ser identificados no seu enunciado os interesses relacionados com a estabilidade, em que a Nação garante a sua identidade própria, que é reconhecida. Detectam-se, ainda, alguns interesses de desenvolvimento e de realização. Porém, como notou Couto, o conceito de segurança nacional pode ser entendido de forma muito mais ampla, como abrangendo todo «um conjunto de interesses, que podem ir desde a garantia de acesso a matérias-

---

[82] David, Charles-Philippe, op. cit., p. 26.

primas essenciais, até à protecção de investimentos e de cidadãos nacionais no estrangeiro, desde cinturas de segurança a zonas de influência ou neutralizadas, desde o controlo do nível da capacidade militar de adversários potenciais e vizinhos, até à uniformidade dos regimes e sistemas políticos, etc. Assim, a preocupação da segurança pode tornar-se tão ambiciosa, que acabe por se transformar em aspiração de ilimitada expansão. A miragem da segurança absoluta exigiria, no plano individual, que se vencesse a morte e, no plano colectivo, o domínio do mundo...»[83].

Na ausência de uma autoridade superior, os Estados, como não confiam inteiramente uns nos outros, mantêm as suas capacidades de defesa contra ameaças, a fim de diminuírem a sua vulnerabilidade e aumentarem a sua segurança. Como notou David, é um comportamento generalizado, que traduz, por um lado, a inquietação de todos os Estados em face das ameaças e da insegurança e, por outro lado, a confiança de todos os Estados nas suas Forças Armadas para conter as ameaças e garantir a segurança. Porém, como elas são largamente nacionais, estimulam e mantêm uma situação em que a procura da segurança pode, a qualquer momento, tomar o caminho militar[84].

Sobre esta problemática, Aron evidencia que alguns Estados, para garantir a sua segurança, consideram necessário «o estabelecimento de uma nova relação de forças, ou a modificação da relação existente, para que os inimigos potenciais não sejam tentados a tomar iniciativa de agressão, devido à inferioridade do rival»[85]. Neste contexto, refere a importância de se estabelecer uma relação entre a segurança e a força, porque quanto maior for a força de um Estado, maior será a sua capacidade para se impor aos outros, logo, menor o risco de ser atacado. Ligado a estes dois conceitos, aquele autor afirma que surge a ideia de glória, que só existe na consciência de quem a quer possuir. Relativamente ao homem que a deseja, Aron considera que pretende, essencialmente, ser reconhecido pelos outros, e esta ânsia pode levar a que ele esqueça os seus objectivos políticos, tornando-o irracional. Refere, ainda, o facto de o desejo pela segurança conduzir a

---

[83] Couto, Abel, op. cit., pp. 70 a 71.
[84] David, Charles-Philippe, op. cit., p. 58.
[85] Aron, Raymond, *Paz e Guerra entre as Nações*, 2ª ed., Brasília, Editora Universidade de Brasília, 2002, pp. 140 e 141.

situações extremas, onde um Estado só se considera seguro, quando já não tem nenhum adversário[86].

Seguindo o raciocínio lógico de Aron, um Estado será tanto mais seguro, quanto mais forte. É certo que a força pode ser definida como os «meios, recursos ou capacidades de toda a natureza de que um actor político pode lançar mão ou tirar partido para alcançar os seus objectivos»[87]. Porém, segundo David, é a força militar que representa «para uma maioria de Estados uma das garantias essenciais da sua sobrevivência»[88]. Mas, a um aumento de força militar, nem sempre corresponde uma maior segurança nacional. Com efeito, a excessiva edificação de capacidades militares, associada a injustificados sacrifícios económicos e sociais, poderá suscitar preocupações de outros Estados que, em consequência, desencadeiam corridas armamentistas e podem, até, lançar ataques preventivos. É o chamado paradoxo ou dilema da segurança[89]. Todavia, o fortalecimento das capacidades económicas e psicossociais, conjugado com a despreparação das Forças Armadas, torna um país muito vulnerável à coacção militar. Por isso, é importante saber definir, em cada momento, o ponto de equilíbrio de desenvolvimento da força nacional, tendo presente que, por um lado, a segurança se estrutura sobre uma base de desenvolvimento económico e social, abaixo da qual se degrada a capacidade de realizar esforços estratégicos e que, por outro lado, o desenvolvimento se estrutura sobre uma base de segurança, abaixo da qual não se dispõe da capacidade de preservação dos interesses económicos e sociais.

---

[86] Ibid, p. 128.

[87] Couto, Abel, op. cit., p. 42.

[88] David, Charles-Philippe, op. cit., pp. 58 e 59, considera que este facto traduz o dilema de defesa, manifestando «pela existência e pela influência muito dominante das forças militares, símbolo musculado da persistência do Estado armado de Vestefália».

[89] O dilema da segurança resulta da situação de anarquia em que o sistema internacional de Estados se encontra. Tentando aumentar a sua segurança, pela adopção de políticas que desenvolvem as respectivas capacidades militares, os Estados, inadvertidamente, levam a que outros se sintam menos seguros. Como refere David, Charles-Philippe, op. cit., p. 60, «no final de contas, a segurança procurada e obtida por uns origina a insegurança dos outros». Em consequência deste comportamento, desenvolve-se um círculo vicioso ou espiral de segurança – insegurança, para o qual não há uma solução permanente e duradoura. A configuração bipolar da Guerra-Fria exacerbou este dilema para níveis muito superiores aos do sistema da balança de poderes.

As considerações acerca da relação entre a força e a segurança evidenciam a importância do nível de protecção a alcançar. Isto é, a expressão da necessidade sentida pela Nação de proteger os seus interesses, garantindo a coerência entre o que se deseja, aquilo que é possível e a vontade de agir. Estes três elementos estão interrelacionados de tal forma que se afectam reciprocamente, e a segurança nacional dependerá da resultante das três dimensões.

Assim, a segurança nacional desejável é uma meta a alcançar, que traduz a medida em que se deseja neutralizar cada um dos actores contrários. Para esta concepção de segurança desejável, poderá estabelecer-se um nível mínimo, que é o objectivo prioritário a alcançar, e um nível máximo, que é o objectivo ideal. Como, na opinião de Martin[90], é impossível colocar este nível máximo nos 100% de segurança nacional, torna-se necessário admitir um diferencial traduzido pelo risco aceitável, isto é, pela probabilidade e periculosidade de uma perda potencial, admitida em resultado da concretização de uma ameaça. A segurança nacional possível resulta da comparação global dos actores contrários, com as possibilidades e meios próprios para proteger adequadamente os interesses nacionais.

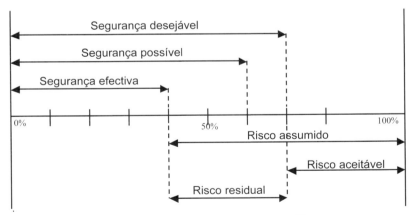

Fig. 1 – **Níveis de protecção a alcançar**[91]

---

[90] Martin, Miguel Ángel Ballesteros, «Las Estratégias de Seguridad y de Defensa», *Fundamentos de la Estratégia para el Siglo XXI*, s.d., Centro de Estudios de la Defensa Nacional, n.º 67, Dezembro 2003, p. 32.

[91] Ibid, ibidem.

Para cada interesse nacional estabelece-se a segurança efectiva, fruto da prioridade que se atribui à sua protecção. Desta forma, pode ponderar-se a segurança nacional, incrementando a de determinados interesses com uma maior cobertura, em detrimento da de outros, fazendo-a aproximar-se mais ou menos da segurança desejável. A diferença remanescente entre a segurança efectiva e a segurança desejável, traduz um risco residual, isto é, a probabilidade e periculosidade de uma perda potencial, possível em resultado da concretização de uma ameaça. Se este risco for considerado inaceitável, pode ser reduzido actuando sobre a cobertura, quando se dispõe de meios para o efeito, ou diminuindo os interesses a proteger, de forma a proporcionar aos restantes o grau de segurança considerado necessário. Em todo o caso, há sempre um risco residual que, acrescido ao risco aceitável, dá origem ao risco assumido. Isto é, a probabilidade e periculosidade de uma perda potencial, avocada em resultado da concretização de uma ameaça.

2.2. Defesa nacional

A segurança nacional é um fenómeno psicológico. Com efeito, exprime a sensação de salvaguarda, a noção de protecção ou a tranquilidade das instituições ou das pessoas, em resultado da percepção da efectiva carência de ameaças relativamente à materialização de interesses nacionais, quando não existem, porque não se desenvolveram, ou porque foram anuladas. Embora a segurança nacional seja objectiva, David considera que, como «a ameaça pode ser real, territorial e provocar perdas em vidas humanas, quer seja exercida por um Estado ou por um grupo étnico, clânico, terrorista ou por uma guerrilha»[92], não deixa de apresentar uma componente de subjectividade «que provoca debates sobre a natureza da ameaça»[93], tendo em vista percebê-la.

Como a segurança real é um resultado absoluto muito difícil de alcançar, o melhor que se consegue é uma sensação que varia entre a insegurança resultante da ocorrência de medo e a segurança associada às ausências de medo. A sensação de insegurança, mesmo que injustificada, pode ser tão

---
[92] David, Charles-Philippe, op. cit., p. 28.
[93] Ibid, ibidem.

prejudicial como a própria insegurança, e a sensação de segurança é, em determinadas circunstâncias, tão importante como a segurança real. Por isso, no âmbito da segurança nacional, devem considerar-se tanto as ameaças reais como as percepcionadas. Estas, serão combatidas com acções psicológicas, enquanto as outras requerem medidas materiais.

Segundo David, torna-se assim evidente, que a segurança nacional é uma condição, um estado, um valor a atingir, de cariz relativo e resultante de uma reflexão[94], destinado a mobilizar esforços de defesa nacional, em função da probabilidade de ocorrência das ameaças admitidas e da sua periculosidade (actor contrário), da urgência e do valor que está em jogo (bem a proteger) e do grau de cobertura a alcançar. Com efeito, embora a segurança nacional possa ser proporcionada pela conjuntura, não dispensa medidas e acções destinadas a manter ou alcançar os interesses nacionais que suscitam cobiça por parte de outros actores. Desta forma, como referiu David, sem compreensão do que é a segurança e, sobretudo, para quem e porque é ela necessária, a defesa nacional não tem fim, nem razão. Em simultâneo, a defesa nacional é necessária para proporcionar as melhorias de segurança necessárias[95].

Neste contexto, pode assumir-se que a defesa nacional é o conjunto de actos que permitem ao Estado proteger-se de uma ameaça pontual, latente ou concretizada, que afecte os interesses nacionais. Para esse efeito, refere Caetano que «o poder político institui uma força colectiva organizada, que é posta ao serviço dos interesses gerais e de princípios socialmente aceites»[96]. A defesa nacional surge, assim, como uma actividade que visa garantir a segurança nacional. Por forma a ser percebida como tal, deve ser analisada face aos interesses inerentes a um Estado, que são instituídos como objectivos nacionais. Pode então afirmar-se que a defesa nacional é uma estratégia integral, que serve interesses e objectivos nacionais. A segurança nacional constitui o interesse directamente visado pela defesa nacional, que foi definida de forma ampla pelo IDN, como o «conjunto de medidas e acções, adequadamente integradas e coordenadas, que, globalmente ou sectorialmente, permitem fortalecer a capacidade da Nação, com vista a alcançar a segurança nacional, procurando criar as melhores

---

[94] Ibid, p. 42.
[95] Ibid, ibidem.
[96] Caetano, Marcelo, op. cit., p. 145.

condições para a prevenção e combate de quaisquer ameaças que, directa ou indirectamente, se oponham à consecução dos objectivos nacionais»[97].

Esta definição traduz o relacionamento entre defesa e segurança, no sentido de que esta decorre da outra. Todavia, a definição adoptada no texto da Lei de Defesa Nacional e das Forças Armadas (LDNFA)[98] é restrita à «actividade desenvolvida pelo Estado e pelos cidadãos no sentido de garantir, no respeito das instituições democráticas, a independência nacional, a integridade do território e a liberdade e segurança das populações contra qualquer agressão ou ameaça externas»[99]. Esta formulação visou limitar a missão primária das Forças Armadas ao modelo vestefaliano[100] dos interesses da segurança nacional. Assim aconteceu, porque à época da redacção da LDNFA (1982), os partidos políticos portugueses já reclamavam desde 1975, o fim da interferência dos militares na política interna. Embora se compreenda a necessidade histórica daquela definição, é forçoso reconhecer a sua desadequação conceptual. Com efeito, os interesses nacionais cuja preservação implica esforços estratégicos, objectivamente a independência nacional, a integridade do território nacional e a liberdade e segurança das populações, tanto podem ser afectadas no interior como no exterior das fronteiras nacionais. Logo, se não existe segurança interna nem externa, também não é razoável admitir a existência de defesa interna ou externa. Na realidade, aquilo que se verifica hoje, é que os Estados usam os respectivos instrumentos de defesa para preservar os seus interesses, indistintamente no interior e no exterior das respectivas fronteiras. Usam-nos em função das circunstâncias, sobretudo da relação entre a

---

[97] Sacchetti, António Emílio, op. cit., p. 22. Como se verificará na III parte da investigação, é neste contexto que a política de defesa nacional, parte integrante da política nacional, determina os objectivos de defesa («o que fazer?»), as medidas de defesa necessárias («onde agir?» e «quando agir?») e as acções de defesa («com que agir?» e «como agir?»), tendo em vista alcançar ou preservar aqueles objectivos em cada um dos domínios da acção estratégica do Estado. Fica assim evidente que ao Governo, para além de cumprir a definição dos objectivos nacionais, compete ainda decidir quanto ao tipo de estratégia a adoptar, e à definição genérica das bases a que essa estratégia deve obedecer. Por outras palavras, o Governo tem como responsabilidade formular e operacionalizar a estratégia de defesa nacional.

[98] Lei n.º 29/82, de 11 de Dezembro.
[99] Art. 1.º da Lei n.º 29/82, de 11 de Dezembro.
[100] David, Charles-Philippe, op. cit., p. 28.

periculosidade da ameaça e o custo da acção de defesa. É esta a razão pela qual as democracias ocidentais empregam as Forças Armadas no interior dos respectivos territórios, em apoio das Forças Policiais, para proteger infra-estruturas vitais de ataques terroristas, e também empenham as Forças Policiais no exterior dos seus territórios, em apoio das Forças Armadas, nas acções de estabilização que se seguem à imposição de soluções militares.

Segundo Correia[101], o conceito de defesa nacional tem sofrido várias evoluções ao longo do tempo. Inicialmente, aceitava-se aquilo a que se costuma chamar o conceito restrito, quando o âmbito da defesa nacional se confundia com o da defesa militar. Era o conceito tradicional. Depois, alargou-se o seu âmbito e chegou-se a um conceito amplo, que contemplava uma coordenação interdisciplinar de várias áreas, das quais a militar constituiu apenas uma delas. Era o conceito moderno, que surgiu entre as duas guerras mundiais do século XX, nos textos relativos à organização da Nação em tempo de guerra ou de ameaça de conflito grave[102]. Passou-se, a seguir, para o conceito integrado, em que as várias áreas já não são só coordenadas, mas, antes, integradas de forma sistémica. É o conceito actual. Na realidade, por influência das concepções anglo-saxónicas desenvolvidas pelos EUA e pelo Reino Unido no seio da NATO[103], esboçou-se, na última década, uma tendência para ultrapassar o âmbito da defesa nacional e passar ao da segurança nacional, deixando esta de se situar no campo do estado dos interesses nacionais, para passar, também, a ter um carácter

---

[101] Correia, Pedro de Pezarat, *Manual de Geopolítica e Geoestratégia, Conceitos, Teorias e Doutrinas*, vol. I, Coimbra, 2003, p. 82.

[102] Charnay, Jean-Paul, op. cit., p. 35.

[103] A NATO nasceu como uma organização de defesa colectiva, limitada ao espaço ocupado pelos seus membros. Entre 1949 e 1991, ano em que se realizou a cimeira de Roma, a Aliança Atlântica desenvolveu estratégias de defesa colectiva baseadas na dissuasão e na manutenção de uma capacidade de resposta militar suficiente para fazer face a um possível ataque da URSS. Com o desaparecimento do inimigo, a NATO teve de reconsiderar a sua finalidade funcional. O conceito estratégico aprovado na cimeira de Roma de 1991 afirmava, pela primeira vez na história da Aliança Atlântica, que não existia um inimigo. No entanto, considerava a ameaça residual colocada pelo arsenal nuclear da Rússia e referia a existência de riscos multifacetados. Em 1992 a NATO ofereceu a sua participação em operações de paz sob mandato da ONU e da OSCE. Desta forma, para além de dar sentido e reorientar a sua actuação face à conjuntura internacional, começou a evoluir de uma organização de defesa colectiva para a segurança colectiva.

instrumental, sobrepondo-se e incluindo a defesa nacional, que regressou, de novo, ao âmbito tradicional da defesa militar.

Correia afirma que os conceitos de defesa nacional e de segurança nacional continuam a distinguir-se na sua aplicação e no seu âmbito. Relativamente à aplicação, considera que, «enquanto a defesa enfrenta ameaças[104], isto é, contrariedades promovidas por oponentes, que são agentes racionais, a segurança enfrenta riscos[105], que incluem as ameaças que vão mais além; riscos são também as catástrofes naturais, que são alheias à vontade ou acção do homem, mas podem ser provocadas e aprovadas pela incúria, incompetência, perversão e ambição humanas»[106]. Quanto ao âmbito, o «da segurança é mais abrangente, pois visa a eventualidade de riscos no interior ou no exterior do espaço nacional, enquanto a defesa nacional apenas visa ameaças no interior do espaço nacional»[107]. Esta concepção é importante, porque implicou grandes transformações nas relações internacionais, na medida em que a NATO passou a actuar em zonas de conflito, por motivos de segurança e não de defesa. Por isso, quando em 1999 se celebrava em Washington o 50° aniversário da NATO, os seus aviões bombardeavam o Kosovo. Nestas circunstâncias, deixou de ser uma organização de defesa colectiva, para ser de segurança e defesa colectivas. Com uma estratégia que privilegia a segurança, a NATO relegou para segundo plano a defesa.

As concepções de risco e de ameaça inerentes às formulações antes expressas por Correia sobre defesa e segurança, carecem de alguma reflexão complementar. Assim, quando um risco se materializa de forma con-

---

[104] Correia, Pedro Pezarat, *Políticas de Defesa e Segurança*, Cascais, Conferência realizada no Centro Cultural de Cascais, 5 de Julho de 2006, pp. 4 e 5, considera como ameaças percebidas à escala global: as dinâmicas separatistas e irredentistas que eclodiram com o fim da Guerra-Fria; os fundamentalismos étnicos e/ou religiosos; o terrorismo global; a proliferação de armas de destruição maciça; a criminalidade transnacional organizada.

[105] Ibid, p. 5, considera riscos indiferentes a fronteiras, alguns dos quais incluem uma componente de ameaça, porque resultam, ou são agravados pela intervenção humana: as catástrofes naturais e as calamidades ecológicas e ambientais; o avanço da desertificação e desflorestação; a exploração demográfica, as migrações massivas e a concentração urbana; a delapidação de recursos vitais e a poluição terrestre, hídrica e atmosférica; as pandemias infecciosas.

[106] Ibid, pp. 3 e 4.
[107] Ibid, p. 4.

creta, é percebido como um perigo. Quando algo ou alguém manifesta a sua intenção de materializar o perigo, potencialmente causando dano, está-se perante uma ameaça. Quando esta é materializada produz um dano, que é o efeito negativo que se tenta evitar. Face a este quadro conceptual, pode concluir-se que a protecção contra todo o perigo implica, necessariamente, a protecção contra a ameaça que, por sua vez, constituirá sempre um perigo. Conhecer o percurso, desde o risco até à materialização do dano, é imprescindível para poder actuar no momento oportuno. A defesa não se desencadeia se não há ameaça ou perigo. Porém, a segurança actua também contra os riscos, antes que estes alcancem as designações de perigos ou ameaças. Daqui resulta que, enquanto a defesa é a forma de se opor a um perigo ou a uma ameaça, a segurança é muito mais utópica, ao tentar manter fora de qualquer risco, perigo ou ameaça as pessoas ou os bens objecto da segurança. No âmbito das relações internacionais, o objectivo da segurança é um mundo estável.

No quadro da doutrina nacional promulgada pelo IDN, observa-se que a segurança nacional está associada a uma situação percebida, isto é, a um estado, a uma garantia, a uma sensação, a um sentimento de protecção, e que a defesa nacional está ligada a acções realizadas, isto é, a medidas e a atitudes concretas. Desta forma, a segurança nacional é uma situação em que a sociedade não se encontra submetida a ameaças, sejam quais forem as origens, não havendo, então, obstáculos ao desenvolvimento. Quando se tomam medidas e atitudes para superar as ameaças, passa-se ao campo da defesa nacional. O resultado dessas medidas e atitudes, quando eliminadas as ameaças, gera a sensação e o estado de protecção que é a segurança nacional. Fica assim claro que defesa nacional é o acto, e a segurança nacional o resultado.

Nestas circunstâncias, chega-se à conclusão que os usos comuns dos termos defesa e segurança em Portugal, inclusivamente para designar os órgãos públicos, não apresentam concordância com a conceptualização estabelecida na doutrina nacional. Com efeito, se a segurança é um resultado e o acto é a actividade policial, o nome correcto da Polícia de Segurança Pública deveria ser Polícia de Defesa Pública. Na realidade, esta polícia tem pessoal, armamento e equipamento para realizar acções concretas. Também a Lei n.º 8/91, de 1 de Abril (Lei de Segurança Interna), no seu art. 1.º, n.º 1, se desvia do conceito de segurança como situação, quando refere que «a segurança interna é a actividade desenvolvida pelo Estado para garantir a ordem, a segurança e a tranquilidade públicas, proteger pessoas e bens, prevenir a criminalidade e contribuir para assegurar o normal funcionamento das instituições democráticas, e regular o exercício dos direitos e liberdades fundamentais dos cidadãos e o respeito pela legalidade democrática». O n.º 3 do mesmo artigo refere que «as medidas preventivas na presente lei visam especialmente proteger a vida e a integridade das pessoas, a paz pública e a ordem democrática contra a criminalidade violenta ou altamente organizada, designadamente sabotagem, espionagem ou terrorismo». Ora, isto é defesa. Porém, embora os especialistas das Forças e Serviços de Segurança estejam cientes disso, não querem empregar o termo, para conferirem visibilidade e demarcarem as suas acções das realizadas pelas Forças Armadas. Em alternativa, usam o termo seguridade com o mesmo significado de defesa. A apoiar este raciocínio pode citar-se que os órgãos destinados a atender à população em situações de emergência, no acto da sua constituição em 1942, foram designados de defesa civil do território[108], exactamente porque tomavam medidas e accionavam pessoas e material. A partir de 1975 assumiram a designação de protecção civil[109], de forma a, sem comprometer o seu carácter operativo de realização de acções, se desvincularem da carga militar que o termo defesa ainda tem. Todavia, é curioso notar que os órgãos nacionais destinados a apoiar a população em casos de serviços mal prestados, produtos defeituosos, ou propaganda enganosa, são chamados de defesa do consumidor e não de segurança do consumidor! Assim acontece, porque tomam acções e medidas concretas em favor dos consumidores. Na NATO, o órgão que trata da protecção civil é designado por *Civil Defense Committee*. Há, portanto, em todos os países e organizações internacionais, desvios à doutrina estabelecida sobre os conceitos de segurança e defesa, que são compreensíveis pela sua génese política, e aos quais não se deve dar grande valor, desde que se perceba e se aceite a respectiva natureza e propósito.

Para Correia[110], a esta confusão entre as terminologias de defesa nacional e segurança nacional, não é estranha a reformulação conceptual relacionada com a globalização, com o esvaziamento de valores identificados com a soberania e a independência nacionais, e com o surgimento

---

[108] Organizada pelo Decreto-Lei n.º 31956, de 2 de Abril de 1942.

[109] Designação estabelecida no Decreto-Lei n.º 78/75, de 22 de Fevereiro, que criou o Serviço Nacional de Protecção Civil.

[110] Correia, Pedro Pezarat, op. cit., pp. 82 e 83.

de uma nova gama de interesses que tendem a sobrepor-se aos nacionais. Neste contexto, é comum ouvirem-se referências a interesses ditos universais, como os Direitos Humanos ou a paz, defendidos pela Organização das Nações Unidas (ONU). Surgiram ainda interesses regionais ligados à solidariedade e à segurança. Defendem-se também interesses comuns e globais, como, por exemplo, os relacionados com a demografia, a ecologia, a marginalidade e a saúde. Por último, é conferida grande relevância a interesses individuais, como «as liberdades políticas, os direitos da pessoa, a pobreza e as privações económicas de toda a espécie»[111]. Tudo isto diz respeito a um novo e abrangente conceito liberal de segurança humana, que atribui menos importância à componente polemológica da segurança valorizada pelos realistas e fundada nas relações de poder, e, muito mais, aos aspectos sociais, económicos, culturais e ambientais. Este conceito de segurança humana identifica-se com uma nova visão da qualidade de vida, no âmbito da qual segurança é, de forma cada vez mais clara, tornar a vida globalmente mais segura para as pessoas, e não apenas enfrentar possíveis ameaças militares externas.

3. Concepções particulares

A natureza humana normalmente associa uma definição a cada conceito. No entanto, a inexistência de uma terminologia específica aplicável à decisão e à acção, leva a que a estratégia, como processo, seja, muitas vezes, utilizada com significados diferentes. Ignorar este facto, traduz-se em escamotear a realidade, e obriga a manter todo o raciocínio estratégico associado a apenas uma aproximação ao conceito, que se revela insuficiente para conceber e utilizar um modelo de elaboração da estratégia de defesa militar. Como tal, entende-se que o reconhecimento explícito da estratégia como plano, manobra, modelo comportamental, posição e perspectiva[112], ajuda a trabalhar numa área tão complexa como a do objecto

---

[111] David, Charles-Philippe, op. cit., p. 30.
[112] Foi Henry Mintzberg quem, na obra, *The Rise and Fall of Strategic Planning*, Nova Iorque, Prentice Hall, 1994, pp. 23 a 29, evidenciou, como formas mais comuns das concepções particulares da estratégia: o plano; o modelo comportamental; a posição; e a perspectiva. Considera que a estratégia surge ao longo do tempo, à medida que as inten-

da presente investigação. Todavia, para que o conceito de estratégia seja usado de forma apropriada como processo, é indispensável garantir que, em qualquer dos significados, para além dos objectivos divergentes, existem vontades contrárias dotadas de poder e estruturas de comando habilitadas a preparar e a realizar acções, onde articulam convenientemente os meios de coacção, no meio e no tempo. Se as concepções particulares de estratégia forem restringidas à actividade intelectual desenvolvida para ultrapassar dificuldades ou para tirar partido de ensejos, sem a necessidade de estimar as possibilidades, nem avaliar os resultados da confrontação entre vontades e capacidades contrárias, não se está no domínio da estratégia. Permanece-se no âmbito da decisão, dentro de critérios científicos conhecidos, muitas vezes simples e repetitivos, da responsabilidade dos técnicos.

3.1. Plano

Para a grande maioria das pessoas a estratégia como processo, é traduzida por um plano, que representa uma direcção, um rumo ou curso de acção escolhido de forma consciente e intencional, ou um conjunto de orientações para lidar com uma determinada situação. Neste contexto, a estratégia obedece a dois requisitos fundamentais: ser elaborada de forma consciente e objectiva antes da acção a que se aplica; conhecer a mente do estrategista, para se perceber o real significado das suas intenções. Pode avaliar-se a importância destes requisitos, com definições em diferentes campos. No campo militar, a estratégia trata da «concepção do plano de guerra (...) da preparação das campanhas e, nestas, da decisão dos empenhamentos individuais»[113]. No campo da teoria de jogos, a estratégia é

ções colidem ou moldam uma realidade em mudança. Por isso, pode começar-se com uma perspectiva e concluir que requer uma certa posição, que deve ser alcançada por um plano cuidadosamente concebido, com o eventual resultado e a estratégia reflectidos num modelo comportamental evidente em decisões e acções ao longo do tempo. Este modelo comportamental nas decisões e acções, define o que Mintzberg chamou de estratégia emergente realizada.

[113] Clausewitz, C. von, op. cit, p. 177. Caminha, João C. G., *Delineamentos de Estratégia*, vol II, Rio de Janeiro, Biblioteca do Exército Editora, 1982, p. 1, refere que esta definição evidencia que a estratégia militar é a estratégia aplicada no campo especializado das confrontações entre forças que dispõem de armamento.

«um plano completo: um plano que especifica as escolhas [que o jogador fará] em cada situação possível»[114]. No campo da gestão, a «estratégia é um plano unificado, abrangente e integrado (...) concebido para assegurar que os objectivos básicos da empresa são alcançados»[115].

No campo empresarial, Ansoff foi considerado o primeiro grande pensador da estratégia. O seu livro intitulado *Corporate Strategy* teve grande influência na concepção de estratégia como plano. Nele apresentou um conjunto complexo de regras básicas e técnicas destinadas a realizar uma análise ambiental detalhada, segundo um processo muito intenso. Embora a aproximação de Ansoff fosse adequada ao ambiente relativamente estável dos negócios entre os anos 60 e 70 do séc. XX, apenas permitiu sucesso em algumas empresas e provocou confusão em muitas outras, em resultado de levar à constante produção de planos, que nunca foram operacionalizados. Por isso, em *Implanting Strategic Management*[116], Ansoff reconheceu que a sua concepção de estratégia como plano causava a paralisia pela análise, e redefiniu o método para elaboração da estratégia, de forma a incluir maior flexibilidade relativamente ao ambiente em mudança. Foi neste contexto que apresentou o conceito de gestão estratégica, com um conteúdo mais amplo que o do planeamento estratégico, e propôs o seu paradigma de sucesso estratégico, onde estabeleceu que não há uma fórmula universal para todas as empresas. Concluiu que a turbulência ambiental é o factor-chave da estratégia. Uma empresa deve, por isso, compatibilizar a agressividade da sua estratégia, com o ritmo e a extensão da mudança no ambiente, e assegurar que os seus gestores têm capacidade e competência para fazer face a uma situação de mudança.

3.2. *Manobra*

A estratégia também é uma manobra, que se relaciona com movimentos específicos e deliberados para forçar um contrário a comportar-se de

---

[114] Newman, J. von e Morgenstern, O., *Theory of Games and Economic Behaviour*, Princeton, Princeton University Press, 1944, p. 79.
[115] Glueck, W. F., *Business Policy and Strategic Management*, Nova Iorque, McGraw Hill, 1980, p. 9.
[116] Ansoff, H. Igor, e McDonnell, E. J., *Implanting Strategic Management*, 2ª. ed., Nova Iorque, Prentice Hall, 1990.

acordo com os interesses de quem os põe em prática. Estes movimentos devem ter um carácter fraudulento, porque dissimulam a intenção real com acções de diversão, muitas vezes mediáticas, em campos como: a gestão, quando uma empresa anuncia que vai aumentar a sua capacidade de produção para desencorajar um competidor de construir uma fábrica nova; o militar, através do anúncio de exercícios ou da realização de acções preventivas ou preemptivas, tendo em vista eliminar a vontade de um contrário em prosseguir a consecução de determinados objectivos. Em qualquer destes casos, a estratégia tem o seu ponto focal na ameaça implícita às acções a realizar num determinado momento e numa certa conjuntura, e não na acção em si. Como referiu Charnay[117], a utilização do conceito de estratégia com o significado de manobra é muito comum a nível militar: Bullow afirmou que a estratégia é a «ciência dos movimentos fora do alcance do inimigo»[118]; para Jomini, a estratégia é o «conjunto das operações que envolvem o teatro da guerra em geral»; Marmont disse que a estratégia é a parte da arte da guerra relativa aos «movimentos gerais que se executam fora da vista do inimigo antes da batalha»; para Guibert, a estratégia é «a arte de movimentar as forças próprias no teatro de operações, de forma a mantê-las concentradas no campo de batalha». No campo empresarial, Porter[119] considera que a estratégia é o conjunto integrado das actividades. Daqui decorre que a vantagem estratégica e o sucesso estratégico advêm da maneira como as actividades da empresa se encaixam e reforçam entre si. Isto é, como as actividades genéticas, estruturais e operacionais são articuladas na manobra estratégica empresarial.

3.3. Modelo comportamental

A estratégia pode ainda ser definida como modelo comportamental, ou seja, um conjunto ou fluxo de acções consistentes, intencionais ou não.

---

[117] Charnay, Jean-Paul, op. cit., p. 20.

[118] Creveld, Martin von, *La Transformation de la Guerre*, s. l., Éditions du Rocher, 1998, p. 131, refere que, para Dietrich von Bullow, a essência da estratégia consistia, antes do mais, na determinação dos «bons eixos de manobra» e à sua coordenação, segundo certos princípios geométricos bem definidos.

[119] Porter, Michael, «What is Strategy?», *Harvard Business Review*, Novembro/Dezembro, 1996, p. 6.

É uma definição estranha. Contudo, apesar de a estratégia não ser usualmente definida desta forma, é frequentemente empregada com esse significado, especialmente quando se analisam os comportamentos consistentes dos Estados e se verifica que estes alteram as suas características, por forma a ajustarem-se ao ambiente em constante mutação. Estes ajustamentos são flexíveis e realizados segundo um fluxo de decisões baseadas em critérios inteligentes, económicos e variáveis. Isto é, que não são obstinados face aos objectivos, que têm em atenção os meios disponíveis, e que garantem a liberdade de acção. Sempre que possível, essas decisões também são originais e ardilosas. É o comportamento típico, muito visível em situação de crise[120]. Moltke refere-se à estratégia como modelo comportamental, quando considera que «indica o melhor caminho para conduzir à batalha; ela diz onde e quando se deve combater, enquanto a táctica diz como se deve combater»[121]. Afirma, igualmente, que a estratégia «constitui um saber transportado na vida real», o «desenvolvimento de um pensamento directriz primitivo seguindo as variações sempre novas de acontecimentos», uma «adaptação prática dos meios colocados à disposição do general para alcançar o objectivo em vista»[122].

Mintzberg[123], ao desvalorizar a função do planeamento estratégico, em benefício de uma aproximação informal à análise do ambiente em que a empresa actua, privilegia a concepção de estratégia como modelo comportamental, porque, desta forma, mobiliza a adopção de acções intencionais e emergentes. É neste contexto que considera que: o planeamento consiste em decompor objectivos ou conjuntos de intenções em passos de operacionalização, enquanto a estratégia trata de sintetizar as questões relevantes,

---

[120] No âmbito da presente investigação interessa, sobretudo, a crise internacional, definida por Snyder, Glen e Diesing, Paul, *Conflict Among Nations*, New Jersey, Princeton University Press, 1977, p. 6, como «uma sequência de interacções entre o Governo de dois ou mais Estados soberanos, em conflito severo, sem contudo chegar ao estado de guerra, mas envolvendo a percepção de um elevado risco de guerra». Santos, J. Loureiro dos, op. cit., p. 102, para ultrapassar as restrições evidenciadas por esta definição centrada no Estado, associa o conceito de crise internacional à ocorrência de perturbações no fluir das relações entre dois ou mais actores da cena internacional, com alta probabilidade de emprego da força.

[121] Apud Couto, Abel, op. cit., p. 196.

[122] Apud Charnay, Jean-Paul, op. cit., p. 31.

[123] Mintzberg, Henry, op. cit., pp.107 a 114.

a fim de chegar a esses conjuntos de intenções; o planeamento consiste em formalizar passos para alcançar um objectivo, enquanto a estratégia requer criatividade e intuição para desenvolver uma perspectiva de longo prazo para a organização. A capacidade para detectar a mudança quando esta ocorre, para identificar problemas e para reconhecer as eventualidades, que são características essenciais da concepção de estratégia como modelo comportamental, surgem como essenciais ao sucesso estratégico na óptica de Mintzberg, que critica o excesso de ênfase colocado na aproximação racional do planeamento, quando, na realidade, as estratégias, como modelo comportamental, normalmente surgem a partir das condições prevalecentes e eminentes do ambiente.

Em 1980 Andrews apresentou uma definição na qual a «estratégia empresarial é o modelo comportamental de decisões numa campanha que determina e revela os seus objectivos, propósitos ou metas, produz as principais políticas sectoriais e planos para os alcançar, e define o âmbito do negócio que a empresa realiza, a espécie de organização económica e humana que é ou procura ser, e a natureza das contribuições económicas e não económicas que procura providenciar aos seus accionistas, empregados, clientes e comunidades»[124]. Esta definição diferencia a estratégia empresarial, que determina o negócio em que a empresa vai competir, relativamente à estratégia de negócio, que define a base da competição para uma determinada actividade que é, no essencial, a concepção de estratégia como posição, tratada por Porter, o grande especialista em estratégia competitiva, que se analisará na alínea seguinte.

As concepções de estratégia como plano, manobra e modelo comportamental são interdependentes. Com efeito, se, por um lado, os planos e as manobras consubstanciam a estratégia intencional, que engloba a estratégia deliberada (intenções prévias efectivadas) e a estratégia não realizada (intenções prévias não efectivadas), por outro lado, os modelos comportamentais podem surgir sem preconcepção, pelo que materializam a estratégia emergente, onde se desenvolvem aqueles modelos na ausência, ou apesar das intenções (Fig. 2).

---

[124] Andrews, Kenneth, *The Concept of Corporate Strategy*, 2ª. ed., Dow-Jones, Irwin, 1980, pp. 18 e 19.

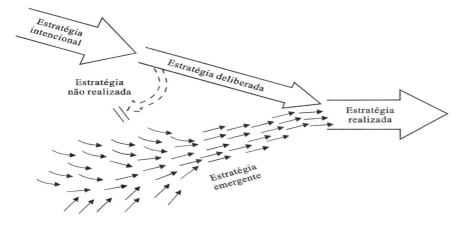

Fig. 2 – **Relações entre concepções particulares de estratégia**[125]

3.4. Posição

A estratégia contempla, igualmente, a posição (postura) que permite situar o Estado no seu ambiente, e é compatível com as anteriores concepções, em virtude de uma posição poder ser escolhida e desejada num plano ou manobra, ou alcançada, ou até encontrada, através de um modelo comportamental.

O entendimento militar da estratégia como posição resulta de, no seu campo de aplicação, ser comum a confrontação entre pelo menos dois contendores, estando a posição de um definida relativamente à do outro. Neste contexto, a estratégia traduz quer a forma de alcançar ou proteger uma posição, fazendo face, evitando ou subvertendo as contrariedades, quer a forma de tirar partido de uma posição, explorando as vantagens que ela confere. O general Ulisses S. Grant ilustrou bem este conceito, ao demonstrar na campanha de Vicksburg[126] que a estratégia tratava do emprego dos recursos próprios da maneira mais apropriada para derrotar o inimigo, e que, para isso, se tornava necessário descobrir as suas posições, alcançá-

---

[125] Adaptado de Mintzberg, Henry, op. cit., p. 24.
[126] Descrita em Hart, Liddell B., *Strategy*, 2ª ed., Nova Iorque, Meridian, 1991, pp. 129 a 132.

-las com a maior brevidade, atacá-las com a maior intensidade e continuar a avançar.

Mintzberg considera que a definição de estratégia como posição também pode ser aplicada a situações que não envolvem confrontação militar, nem sequer competição, como é o caso apresentado por Rumelt, ao considerar que «estratégia é criar situações para obter fontes de receita e encontrar formas de as manter»[127]. Isto é, qualquer posição viável, seja ou não competitiva. Convirá notar que esta concepção de estratégia não obedece aos requisitos dos componentes do conceito adoptado no âmbito desta investigação. Não tendo, por isso, outra utilidade senão ilustrar a divergência de opiniões entre autores consagrados, acerca do conceito em si e das respectivas concepções particulares.

O conceito de estratégia colectiva, utilizado para promover a cooperação entre Estados, evidencia outra particularidade importante e muito actual do conceito de estratégia como posição. Com efeito, mostra que pode ser alcançada através de negociações ou discussões informais ou, até, de grupos de trabalho ou organismos de coordenação. Se encarada num prisma ligeiramente diferente, pode ser classificada como estratégia diplomática, ou seja, aquela que tem como missão fundamental subverter as forças competitivas legítimas entre parceiros. Neste contexto, a estratégia como posição está associada não só a Estados que lutam pela sobrevivência, mas, também, a Estados que estão em simbiose com o ambiente.

Aplicada à competição, a concepção de estratégia como posição é descrita por Porter[128], em termos do modo diferente como são exercidas as actividades, ou do exercício de actividades diferentes das dos rivais. Neste âmbito, o posicionamento estratégico tem três origens diferentes, mas que surgem, frequentemente, sobrepostas: o posicionamento baseado na variedade, resultante da produção de um vasto conjunto de produtos ou serviços de uma indústria[129]; o posicionamento baseado na necessidade, servindo a maioria ou a totalidade das carências de um segmento específico

---

[127] Mintzberg Henry, op. cit., p. 16, refere como tendo sido afirmado na *Strategic Management Society Conference*, Montreal, Outubro, 1982.

[128] Porter, Michael, op. cit., p. 7.

[129] É o que faz sentido quando uma empresa produz melhor um determinado produto ou serviço que os rivais, utilizando conjuntos distintos de actividades.

de consumidores[130]; o posicionamento baseado no acesso, que segmenta os clientes alcançáveis de maneiras diferentes[131]. Do exposto verifica-se que, qualquer que seja o tipo de posicionamento estratégico, este requer um conjunto integrado de acções realizadas no respeito pelos seguintes princípios básicos[132]: o objectivo certo, isto é, o investimento que proporcione retorno sustentado de longo prazo; valor, ou seja, benefícios decorrentes de, na competição, se fazerem coisas de forma diferente ou coisas diferentes; escolha, associada a sacrifícios conscientes e deliberados em algumas áreas, de forma a atingir a excelência noutras; continuidade, não apenas na perspectiva do cliente, mas, também, para construir e desenvolver capacidades que permitam vantagem estratégica. Neste contexto, a estratégia foi definida por Porter como «a criação de uma posição única e valiosa, que engloba um conjunto de actividades»[133]. Como nota este autor, se houvesse somente uma única posição ideal, não haveria necessidade de estratégia. A essência da estratégia como posição é reconhecer actividades diferentes das dos rivais. Se o mesmo conjunto de actividades fosse o melhor para produzir todo o tipo de produtos ou serviços, de satisfazer todas as necessidades, e de ter acesso a todos os consumidores, então as empresas poderiam substituir-se entre si, e a eficiência operacional, que trata de criar valor a custos mais baixos, determinaria os resultados. Porém, como refere Porter, ter a posição única não chega para garantir uma vantagem sustentável. É preciso fazer escolhas e impor limites àquilo que a empresa oferece, de modo a protegê-la contra os reposicionadores e imitadores, o que implica evitar inconsistências na imagem e reputação, erros na reconfiguração de actividades, deficiências de coordenação interna e controlo. Estas escolhas dão uma nova dimensão à estratégia, que passa a significar fazer escolhas de posicionamento competitivo. Desta forma, na sua essência, a estratégia é decidir o que não fazer.

---

[130] É o que faz sentido quando existem grupos de consumidores com diferentes necessidades e quando um conjunto integrado de actividades satisfaz melhor essas necessidades.

[131] É o que faz sentido quando, apesar de as suas necessidades serem parecidas com as de outros clientes, a configuração de actividades que melhor as satisfaz é diferente.

[132] Porter, Michael, «Strategy and the Internet», *Harvard Business Review*, vol. 79, n.º 3, 2001, pp. 63 a 79.

[133] Ibid, p. 68.

3.5. Perspectiva

À estratégia interessa, igualmente, a concepção particular de perspectiva, que consiste na forma integrada de perceber o mundo (visão) e num sentido para a acção. Existem Estados e, dentro destes, departamentos, que constroem verdadeiras ideologias à volta dessas visões. Neste contexto, a estratégia assume o mesmo papel que a personalidade tem no indivíduo. Pode, assim, referir-se que os Estados e os seus departamentos têm carácter distinto uns dos outros, o que, na prática, se traduz em compromissos sobre as formas de actuar ou responder a estímulos. Verifica-se que vários conceitos de outras ciências integram esta noção: os antropólogos referem-se à cultura de uma sociedade; os sociólogos, à sua ideologia; os militares, à estratégia de teatro; os gestores, à teoria dos negócios e às suas forças orientadoras[134]. Esta definição, ao considerar que estratégia é, acima de tudo, um conceito, tem uma implicação importante. Classifica todas as estratégias como abstracções que existem apenas nos cérebros das partes interessadas – quem as concebe e aplica. Nestas circunstâncias, a estratégia como perspectiva também é um processo, na medida em que resulta de um trabalho conceptual, que se destina a regular o comportamento, ou, então, é inferida de um modelo comportamental. Porém, o aspecto mais importante da concepção de estratégia como perspectiva, consiste no facto de contemplar a consciência colectiva, elemento agregador dos indivíduos, indispensável para explicar os pensamentos e os comportamentos comuns. Por conseguinte, uma tarefa fundamental durante as análises estratégicas aos Estados, traduz-se em perceber essa consciência colectiva, de forma a avaliar as suas intenções e a explicar como as acções serão realizadas de forma comum e consistente.

A nível empresarial, Tregoe e Zimmerman assumem a posição de que a estratégia é, essencialmente, uma questão de perspectiva, quando a definem como «o enquadramento que guia aquelas escolhas que determinam

---

[134] Também ao nível das provas desenvolvem-se formas integradas de perceber o mundo. Os alemães possuem a visão mundial (*Weltanschaunngen*) e os portugueses a visão marítima, que significam ambas uma concepção de existência, da pessoa humana e da organização social que influenciam o carácter e o comportamento destes povos. Charnay, Jean-Paul, op. cit., p. 70.

a natureza e o sentido de uma organização»[135]. Em última instância, esta concepção de estratégia leva à selecção de produtos (ou serviços) a oferecer e dos mercados onde fazê-lo. Aqueles autores incentivam os estrategas empresariais a fundamentar estas decisões numa única força motora do negócio, porque embora considerem existir nove, apenas uma pode servir como base para a estratégia de uma dada empresa[136].

À semelhança de Mintzberg, Hamel considera[137] que o processo estratégico se tornou muito ritualista, baseado em regras e conduzido por prazos. Nestas circunstâncias, para a estratégia ter sucesso no moderno ambiente organizacional, deve ser não só diferente do passado mas, também, revolucionária, adoptando uma visão e um sentido de acção radicalmente diferente. Assim, integra a perspectiva no processo. Para esse efeito, considera essencial: ser inovador, ignorando as convenções e procurando ser único; promover activamente a mudança e não se deixar arrastar por ela; permitir que todos sejam ouvidos, de forma a que os inexperientes e os experientes participem no processo; correr riscos, porque não se pode prever o futuro com qualquer certeza. Hamel afirma que são, normalmente, os gestores de topo que defendem mais intransigentemente o *status quo*, porque, embora tenham maior experiência, são os que investiram no passado. Nesse sentido, define como novas tarefas para estes gestores de topo: patrocinar as reflexões sobre mudanças e descontinuidades, acolher de forma aberta e honesta todas as novas ideias; participar em todos os processos de aprendizagem, sem assumir posturas de omnisciência; fomentar o empreendorismo e participar no processo criativo como membro da equipa e não apenas para liderar. Hamel transforma os seus princípios revolucionários em pontos de acção e estimula as empresas a adoptar novas perspectivas, através de[138]: novas vozes, permitindo que jovens e pessoas de outras áreas

---

[135] Tregoe, Benjamim e Zimmerman, John, *Top Management Strategy*, Simon and Schuster, 1980, apud Nickols, Fred, *Strategy - Definition and Meanings*, s.l. Distace Consulting, sd., p. 4.

[136] Ibid, ibidem. Listam as seguintes nove possibilidades: produtos oferecidos; capacidade de produção; recursos naturais; necessidades de mercado; método de venda; tamanho/crescimento; tecnologia; método de distribuição; retorno/lucro.

[137] Hamel, G., «Strategy as Revolution», *Harward Business Review*, vol. 74, n.º 4, 1996, pp. 69 a 82.

[138] Hamel, G., «Strategy, Inovation and the Quest for Value», *MIT Sloan Management Review*, vol. 39, n.º 2, Inverno 1998, pp. 7 a 14.

incorporem riqueza e diversidade na formulação estratégica; novas conversas, criando oportunidade pela justaposição de pessoas isoladas; novas paixões, envolvendo as pessoas em mudanças que trazem benefícios visíveis; novas experiências de pequeno alcance e baixo risco, que acelerem a aprendizagem organizacional e indiquem o que pode resultar ou não.

3.6. Complementaridade das concepções particulares

Chegados a este ponto, pode colocar-se a questão sobre qual das concepções particulares apresentadas é a mais importante à estratégia como processo? Será um plano que trata de como se alcançam os objectivos desejados? Será uma posição assumida por forças militares antes de atacar um inimigo, ou por uma empresa fornecedora de produtos de alta qualidade e preço? Será uma perspectiva sobre a visão que um actor assume relativamente a assuntos e um sentido relativamente aos propósitos, orientações, decisões e acções resultantes dessa visão? Será um modelo comportamental das decisões e acções? Ou será uma manobra relacionada com movimentos específicos e deliberados para forçar comportamentos contrários? A estratégia, como processo, é tudo isto. É uma perspectiva, uma posição, um plano, um modelo comportamental e uma manobra. Por isso, apesar de existirem diversas relações entre as concepções particulares de estratégia apresentadas, nenhuma delas é mais importante do que as restantes.

De certa forma, apesar de em alguns aspectos competirem entre si, na maioria dos casos complementam-se. Com efeito, nem todos os planos se transformam em modelos comportamentais, nem estes se desenvolvem segundo a forma planeada, e algumas manobras são menos importantes do que as perspectivas, enquanto outras são mais relevantes. Cada concepção particular contribui com importantes elementos para a compreensão do que é a estratégia como processo, e possibilita o entendimento de alguns dos aspectos mais importantes da vida do Estado. Assim, como plano, a estratégia trata da forma como o Governo tenta estabelecer rumos para que o Estado siga um determinado curso de acção. Este conceito de estratégia levanta a questão fundamental do conhecimento: como são concebidas na mente e qual o verdadeiro significado das intenções humanas? Por isso, a sua utilização prática implica o conhecimento da mente dos estrategistas, necessário para se perceber o significado real das suas intenções. Como manobra, a estratégia conduz ao âmago da competição directa, onde as ameaças e as fintas são empregadas para adquirir vantagens. Este aspecto coloca o processo de interacção estratégica no seu ponto mais dinâmico, que se move provocando reacções opostas. Como modelo comportamental, o ponto focal da estratégia está na acção, e lembra que o conceito não tem significado se não tomar em consideração o comportamento. Esta concepção também introduz a noção de convergência, ou seja, a consecução da consistência no comportamento do Estado, em resultado do facto de, quando se considera simultaneamente a estratégia realizada e a estratégia deliberada, poder desenvolver-se a noção de que a estratégia pode emergir ou ser imposta de forma deliberada. Como posição, a estratégia dá a possibilidade de olhar o Estado no seu ambiente, analisando a forma como ele alcançou, protege ou tira partido da sua posição para fazer face, evitar, ou subverter o conflito, a oposição e a competição. Este conceito de estratégia permite conceber os Estados como organismos que, ou lutam pela sobrevivência num mundo de desacordo e incerteza, ou estão em simbiose. Como perspectiva, o conceito de estratégia levanta intrigantes questões sobre a intenção e o comportamento num contexto colectivo. Isto é: qual a forma como as intenções se difundem no grupo de pessoas para serem partilhadas como normas e valores?; qual o modo como os modelos comportamentais se tornam profundamente enraizados no grupo?

As concepções particulares de estratégia como processo, tornam evidente que o conceito não pode ser utilizado apenas para definir como lidar com um contendor. É, também, um importante instrumento para se perceberem os aspectos fundamentais do Estado como motor e sustentáculo da acção colectiva, que procura a aplicação eficiente da força disponível e a exploração da força potencial. Por isso, o Estado preocupa-se não só com os contrários, os parceiros e os neutros, que possuem visões diferentes uns dos outros, mas, também, com a divisão de ganhos e perdas, e com a possibilidade de determinados resultados serem piores que outros. É, ainda, de referir que grande parte da confusão associada ao emprego do conceito de estratégia como processo, resulta de definições insuficientes. Assim, através da utilização de um conceito de estratégia que parece adequado às exigências da sociedade da informação, complementado pela clarificação proporcionada por diversas concepções particulares, pode evitar-se alguma desta confusão e, simultaneamente, enriquecer a capacidade para conceber um modelo adequado à elaboração da estratégia de defesa militar.

4. Divisões

A sistematização das divisões da estratégia é uma tarefa difícil, porque são diversas as categorizações que se podem adoptar, todas elas incompletas, interpenetráveis e, por vezes, até inextricáveis. Porém, esta é essencial à compreensão da estratégia como processo. Neste contexto, Beaufre[139] considera que, se a estratégia é una pelos seus objecto e método, na aplicação subdivide-se em estratégias especializadas, válidas para um determinado domínio particular de acção, onde devem ser considerados os dados materiais e as respectivas características, porque consoante o domínio de acção, assim serão as consequências[140]. Estas divisões correspondem às ramificações do poder nacional[141], nos esforços parciais segundo cada domínio de acção.

Entre as divisões possíveis, adoptou-se: uma, relativa à estruturação dos meios do Estado, que engloba as formas de coacção e os ramos da estratégia; outra, referente ao tipo de atitudes fundamentais assumidas pelo Estado, que engloba o estilo de acção e a finalidade de emprego dos meios de coacção. Ambas consideram aspectos relevantes para a concepção e utilização de um modelo de elaboração da estratégia de defesa militar.

A estruturação dos meios do Estado consiste na subdivisão dos objectivos a materializar em planos analíticos decrescentes, onde se articulam as diferentes formas de coacção. Funda-se, também, na ligação das acções

---

[139] Beaufre, André, op. cit., p. 4.

[140] Com efeito, a divisão das estratégias por domínios de acção decorre não só do âmbito e da diversidade daqueles domínios, mas, também, dos efeitos obtidos com os meios em cada domínio.

[141] «O poder nacional é a expressão integrada dos meios de toda a ordem de que dispõe a Nação, accionados pela vontade nacional, para alcançar e manter, interna e externamente os objectivos nacionais». *Fundamentos da Doutrina*, Rio de Janeiro, Escola Superior de Guerra, 1981, p. 59. Quando se examinam as actividades do Estado, genericamente, segundo os seus interesses políticos, económicos, psicossociais e militares, é vantajoso admitir-se a existência de expressões do poder nacional. Cada uma delas caracteriza-se pelos efeitos que se obtêm, em função dos instrumentos correspondentes à respectiva natureza. Usualmente, são consideradas as expressões política, económica, psicossocial e militar. Cada expressão estrutura-se em fundamentos, factores, componentes e órgãos, que constituem os elementos do poder nacional. Esta divisão facilita o trabalho de avaliação do poder nacional e, em consequência, a sua racional aplicação dentro do processo de elaboração da estratégia de defesa nacional.

relativas ao emprego, à edificação e à disposição da força. Estas duas estruturações devem ser distinguidas, porque não coincidem. Todavia, interpenetram-se, porque toda a estruturação quanto às formas de coacção em cada nível, articula os diferentes ramos da estratégia. Isto é, as estratégias de nível integral, geral e particular desenvolvem-se quanto ao emprego, edificação e disposição da força.

Segundo Charnay, as atitudes fundamentais assumidas pelo Estado, que designa por atitudes estratégicas, «consistem na posição e nas reacções que serão mais frequentemente adoptadas ao longo do desenvolvimento e das transformações do plano. Elas podem contribuir, não só, para estabilizar e ponderar a sequência das decisões do chefe, mas, também, para inspirar as dos subordinados na sua adaptação imediata à contingência: noções de directiva segundo a escola alemã, de disciplina intelectual segundo Foch. Elas consistem, sobretudo, na determinação do grau de iniciativa e de intensidade da violência que se deseja evidenciar durante o conflito. Elas dão a sua nota dominante às condutas estratégicas concretas: ofensiva, defensiva; estilo directo, estilo indirecto; agressividade imediata, temporização,...»[142].

4.1. Formas de coacção

A divisão da estratégia relativa à estruturação dos meios do Estado quanto às formas de coacção, foi desenvolvida por Beaufre imaginando um sistema de estruturação vertical do Estado, a que corresponde uma pirâmide[143] que desdobra, em planos analíticos decrescentes, a estratégia integral, as estratégias gerais e as estratégias particulares, segundo os objectivos a materializar e as acções a realizar. Este desdobramento não se processa de forma automática, em obediência a critérios rígidos. Como a estratégia visa promover a evolução da situação no sentido escolhido, são os objectivos a materializar que determinam a subdivisão quanto às formas de coacção. Como tal, a natureza, a localização e o número dos objectivos criados com a subdivisão do objectivo superior, comandam o desdobramento da estratégia. Nestas circunstâncias, a pirâmide de estratégias

---

[142] Charnay, Jean-Paul, op. cit., p. 143.
[143] Beaufre, André, op. cit., p. 44.

é, na prática, uma pirâmide de objectivos a materializar[144] (Fig. 3). Como evidenciou Caminha[145], tais objectivos devem, forçosamente, ser sempre condizentes com os objectivos políticos. Por outro lado, como todo o desenvolvimento do esforço estratégico depende da fixação dos objectivos estratégicos, esta tarefa implica um exame profundo da situação estratégica, que proporcione, de cima para baixo, o desdobramento dos objectivos maiores ou nacionais, ligados à estratégia integral, em objectivos menores, associados às estratégicas gerais e particulares.

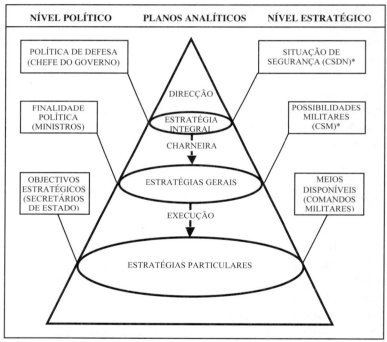

* CSDN – Conselho Superior de Defesa Nacional
* CSM – Conselho Superior Militar

Fig. 3 – **Divisões da estratégia quanto às formas de coacção**[146]

---

[144] Caminha, João C. G., op. cit., p. 28.
[145] Ibid, op. cit., vol. III, p. 1.
[146] Baquer, Miguel Alonso, *En qué Consiste la Estratégia*, Madrid, Ministério de Defensa, Secretaria General Técnica, 2000, p. 66.

A estratégia integral (segundo Poirier) ou total (segundo Beaufre) abarca o estudo e a aplicação de todas as formas de coacção (política, económica, psicossocial e militar). Daqui se depreende que diz respeito a múltiplas acções e actividades necessárias à preparação e ao emprego fraccionado e especializado, mas coordenado, do poder nacional, em vários níveis, contra objectivos de natureza variada, cuja conquista ou preservação, simultânea ou sucessiva, é considerada essencial para alcançar os objectivos nacionais. Nesta conformidade, no entender de Couto cabe à estratégia integral (a que chama total) «conceber, face às hipóteses de guerra e às ameaças admitidas, o desenvolvimento harmonioso e a utilização dos recursos morais e materiais, com vista à oportuna prevenção ou superação de ameaças e à consecução de determinados objectivos políticos. É sua função concretizar os fins da acção estratégica à luz dos objectivos políticos, auxiliar a política[147] a definir a missão estratégica própria e dar missões aos vários domínios de acção, combinando as diversas estratégias gerais»[148].

Convirá não confundir estratégia integral, designada por Luttwak como grande estratégia[149] (concepção da escola anglo-saxónica), com a estratégia global, que está apenas ao alcance das superpotências e se destina a influenciar de forma directa, permanente e com profundidade, a ordem internacional estabelecida[150]. A estratégia integral, de inspiração política dominada pelos fins, funde-se[151] com a política, é designada por estraté-

---

[147] Poirier considera que a estratégia integral é um método orientador da política. Apud Charnay, Jean-Paul, op. cit., p. 194.

[148] Couto, Abel, op. cit., p. 228.

[149] Luttwak, Edward N., *Strategy, The Logic of War and Peace*, Londres, The Belknap Press of Harvard University Press, 1987, p. 179.

[150] A complexidade e a interdependência múltipla dos actores do sistema político internacional, permitem que, mesmo os menos potentes, tenham capacidade de influência. Contudo, esta é limitada no tempo, depende muito dos interesses dos principais actores e não permite instituir uma nova ordem mundial na sequência de desequilíbrios internacionais graves. Daí que o conceito de estratégia global esteja reservado para as superpotências, as únicas capazes de, a nível militar, realizar acções de protecção global.

[151] Esta fusão resulta da estratégia integral estar concebida para ter em conta todos os elementos do poder nacional, nas acções destinadas a materializar os objectivos nacionais. Como consequência de tal fusão, é usual verificar-se que a estratégia integral se refere, quer à visão mais geral do Estado sobre as relações internacionais, quer à orientação geopolítica (marítima ou terrestre).

gia nacional[152] e integra as estratégias política, económica, psicossocial e militar de cada Estado. Especifica os objectivos nacionais e o emprego do poder nacional como um todo nas possíveis confrontações externas. Pertence à direcção suprema do Estado[153]. Encontra-se, por isso, subordinada ao Governo[154], ao qual compete conceber e dirigir superiormente a acção estratégica do Estado, ou seja, a estratégia de defesa nacional adequada à materialização da política de segurança nacional desejada[155]. O responsável político pela sua condução é o Primeiro-Ministro, que pode ser auxiliado por conselheiros da sua confiança, de todos os géneros e especializados em qualquer domínio de acção estratégica. No desempenho das suas funções apoia-se num órgão de conselho, do qual fazem parte os Ministros responsáveis pelos principais domínios de acção estratégica e, por vezes, os Chefes Militares, os directores de certas organizações importantes para a acção estratégica do Estado, como os Serviços de Informações e, eventualmente, personalidades qualificadas. Em Portugal designa-se por Conselho Superior de Defesa Nacional. O Primeiro-Ministro dispõe, igualmente, de um estado-maior que estuda, prepara, planeia e acompanha a operacio-

---

[152] Neste contexto, importa salientar que Liddell Hart teorizou o conceito de grande estratégia em meados da década de 30 do século XX. Definiu-a, simplesmente, como a política de guerra, que tem por fim coordenar e dirigir todos os recursos nacionais ou de uma coligação de Estados, a fim de alcançar o objectivo político da guerra. Definida desta forma, a grande estratégia, tal como a estratégia nacional, assemelha-se à política. Liddell Hart reconheceu que, se a grande estratégia domina a estratégia, os seus princípios vão, frequentemente, ao encontro daqueles que prevalecem no domínio desta última. A preocupação central de Liddell Hart era conduzir a guerra, sem nunca perder de vista qual a paz que se pretendia obter. Esta ideia não encerra nada de verdadeiramente revolucionário, porque a ligação intrínseca entre a estratégia e a política já havia sido solidamente estabelecida por Clausewitz. Por isso, a grande estratégia é, apenas, uma reformulação do axioma clausewitziano. Foi Collins, John M., op. cit., quem, em 1974, tentou a teorização sistemática de grande estratégia, como sendo a aplicação do poder nacional a fim de alcançar objectivos de segurança nacional em qualquer circunstância. Esta definição é mais abrangente que a de Liddell Hart, visto que não está limitada à guerra. Porém, Collins não clarifica como se articula a estratégia nacional e a política nacional de segurança. Em suma, pode dizer-se que o conceito de grande estratégia traduz o extravasar da estratégia da esfera militar, devido à industrialização da guerra e à mobilização total. Tem como conceitos equivalentes estratégia global (Beaufre) e a estratégia integral (Poirier).

[153] Caminha, João C. G., op. cit., p. 81.

[154] Razão pela qual se identifica com a política em acto.

[155] Cuja expressão militar típica assenta na dissuasão convencional.

nalização das decisões. No caso de Portugal, esta função é parcialmente desempenhada pelo Ministério da Defesa Nacional[156]. Em tempos mais recuados, o Presidente do Conselho de Ministros dispôs de um órgão próprio, designado por Secretariado-Geral de Defesa Nacional.

As estratégias gerais correspondem aos domínios específicos das formas de coacção política, económica, psicossocial e militar[157]. Como referiu Beaufre[158], têm como função repartir, combinar e assegurar a execução das tarefas que são incumbidas pela estratégia integral aos diferentes ramos de actividade do domínio considerado. É ao nível intermédio, onde se situam as estratégias gerais, que se encontra a charneira entre a formulação (concepção) e a operacionalização (execução) estratégicas, ou seja, entre o que a nível político se quer ou deve fazer (finalidade), e aquilo que as condições técnicas e as possibilidades materiais permitem fazer ao nível estratégico[159]. Por esta razão, as estratégias gerais englobam o emprego dos meios (aspectos operacionais) e o desenvolvimento da força, o qual compreende a geração e criação de novos meios (aspectos genéticos[160]) e a sua composição, organização e articulação (aspectos estruturais). Os aspectos operacionais reflectem-se em planos e programas de operações[161],

---

[156] O Ministério da Defesa Nacional é, na realidade, apenas um ministério das Forças Armadas. Por isso, não tem competências em toda a abrangência da defesa nacional. Essas, estão na posse do Primeiro-Ministro, que não dispõe do referido órgão de estado-maior.

[157] Charnay, Jean-Paul, op. cit., p. 40. Desta forma, fica evidente que cada estratégia geral tem um instrumento específico de coacção. No caso da estratégia militar são as Forças Armadas. Pode, assim, a estratégia militar ser definida como a ciência e a arte de edificar, dispor e empregar as Forças Armadas num dado meio e tempo, para se materializarem os objectivos fixados pela política, com recurso à coacção (pela aplicação da força militar ou ameaça desta força), de forma a superar problemas e a explorar eventualidades em ambiente de desacordo. Como se verificará mais adiante, a coacção política engloba duas formas: a coacção política clandestina no interior do contendor; a coacção diplomática. A coacção psicossocial também pode ser designada psicológica.

[158] Beaufre, André, op. cit., p. 45.

[159] Ibid, ibidem.

[160] Relacionados com aquilo a que Samuel P. Huntington chama a decisão sobre programas: capacidades das Forças Armadas, sua composição e nível de prontidão, o número, tipo e ritmo de desenvolvimento das armas. Huntington, Samuel P., *The Common Defense: Strategic Programmes in National Politics*, Nova Iorque, Columbia University Press, 1961, pp. 3 e 4.

[161] Destinados a regular o emprego das forças de natureza política, económica, psicossocial e militar, por acção destinada a materializar os objectivos nacionais.

enquanto os aspectos genéticos e estruturais são traduzidos por planos e programas de forças[162].

Se bem que, para a estratégia militar, esteja claramente definida a sua inserção no contexto do Estado, de acordo com as formas de coacção e os ramos das Forças Armadas, para as restantes estratégias gerais tal não acontece frequentemente, o que leva a que se faça estratégia sem saber. Esta prática pouco consciente, impede a máxima rentabilização da estratégia integral, e não permite que se orientem as estratégias subordinadas, nem se estudem ou pratiquem as tácticas correspondentes. Contudo, o aumento da conflitualidade associada às transformações globais das sociedades internacionais e nacionais, ao provocar a evolução legítima do conceito clássico de estratégia, ao estimular a sua aplicação consciente a outros domínios que não o militar, e ao alargar a sua utilização a outros processos disjuntivos que não os conflitos, está a contribuir para alterar aquela situação. As estratégias gerais são da responsabilidade dos Ministros, que possuem a seu cargo os diferentes departamentos governamentais. Em Portugal, para o caso da defesa militar, o Ministro da Defesa Nacional apoia-se num órgão de conselho designado por Conselho Superior Militar, de que fazem parte o titular da pasta, os Secretários de Estado e os Chefes Militares. O órgão de estado-maior é o Estado-Maior General das Forças Armadas.

Às estratégias particulares cabe combinar, coordenar e repartir as actividades dentro da estratégia geral a que se subordinam. Estas actividades, a nível político, visam a definição de objectivos estratégicos particulares. A nível estratégico são definidas segundo a natureza dos meios ou dos sectores de actividade a que se dirigem. É no plano das estratégias particulares que se orienta a evolução e adaptação da táctica, da estrutura e da genética para as necessidades da estratégia integral[163]. Se o Estado estivesse articulado em todos os seus sectores com vista à estratégia, as estratégias particulares seriam da competência política dos Secretários de Estado e dos Chefes Militares encarregados das actividades

---

[162] Estes podem traduzir uma postura pluralista ou monista relativamente aos empenhamentos possíveis. A postura pluralista requer uma ampla variedade de forças para actuar em diversas acções possíveis. A postura monista apoia-se, principalmente, num conjunto de forças bem definido, o que pressupõe a capacidade de prever e controlar as acções contrárias possíveis.

[163] Beaufre, André, op. cit., p. 46.

específicas que importasse individualizar. Como órgão de conselho, poderia encontrar-se um conselho de cada sector de actividade. Como órgão de estado-maior existiria uma direcção-geral ou o estado-maior do ramo ao qual fossem incumbidos o estudo, a preparação, o planeamento e o acompanhamento das acções desse sector. Embora a diversidade dos sectores do Estado e dos meios empregados possa conduzir à identificação de muitas estratégias particulares, adoptaram-se as subdivisões das estratégias gerais em particulares, que constam da doutrina das Forças Armadas portuguesas: a estratégia geral psicológica engloba a estratégia de propaganda, a estratégia de contrapropaganda e a estratégia de informação pública; a estratégia geral política engloba a estratégia política interna e a estratégia diplomática; a estratégia geral económica engloba a estratégia de produção, a estratégia financeira e a estratégia de comércio externo; a estratégia geral militar engloba a estratégia terrestre, a estratégia aeroespacial e a estratégia naval.

O conceito de estratégia particular é indispensável para o estudo, a análise e a aplicação do poder nacional, tendo em vista a repartição de responsabilidades e a especialização de funções. Na realidade, em cada estratégia particular, a natureza das acções associadas exige a adopção de processos e de técnicas específicas. Porém, esta especificidade não implica a obrigatoriedade de criação de organismos na estrutura do Estado, com responsabilidades dedicadas de formulação e de operacionalização de cada estratégia particular. Também não pode colidir com a ideia de integração inerente às expressões do poder nacional, já anteriormente referida. Infelizmente, tal ideia é continuamente desvalorizada, quando os problemas estratégicos integrais são reduzidos às suas expressões político-militares, por um processo de substituição intelectual que traduz a forma parcial, sincopada e reducionista como as questões da defesa nacional são tratadas pelos Estados. Por fim, não deve dificultar a coordenação das estratégias particulares no quadro de uma acção estratégica. No entanto, muitas vezes, os seus responsáveis sentem-se prejudicados na subdivisão do poder e no apoio a prestar ou a receber, e tendem a considerar o emprego do poder nacional, preponderantemente, na óptica da sua formação profissional[164].

---

[164] Caminha, João C. G., op. cit., p. 82.

4.2. Ramos da estratégia

A divisão relativa à estruturação dos meios do Estado quanto aos ramos da estratégia, trata da articulação entre o que se quer ou deve fazer e o que os meios tornam possível, e abrange as acções relativas ao emprego, à edificação e à disposição da força. Às primeiras acções corresponde a estratégia operacional, enquanto às restantes acções estão associadas, conforme o respectivo âmbito, a estratégia genética e a estratégia estrutural. Estas estratégias destinam-se a provocar a transição de uma determinada situação actual, para uma situação futura desejada. Para isso, cada uma delas adopta um paradigma de transformação, que serve de referência às acções a produzir nos campos genético, estrutural e operacional, de forma a provocar e orientar a mudança no sentido da situação almejada.

A estratégica genética preocupa-se com a edificação, isto é, com a criação e a geração[165] de novos meios a compor em capacidades diversificadas, integráveis e conjugáveis, a disponibilizar à estratégia operacional no momento adequado, que sirvam o conceito estratégico[166] adoptado e tenham em atenção a evolução da conjuntura. Embora esta estratégia possua implícita uma logística de produção[167] e uma logística de aquisição, não pode ser confundida, como notou Beaufre, «com um mero agregado de programas orçamentais e financeiros»[168]. Com efeito, tal estratégia não dispensa três atitudes fundamentais: racionalizar, através da realização de estudos prospectivos que analisem com considerável antecipação as situações futuras; calendarizar, definindo prazos de realização dos meios ajustados às exigências operacionais; programar, o que compreende não só

---

[165] A criação e a geração de novos meios são englobadas por Poirier na estratégia de meios, que se subdivide em dois ramos: na estratégia genética «vocacionada para a inovação técnica e a invenção de armamentos»; na logística «operações necessárias para a avaliação quantitativa do sistema, tendo em conta os custos e os recursos disponíveis para a sua realização industrial e a edificação das infra-estruturas necessárias, para a sua manutenção e a sua renovação, etc.». Charnay, Jean-Paul, op. cit., pp. 194 e 195.

[166] A grande ideia sobre a manobra estratégica do Estado para consecução dos objectivos fixados pela política. Estabelece os princípios reguladores da acção estratégica nos campos genético, estrutural e operacional. São eles que expressam a filosofia e conferem coerência à acção estratégica nacional.

[167] Que contempla a investigação, o desenvolvimento e a produção.

[168] Beaufre, André, op. cit., p. 46.

o lançamento dos programas que empenham, durante largos períodos de tempo, os recursos materiais, humanos e técnicos necessários à estratégia, mas, também, a integração e a compatibilização dos diferentes programas numa verdadeira estratégia.

A estratégia estrutural engloba os aspectos relativos à disposição dos meios, isto é, à sua composição, organização e articulação em capacidades coerentes, interdependentes e colaborantes. Qualquer estratégia, para ter sucesso, necessita de ser compatível com as possibilidades de quem a adopta. Estas, não são imutáveis, pois muitas vezes é possível atenuar, ou mesmo eliminar, as fraquezas estruturais, operando o que se chama fortalecimento do potencial estratégico. Cabe à estratégia estrutural analisar as capacidades existentes, com vista à definição das medidas mais adequadas para eliminar as vulnerabilidades, reforçar as potencialidades e, em última análise, permitir um melhor rendimento dos meios nos processos de decisão e nas suas actuações[169]. Como exemplo do campo de aplicação da estratégia estrutural, pode considerar-se a definição das especificações de um adequado sistema de comunicações interterritoriais, preconizando as soluções que os técnicos deverão concretizar.

A estratégia operacional trata dos aspectos ligados ao emprego dos meios, atendendo às suas características e possibilidades para se materializarem os objectivos superiormente fixados. Para isso, cabe-lhe conceber e executar a manobra estratégica ao nível dos grandes subordinados, ou seja, dos responsáveis pelos teatros de acção e pelas áreas de operação. Em cada domínio de acção do Estado, é seu objecto fixar as medidas necessárias, nos campos da sustentação, do treino e da doutrina, que permitam o emprego de capacidades expedicionárias, jurisdicionais e decisórias, de forma a garantir, não só, a conciliação dos objectivos a atingir com as possibilidades proporcionadas pela táctica, pela estrutura e pela genética do domínio considerado, mas, também, a orientação da evolução daquelas, de forma a adaptá-las às necessidades da estratégia[170]. Pensando, como exemplo, no caso de um sistema de comunicações interterritoriais, pode afirmar-se que à estratégia operacional cumpre, por um lado, definir como utilizar (táctica) os meios disponíveis para, tendo presentes as suas características e finalidades, constituir o referido sistema e, por outro lado, orientar a

---

[169] Couto, Abel, op. cit., p. 232.
[170] Couto, Abel, op. cit., p. 231.

estratégia estrutural e a estratégia genética, de modo a que se mantenham adaptadas às necessidades da estratégia operacional, sujeitas à evolução da conjuntura.

Nos países que não sentem necessidade de empregar as suas forças militares durante longos períodos de paz, os governantes esquecem a função vital da estratégia: a sobrevivência nacional. Por isso, não relacionam convenientemente as expressões política, económica, psicossocial e militar do poder nacional, com a possibilidade da eclosão de um conflito armado. Nesses países, a estratégia genética militar é uma consequência natural do progresso nacional, e não um imperativo de uma estratégia nacional que articule adequadamente o desenvolvimento e a segurança. Nestas circunstâncias, a estratégia genética considera com maior ênfase os factores não directamente relacionados com o emprego violento do poder. Assim, a genética política, económica e psicossocial assumem precedência sobre a militar, o que, a nível integral, desarticula a capacidade de empregar o poder nacional em situação de conflito. A nível militar a estratégia genética considera com maior ênfase os factores não directamente relacionados com o emprego da força, pelo que a genética de cariz administrativo e social tende a prevalecer sobre a operacional, o que torna as Forças Armadas inúteis e um peso para o país.

Quando se afirma que à estratégia genética cabe gerar e criar os meios necessários à estratégia operacional, não significa que a estratégia operacional prevaleça sobre a estratégia genética. A definição desta hierarquia é um problema complexo e, por vezes, paradoxal. Verifica-se em todos os países a tendência para se evoluir de uma fase onde o desenvolvimento e a preparação do poder nacional têm maior realce, para outra fase em que o emprego efectivo do poder nacional ganha preponderância. Normalmente, em tempo de paz, desenvolve-se e prepara-se o poder nacional em todos os campos, para que o Estado possua uma relação de forças favorável, face aos seus contendores mais prováveis, no início de um confronto estratégico. Nestas circunstâncias, em tese, a estratégia operacional cuidará dos aspectos ligados ao emprego dos meios, atendendo às suas características e possibilidades para se materializarem os objectivos superiormente fixados. À estratégia genética cumprirá criar e gerar novos meios, a pôr à disposição da estratégia operacional no momento adequado, que sirvam o conceito estratégico adoptado e tenham em atenção a evolução da conjuntura. Porém, na prática, as grandes potências tomam atitudes opostas às dos restantes países.

Numa grande potência sujeita a ameaças de reduzida gravidade, a estratégia genética não tem tanta prioridade como a estratégia operacional adequada para lidar com as ameaças previstas. Assim acontece porque, como o potencial estratégico está bastante desenvolvido, consegue satisfazer a generalidade dos requisitos decorrentes da estratégia operacional, impondo-lhe, porventura, pequenas limitações. Assim sendo, as eventuais alterações da estratégia genética serão mínimas para atender à estratégia operacional.

Numa potência média ou pequena, sujeita a uma ameaça de considerável gravidade, a estratégia operacional será importantíssima. Todavia, em primeiro lugar é necessário atender à estratégia genética, conferindo-lhe a amplitude e o ritmo adequados. Será em função das realizações da estratégia genética, sujeitas a factores estruturais internos e a influências conjunturais externas, muitas delas alheias aos actores que protagonizam as ameaças, que será concebida a estratégia operacional possível.

Como caso particular da primeira situação, destaca-se o comportamento das grandes potências, que têm capacidade para proceder dessa forma, mesmo em situações de ameaça excepcional, quando estão em jogo objectivos vitais e a opinião pública aceita grandes sacrifícios materiais. Quando os EUA anunciaram a Iniciativa de Defesa Estratégica, destinada a evitar que o seu território fosse vulnerável aos mísseis balísticos da URSS, conceberam uma estratégia operacional assente na destruição daquelas armas a grande distância e altitude. Respeitando estes requisitos, caberia à estratégia genética inventar, desenvolver e construir os adequados sistemas de armas. A consideração desta solução estratégica só foi possível porque os EUA: possuíam suficientes recursos financeiros e tecnológicos; dispunham de uma estratégia global que privilegiava a segurança; naquela ocasião eram ameaçados de forma decisiva por um inimigo igualmente potente; e o Governo contava com o apoio da opinião pública interna. Face ao exposto, poderá afirmar-se que o fortalecimento do potencial estratégico impõe limitações ao planeamento operacional e que este estabelece as necessidades àquele, cabendo às ameaças fixar as servidões entre ambos[171].

Medidas no âmbito da estratégia estrutural implicam a obtenção de novos meios, actividade que cumpre à estratégia genética. Modificações nas condições de emprego desses meios, situam-se no campo da estratégia

---

[171] Silva, Golberi do Couto e, op. cit., p. 52.

operacional. Daqui decorre a impossibilidade de se proceder a uma verdadeira hierarquização dos ramos da estratégia. Contudo, pode tomar-se como válido, quer um princípio de determinação recíproca, quer uma estruturação onde: quanto mais próximo do nível de concepção da estratégia (integral), maiores serão as componentes de natureza estrutural e genética, e menores as de natureza operacional; quando se está próximo do nível de execução da estratégia (particular), as componentes de natureza operacional dominarão as de natureza genética e estrutural. Verifica-se, assim, que estas estratégias se interpenetram, em virtude de medidas de natureza estrutural num sector, poderem implicar medidas de natureza operacional ou genética nesse ou noutros sectores.

4.3. Estilo de acção

A divisão relativa ao tipo de atitudes fundamentais do Estado quanto ao estilo de acção, engloba as categorias da estratégia directa e da estratégia indirecta. A estratégia directa, que Beaufre designa como «o modo maior»[172], procura obter a decisão através do emprego ou da ameaça de emprego da força militar, como meio de coacção principal[173]. Quer isto dizer que, neste tipo de estratégia, o papel das Forças Armadas é primacial. Contudo, como a estratégia ao mais alto nível do Estado é integral, as acções militares não podem deixar de ser preparadas, apoiadas e consolidadas por acções nos domínios político, económico e psicossocial. Sobre esta dependência da força militar relativamente às restantes forças que integram o potencial estratégico de um Estado, Sun Tzu afirma que, «o facto de um exército ser capaz de sustentar os seus ataques ao inimigo sem sofrer derrotas, deve-se às operações de forças e manobras directas e indirectas.»[174], também refere que «na guerra, usa-se geralmente a força directa para enfrentar o inimigo, mas vale-se das forças indirectas para vencer»[175]. No emprego das forças directas e indirectas considera possível utilizar múltiplas combinações, de forma a confundir o contrário acerca da

---

[172] Beaufre, André, op. cit., p. 46.
[173] Ibid, p. 57.
[174] Apud Hou, Sheang e Hidajat, op. cit., p. 151.
[175] Ibid, p. 152.

modalidade de acção adoptada. Neste contexto, refere que «em batalha há apenas forças directas e indirectas, porém as suas combinações são infinitas e estão além da nossa compreensão, pois estas duas forças são mutuamente reprodutivas, as suas interacções são infinitas como as de anéis interlaçados. De facto, quem é capaz de dizer onde começam e acabam as variações?»[176]. Por isso, embora nesta alínea se trate apenas dos estilos de acção, como as categorizações da estratégia se interpenetram, não se pode deixar de, antecipadamente, tecer algumas considerações quanto à finalidade de emprego dos meios de coacção, por forma a caracterizar melhor o estilo de acção da estratégia directa.

Na definição de estratégia directa que se enunciou, distinguiu-se, no essencial, um modo que visa agir e outro que visa dissuadir. Como refere Charnay, o modo estratégico qualifica a forma como são empregues os meios de coacção, e como são agrupados em grandes conjuntos, com as respectivas coerências e racionalidades, os diversos tipos de acções estratégicas[177]. «A cada um dos modos, para uma época e uma civilização dadas, corresponde um conjunto de procedimentos mais ou menos definidos; uma morfologia estratégica que pode ser apreciada sincronicamente (situação histórica de um conflito) ou diacronicamente por pesquisa dos limites de mutação das diversas formas de luta (da guerrilha à grande guerra, etc.)»[178].

O modo que visa dissuadir verifica-se quando um actor procura desencorajar outros actores de adoptarem determinadas posturas ou comportamentos. Como afirma Luttwak[179], é uma estratégia de ameaça, de punição ou de negação, destinada a convencer a parte contrária que os custos de uma acção serão muito superiores aos ganhos, porque estes estão associados a objectivos modestos, face ao esforço necessário para os materializar. Para Beaufre, «só a ameaça de represálias proporciona verdadeira protecção»[180]. Afirma, igualmente, que, pela dissuasão, se procura «atingir directamente a vontade do adversário sem passar pela intermediação da prova de força»[181]. Com efeito, os actores que adoptam o estilo de acção

---

[176] Ibid, ibidem.
[177] Charnay, Jean-Paul, op. cit., p. 127.
[178] Ibid, ibidem.
[179] Luttwak, Edward N., op. cit., p. 202.
[180] Beaufre, André, op. cit., p. 92.
[181] Ibid, ibidem.

da estratégia directa no modo de dissuasão, aumentam as suas capacidades militares em geral, desenvolvem armas de destruição maciça, participam em alianças e preparam capacidades que lhes permitem ameaçar com credibilidade. Os sistemas políticos internacionais de equilíbrio de poder e de segurança colectiva são ambos construídos em torno do estilo de acção da estratégia directa no modo de dissuasão. Com efeito, enquanto no primeiro caso um potencial perturbador é ameaçado pela acção de retaliação do bloco militar rival, no segundo caso é detido por uma acção política colectiva da comunidade internacional. Como refere Luttwak[182], o desenvolvimento de extraordinárias capacidades nucleares por parte dos EUA e da URSS durante a Guerra-Fria, criou um sistema de dissuasão armada mútua quase perfeito, porque nenhuma das partes podia atacar a outra sem sofrer perdas gravíssimas ou, até, a própria destruição. Esta situação é comparável à de dois escorpiões encerrados numa garrafa: embora sendo capazes de se ferir de morte, não se envolvem em lutas fatais. Por isso, Luttwak[183] considera-a uma forma negativa de poder, enquanto a persuasão é positiva. Ambas se manifestam quando o contrário se sente obrigado a agir no sentido que é sugerido, e quando actores amigos são encorajados a manter-se como tal, em resultado da expectativa de apoio militar em caso de necessidade. A dissuasão mútua pode, no entanto, ser alterada pelo desenvolvimento de uma nova arma defensiva[184] ou ofensiva, ou por uma guerra acidental provocada por um erro humano ou por uma falha técnica, capaz de destruir não só a estabilidade inerente ao sistema, mas, também, os seus componentes.

O modo que visa agir, na sua expressão mais comum, exige do actor que o adopta uma superioridade material e moral esmagadora, capaz de, mediante uma acção rápida, alcançar a vitória com perdas aceitáveis. Clausewitz é o grande defensor deste modo de acção da estratégia directa. Contudo, não se pode deixar de ter em atenção o facto de, durante a I Guerra Mundial, ter originado a estabilização e tornado inúteis os sacrifícios do conflito, enquanto na II Guerra Mundial não permitiu que Hitler derrotasse

---

[182] Luttwak, Edward N., op. cit., p. 190.
[183] Ibid, pp. 190 e 191.
[184] Conforme foi comprovado pela já referida Iniciativa de Defesa Estratégica dos EUA, que contribuiu para o desequilíbrio da URSS.

a Inglaterra ou a Rússia. Nesse sentido, como afirma Couto[185], verifica-se que o modo de acção da estratégia directa que visa agir, só é aplicável em situações conjunturais, susceptíveis de propiciar uma rápida vitória militar, sem dar tempo a que a outra parte mobilize todas as suas potencialidades, modifique a seu favor a opinião pública internacional, obtenha apoios materiais e organize a resistência, de forma a que o conflito acabe por se tornar uma guerra de desgaste de resultados indecisos. Importa notar que o modo que visa agir também pode ser adoptado quando um actor, embora dispondo de meios militares limitados e de pequena liberdade de acção, procura a decisão em teatros secundários. Nestas circunstâncias, a estratégia directa é adoptada por aproximação indirecta. Hart[186] é o arauto deste modo de acção estratégica.

A estratégia indirecta, que Beaufre designa por «modo menor»[187], visa atingir os objectivos fixados pela política, através de formas de coacção não belicosas, desempenhando os meios militares um papel auxiliar[188]. A decisão é provocada pelo desequilíbrio do contendor, depois de um prévio desgaste ou do seu enfraquecimento físico ou psicológico, por vezes complementado com o recurso à força militar, a custo mínimo. Hart refere que «em todas as campanhas decisivas o desequilíbrio físico e psicológico do inimigo tem sido o acontecimento vital para o sucesso das tentativas de provocar a sua derrota. Este desequilíbrio foi provocado por uma aproximação estratégica indirecta, intencional ou fortuita...»[189]. Para isso, deve evitar-se o encontro militar decisivo, enquanto o contendor não estiver em inferioridade, por forma a conseguir-se uma decisão fácil. Quando o encontro militar se torna inevitável, o fraco foge ao encontro terrestre decisivo, enquanto o contendor não estiver em inferioridade. Para esse efeito, recorre à dificultação das comunicações marítimas ou, se possível, ao bloqueio marítimo, à perturbação das comunicações aéreas e à deterioração ou destruição dos complexos psicológicos e económico-militar do contrário.

---

[185] Couto, Abel, op. cit., p. 355.
[186] Hart, Liddell B., op. cit., pp. 353 a 360.
[187] Beaufre, André, op. cit., p. 146.
[188] Ibid, p. 57. Daqui resulta que os domínios ou sectores do Estado a que se dirige a estratégia indirecta na escolha ou materialização da força, serão, portanto, os mesmos da estratégia directa. Consequentemente, podem ter-se modos de acção indirectos nos domínios político (clandestino no interior do contendor), económico, psicossocial e militar.
[189] Hart, Liddell B., *Memories*, vol. 2, Londres, Cassel, 1965, p. 162.

Quando a acção terrestre se torna inevitável, o fraco furta-se ao encontro decisivo, enquanto o contendor não estiver em inferioridade. Para tanto, recorre à aproximação indirecta, à retirada, à acção sobre as retaguardas, à acção retardadora e à flagelação, onde o contacto táctico é intermitente, enquanto o contacto estratégico prima pela elasticidade.

Embora a estratégia indirecta se caracterize pela lentidão na obtenção da decisão, não se pode deixar de considerar a sua adequabilidade para, como refere Beaufre[190], explorar a estreita margem de liberdade de acção que se verifica, sobretudo, em situações de acção do fraco ao forte, isto é, quando a outra parte possui uma superioridade inicial de meios, e as forças próprias não podem ser sujeitas a perdas irreparáveis. Na actualidade, e como nota Couto[191], o estilo de acção da estratégia indirecta tem uma importância acrescida em resultado: das limitações do recurso à estratégia directa face ao facto nuclear; do aparecimento de meios de comunicação de massas e das respectivas possibilidades; da globalização e interdependência das economias facilitar o recurso à coacção económica; do carácter eminentemente ideológico de alguns conflitos modernos; e da dificuldade de constituição de grandes exércitos, em face do elevado custo e tecnicismo dos modernos equipamentos e armamentos.

4.4. Finalidade de emprego dos meios de coacção

A divisão relativa ao tipo de atitudes fundamentais ao Estado quanto à finalidade de emprego dos meios de coacção, categoriza a estratégia em ofensiva e defensiva[192].

A estratégia ofensiva compreende a estratégia de intimidação, a estratégia ofensiva pura e a estratégia defensiva-ofensiva[193] ou de desgaste.

Na estratégia de intimidação procura impor-se a vontade ao contendor, pela ameaça de emprego dos meios de coacção.

---

[190] Beaufre, André, op. cit., p. 121.

[191] Couto, Abel, op. cit., p. 360.

[192] Beaufre, André, op. cit., p. 50. Associa estas categorizações à esgrima e identifica diversos tipos de acções e reacções. A ofensiva engloba: atacar; ameaçar; surpreender; fintar; enganar; forçar; fatigar; e perseguir. A defensiva inclui: proteger-se; deter; ripostar; desempenhar-se; esquivar-se; e romper.

[193] Charnay, Jean-Paul, op. cit., pp. 145 e 181.

A estratégia ofensiva pura emprega os meios de coacção de um contendor com a finalidade de impor a vontade ao outro, quando se estima dispor dos meios necessários para o dominar ou destruir.

O domínio verifica-se quando um dos contendores, por não querer correr o risco de um encontro com forças que reputa por superiores às suas, se refugia numa posição de fácil defesa. Nestas circunstâncias, poderá ser dominado através do ataque directo às suas posições, do bloqueio, ou de acções que forcem ao abandono das posições que ocupou. O ataque directo às posições inimigas, embora praticado em todas as guerras, só permite resultados positivos se for desenvolvido com surpresa, tal como ocorreu em Pearl Harbour. Com efeito, apesar dos grandes sucessos e progressos da aviação, os ataques alemães contra o porto de Brest, em 1942, não evitaram que os navios franceses saíssem para o mar em estado de dar combate, nem os ataques dirigidos pela coligação multinacional, conseguiram destruir as Forças Armadas do Iraque em 1991. O bloqueio confere a quem o exerce a vantagem de dominar o espaço, mas exige a fixação de importantes forças em posições avançadas, o que obriga a um considerável esforço logístico, nem sempre exequível[194]. Pode assumir as formas de: bloqueio táctico, quando as forças principais estão dispostas junto do contendor e se encontram prontas a dar combate; bloqueio estratégico próximo, quando forças ligeiras estão dispostas junto do contendor, mas o corpo principal das forças próprias se encontra a salvo das armas contrárias; bloqueio estratégico afastado, quando se exerce sobre pontos focais das linhas de operação do contendor e não sobre as suas forças. O abandono das posições ocupadas pelo contendor pode ser conseguido através de ataques aos pontos vitais do seu território. Durante a II Guerra Mundial, este procedimento generalizou-se por parte dos americanos, que planearam e executaram diversas operações anfíbias, com o objectivo de obrigar as esquadras japonesas a combater no mar.

A destruição é empreendida quando qualquer dos contendores se julga suficientemente forte para travar uma batalha decisiva, como remate lógico de anteriores manobras estratégicas. Clausewitz considera que «a ofensiva estratégica persegue directamente a finalidade última da guerra

---

[194] Como aconteceu, por exemplo, nos anos de 90 do séc. XIX, quando o Almirantado Britânico equacionou o bloqueio naval da Alemanha, mas não dispôs, nem da superioridade numérica, nem de bases de apoio apropriadas.

porque visa, de forma imediata, a destruição das forças inimigas»[195]. Situa-se, por excelência, no estilo de acção da estratégia directa, implica acção e dissuasão, recorre a formas de coacção política, económica, psicossocial e militar, e requer do actor que a adopta uma suficiente superioridade de meios militares, geografia favorável e técnicas adequadas. Os meios destinam-se a lançar acções e a negá-las ao contendor; a geografia permite tirar partido dos meios disponíveis; as técnicas são importantes para controlar o espaço onde se desenrola a acção. A destruição pode ser conseguida por aproximação directa à força principal do contendor, ou por aproximação indirecta materializada por cortes de comunicações que abasteçam aquela força, pela dispersão das forças para as bater parcelarmente e por ataques à retaguarda ou aos flancos. Convirá notar que a destruição das forças militares do contendor não é condição necessária e suficiente para a decisão, não só porque durante o conflito pode surgir uma oportunidade de a obter facilmente no âmbito da estratégia indirecta[196], mas, também, porque a destruição das forças militares antagónicas nem sempre representa o fim das hostilidades, que podem evoluir para outros campos estratégicos[197]. A estratégia de destruição foi frequentemente adoptada a partir de meados do século XIX, quando passou a ser considerada a única solução viável e foi dado excessivo relevo ao emprego das forças militares nas batalhas, em prejuízo das possibilidades dos meios políticos clandestinos, económicos e psicossociais para favorecerem, em proveito próprio, a relação de forças dos potenciais militares em presença. Este erro poderá ter a sua origem em deficientes interpretações que Moltke, Ludendorff e Foch, entre outros, fizeram dos trabalhos de Clausewitz, o que provocou o retrocesso do conteúdo do conceito de estratégia ao usado nas cidades-estado gregas[198].

---

[195] Clausewitz, C. von, *Princípios da Guerra*, Lisboa, Sílabo, 2003, p. 72.

[196] Como os alemães conseguiram durante a I Guerra Mundial, favorecendo a revolução comunista na Rússia, o que forçou este país a abandonar a luta. Ou como aconteceu em 1918 à Alemanha, que capitulou antes de os seus exércitos terem sido destruídos ou o seu território ocupado.

[197] Como aconteceu à França em 1940 e aos países árabes em 1967. No primeiro caso o conflito prosseguiu no campo da guerra subversiva, enquanto, no segundo, se travou com meios políticos, económicos e diplomáticos. Em ambos os casos houve importantes apoios externos.

[198] Este retrocesso ocorreu porque aqueles estrategas valorizaram conceitos de acção baseados em frases sonoras como: "O sangue é o preço da vitória"; "Temos apenas um

Ludendorff chegou mesmo a explicitar o conceito de guerra total[199] e a afirmar que a política se devia subordinar à guerra[200]. Embora na solução estratégica de destruição os meios militares desempenhem um papel preponderante, todos os outros meios devem ser explorados, para que se obtenha uma decisão tão rápida quanto possível e ao menor custo. No início da II Guerra Mundial Hitler interpretou bem o significado desta solução estratégica e tentou a rendição das forças inimigas por diversos meios antes da invasão[201]. Contudo, quando atacou a URSS procedeu de acordo com os conceitos dos discípulos de Clausewitz, e não tirou partido dos efeitos decorrentes da utilização dos meios políticos, pelo que teve de desenvolver um tremendo e infrutífero esforço militar. A solução estratégica da destruição continua a ser válida na guerra limitada, onde não se oponham potências nucleares[202], desde que a decisão possa ser obtida num curto espaço de tempo e com perdas suportáveis para o vencedor. Se estas condições

---

único objectivo na guerra: a batalha"; "A solução sangrenta da crise, o esforço para destruição das forças inimigas, tudo isto é filho primogénito da guerra"; "Somente batalhas grandes e generalizadas podem produzir grandes resultados", etc. Hart, Liddell B., op. cit., pp. 183, 208 a 212.

[199] Charnay, Jean-Paul, op. cit., p. 35. Entendida, não como a consideração conjunta de todos os meios de coacção (políticos, económicos, psicossociais e militares), mas, antes, como a concentração de todos os recursos para destruir as Forças Armadas inimigas no campo de batalha, desprezando todas as considerações que prejudiquem essa concentração. Creveld, Martin van, op. cit., atribui a invenção do conceito de guerra total a Colmar von der Goltz, que em 1883 publicou uma obra intitulada *Das Volk in Waffen* (o povo em armas ou a Nação em armas).

[200] Para se perceber melhor tal concepção de Ludendorff, é importante ter em atenção o que refere Creveld, Martin van, op. cit., p. 71: «Ludendorff preconizava uma abolição das distinções tradicionalmente estabelecidas entre Governo, exército e populações. Com ou sem uniforme, todo o país devia transformar-se num gigantesco exército, no qual cada homem, cada mulher, cada criança serviria no seu posto. À cabeça desta máquina era preciso um ditador militar. *Der Feldherr* – será inútil precisar que se tratava de Ludendorff em pessoa – devia exercer o poder absoluto, incluindo o controlo da magistratura e a condenação à morte dos membros da comunidade nacional que, do seu ponto de vista, dificultassem o esforço de guerra. Mais radical ainda: este tipo de organização não se devia limitar somente a tempo de guerra. A amplitude do conflito armado moderno era tal, e os preparativos requeridos tão longos, que a ditadura permanente constituía a única solução».

[201] Neste contexto, salienta-se a acção psicológica exercida sobre o Exército francês, e a acção política clandestina desenvolvida na Noruega.

[202] Se envolver estas potências, há o risco de a escalada conduzir à guerra nuclear.

não se verificarem, e «porque nunca houve uma guerra prolongada com a qual qualquer país tenha beneficiado»[203], há o perigo da guerra evoluir para uma solução de desgaste mútuo, que deixa arruinados vencidos e vencedores. Durante o conflito colonial português (1961-1974) foi posta em prática uma solução estratégica para desarticulação das capacidades militares dos movimentos de libertação africanos. Não se procurava destruir o inimigo, mas, antes, desintegrar as suas forças combatentes e captá-lo conjuntamente. Por isso, os militares portugueses foram investidos de amplos poderes civis, e as operações militares desenvolveram-se em paralelo com a acção psicológica e a assistência socioeconómica às populações.

Na estratégia defensiva-ofensiva ou de desgaste[204] adopta-se uma atitude inicial defensiva, procurando destruir, pouco a pouco, as forças políticas, psicossociais, económicas e militares do contendor, com o objectivo de criar ou aguardar oportunidade para a contra-ofensiva. Como exemplo clássico desta solução estratégica, situada no domínio da estratégia indirecta, pode considerar-se a adoptada por Péricles nas guerras contra Esparta[205]. Os atenienses, conhecedores da debilidade económica do inimigo, que não permitia suportar uma guerra de longa duração, fortificaram-se, abandonaram os seus territórios e desgastaram Esparta com os ataques das suas forças navais. Esta estratégia continuaria até que o inimigo, frustrado, concordasse em estabelecer a paz. As operações navais e os desembarques tinham como função demonstrar a capacidade punitiva dos atenienses. Globalmente, Péricles não queria levar os inimigos de Atenas à exaustão física ou material, mas, antes, psicológica. Concretamente, pretendia convencer Esparta, o principal inimigo, da impossibilidade de vencer Atenas. Frederico II foi outro grande intérprete desta solução estratégica. Como não podia vencer simultaneamente todos os inimigos, que em conjunto lhe eram muito superiores, evitou a destruição das suas forças militares durante o tempo necessário à erosão das alianças que se lhe opunham, facto que ocorreu com a morte do imperador da Rússia.

---

[203] Tzu, Sun, *A Arte da Guerra*, Mem-Martins, Publicações Europa-América, s.d., p. 57.
[204] Beaufre, André, op. cit., p. 81.
[205] Hart, Liddell B., op. cit., pp. 9 e 10.

A estratégia defensiva é considerada por Clausewitz como «aquela em que nos envolvemos por causa da nossa independência»[206] e na qual combatemos «o inimigo no teatro de guerra que preparámos para esse propósito»[207]. Engloba a estratégia de dissuasão, a estratégia defensiva pura, a estratégia preventiva e a estratégia preemptiva.

A estratégia de dissuasão foi tratada na alínea anterior, quando se discutiu o estilo de acção da estratégia directa. Como tal, referir-se-á apenas, como síntese, que visa desencorajar eventuais contrários de imporem a sua vontade, convencendo-os de que a ofensiva não compensa, em virtude de as represálias ou os esforços a realizar terem custos demasiado elevados face aos benefícios que proporciona.

Na estratégia defensiva pura, os meios de coacção de um contendor são empregados com a finalidade de impedir que o outro imponha a sua vontade, quando não se pode, ou não se quer atacá-lo. Como refere Clausewitz, é assumida espontaneamente pela parte mais fraca numa disputa estratégica[208]. Para Hart, «a defensiva é a forma mais forte da estratégia bem como a mais económica»[209]. Tira partido do terreno[210] e dos obstáculos de qualquer outra natureza que dificultem a acção do atacante (Grande Muralha da China[211] ou as Linhas de Torres em Portugal), de forma a compensar, em certa medida, a inferioridade das forças do defensor. Enquanto o atacante escolhe o momento da acção, o defensor elege o lugar do combate, desde que disponha de uma certa profundidade estratégica. Esta solução estratégica pode visar a sobrevivência do Estado, quando todas as forças são empregadas na defesa de objectivos vitais, o que implica grandes

---

[206] Clausewitz, Carl von, op. cit., p. 68.
[207] Ibid, ibidem.
[208] Ibid, p. 69.
[209] Hart, Liddell B., op. cit., p. 146.
[210] A fraqueza de muitos defensores resulta da sua incapacidade para tirar partido do terreno, devido à sua vontade obsessiva em defender tudo, seja pelo emprego de uma concepção rígida e errada de honra militar, seja devido à pressão da opinião pública ou do poder político.
[211] Depois de 1449, quando os Mongóis destruíram uma força expedicionária imperial comandada pelo imperador, os Ming adoptaram estratégias defensivas, cujo testemunho mais evidente foi o programa de construção da Grande Muralha para fortificação da fronteira. Contribuiu para a manutenção do poder da dinastia Ming até ao início do século XVII, quando sucumbiu por efeito de revoltas internas e pela invasão Manchu dos fundadores da sétima dinastia chinesa (Ching 1644-1912).

esforços colectivos e a rejeição de objectivos nas áreas do progresso e do bem-estar. Pode, igualmente, ter como objectivo a manutenção da posição do Estado, quando se procuram consolidar as potencialidades e minimizar as vulnerabilidades próprias, enquanto se degradam e exploram as dos contendores. Neste caso, não obriga a relegar para segundo plano os esforços nas áreas do progresso e do bem-estar, e mostra-se adequada para fazer face a dificuldades moderadas. Porém, a estratégia defensiva pura tem o risco de provocar o culto da defensiva, quando o contrário está paralisado e as forças na defensiva não querem correr o risco de uma acção ofensiva que poderia proporcionar a vitória, tirando partido de oportunidades. Sun Tzu afirma que «na antiguidade, os habilidosos em prática de guerra primeiramente faziam-se invulneráveis, antes de aguardar por oportunidade de derrotar o inimigo»[212]. Desta forma, chama a atenção para a adopção de modalidades de acção adaptadas às circunstâncias. Como refere Clausewitz[213], embora a defensiva seja mais forte que a ofensiva, só deve servir para a obtenção dos primeiros sucessos. Quando estes são alcançados e a paz não é imediatamente obtida, novos sucessos só poderão ser alcançados com a ofensiva. Acrescenta que, aquele actor que se mantém sempre na defensiva, arca com o inconveniente de fazer a guerra a expensas suas e não consegue suportar isso indefinidamente, quer pelos custos, quer pelos danos resultantes. Por isso, preconiza que se comece pela defensiva para acabar na ofensiva, alcançando assim o sucesso com mais segurança. Ora, esta é a estratégia defensiva-ofensiva, categoria do modo ofensivo.

Na estratégia preventiva os meios de coacção são utilizados para impedir que o contendor empregue os seus numa estratégia ofensiva. As acções são desenvolvidas pelo actor que goza de vantagem temporária em termos de capacidade ofensiva, e visam a destruição das capacidades que permitirão ao contendor desenvolver níveis de força superiores, susceptíveis de, no futuro, possibilitar a agressão. Caso se considere que os meios de coacção são militares, esta estratégia assenta em três pressupostos: a corrida ao armamento por um dos contendores visa lançar um ataque no futuro; o tempo joga a seu favor; uma acção decisiva pode destruir aquela ameaça. Do exposto depreende-se que a estratégia preventiva tem associada a atitude deliberada de um actor iniciar a acção militar, porque goza

---

[212] Apud Hon, Sheang e Hidajat, op. cit., p. 134.
[213] Clausewitz, C. von, op. cit., p. 72.

de uma vantagem transitória que o contrário poderá superar no futuro. Desta definição importa realçar três aspectos: implica o culto da ofensiva; face aos preceitos da Carta das Nações Unidas, pode ser considerada uma ilicitude[214]; afasta-se da tendência geral para usar a força militar apenas em acções defensivas[215]. Por isso, os decisores políticos ficam colocados na indesejável situação de atacar em primeiro lugar, atitude moralmente e psicologicamente difícil de justificar. Para além disso, são forçados a confiar plenamente nos seus sistemas de informações e nas suas capacidades militares. A estratégia preventiva assenta em duas assunções sobre relações e circunstâncias: a guerra, em certo sentido, é inevitável; atacar primeiro é decisivo. Esta solução estratégica foi adoptada pelo Japão em Pearl Harbour, e por Israel na Guerra dos Seis Dias e na destruição da capacidade nuclear do Iraque. Poderá ser contestada do ponto de vista ético, especialmente no que se refere à legitimidade de tais ataques. Contudo, como ilustra o caso de Israel, revela-se bastante adequada quando o que está em jogo é a sobrevivência do Estado, e as capacidades económicas e militares não permitem sustentar uma corrida aos armamentos.

Na estratégia preemptiva os meios de coacção são utilizados sobre um contendor, na presunção de que está pronto para lançar um ataque. As acções preemptivas estão associadas à tomada de iniciativa, à surpresa e à preservação da capacidade ofensiva própria, e obrigam a dispor de informações muito claras e rigorosas acerca das intenções do contendor. O conceito de estratégia preemptiva evoluiu bastante durante a Guerra-Fria, quando era necessário um tempo considerável para preparar os bombardei-

---

[214] De acordo com o n.º 4 do art. 2º da Carta das Nações Unidas, «Os membros da Organização deverão abster-se, nas suas relações internacionais, de recorrer à ameaça ou uso da força, seja contra a integridade territorial ou a independência política de um Estado, seja de qualquer outra forma incompatível com os objectivos das Nações Unidas». Ferro, Mónica; Ribeiro, Manuel de Almeida; Saldanha, António de Vasconcelos, *Textos de Direito Internacional Público – Organizações Internacionais*, Lisboa, Instituto Superior de Ciências Sociais e Políticas, 2003, p. 59.

[215] O art. 51º da Carta das Nações Unidas reconhece a licitude do uso da força, uma vez que reconhece um «direito natural de legítima defesa, individual e colectiva, no caso em que um membro das Nações Unidas é objecto de agressão armada», de acordo com determinados pressupostos, como o é a «agressão armada», e obedecendo à decisão do Conselho de Segurança. Dinh, Nguyen Quoc; Daillier, Patrick e Pellet, Allain, *Direito Internacional Público*, 2ª ed., Lisboa, Gulbenkian, 2003, p. 959.

ros e os foguetes de combustível líquido, que constituíam o corpo principal das forças nucleares de ataque das superpotências. Contudo, com o desenvolvimento tecnológico entretanto verificado, é agora possível lançar ataques com tal surpresa, que as eventuais vítimas mal se aperceberão da sua preparação. Para além disso, a dispersão dos sistemas de lançamento e das armas nucleares, e as medidas de protecção contra os ataques de surpresa, permitem uma retaliação devastadora contra qualquer ataque preemptivo, pelo que eliminam as possibilidades de empregar aquelas armas segundo esta estratégia. Como em todas as situações de tomada de decisão, a preempção depende da existência de boas informações sobre as capacidades contrárias e de avaliações perspicazes das intenções. Em consequência, erros de percepção de qualquer delas, ou de ambas, podem ser prejudiciais. Como exemplo, refere-se o facto de, durante uma crise, poderem existir informações erradas, que levem a considerar actividades precautórias contra um ataque de surpresa, como preparações para uma acção deliberada. Outro exemplo é ilustrado pelo desejo de Estaline não provocar um ataque preemptivo da Alemanha em 1941, que colocou a URSS num nível de despreparação militar tal, que o país não teve capacidade de reacção quando o ataque preventivo se realizou.

CAPÍTULO II
ELEMENTOS ESSENCIAIS DO PROCESSO ESTRATÉGICO

Todo o processo estratégico tem uma estrutura lógica ou esquema dialéctico, designado por modalidade de acção estratégica ou manobra estratégica. Nela, são previstas as reacções do outro a cada uma das acções próprias consideradas, de natureza política, económica, psicossocial e militar, destinadas a evitar ou ultrapassar cada uma delas. Para isso, articulam-se com habilidade os factores de decisão, segundo os princípios e as regras estratégicas de aplicação, de forma a alcançar a vantagem estratégica, tendo em vista afectar o centro de gravidade do contrário. A modalidade de acção estratégica desenvolve-se nos níveis de decisão e execução exigidos pela complexidade do aparelho do Estado, e é escolhida depois de submetida às provas da estratégia. São estes os elementos essenciais do processo estratégico, que se analisam de seguida pela sua relevância para o modelo de elaboração da estratégia de defesa militar.

1. Modalidade de acção

A modalidade de acção surge como um factor determinante da acção estratégica a qualquer nível de decisão. Coutau-Bégarie designa-a por manobra estratégica e considera-a a antítese do choque: «Ela é a base do movimento. Segundo a fórmula do almirante Castex, "manobrar é mover-se inteligentemente para criar uma situação favorável". Em lugar de abordar o inimigo de maneira frontal, a manobra visa agir sobre os seus pontos fracos, ultrapassá-lo, envolvê-lo, cortar as suas bases de reabastecimento, desorganizá-lo e desagregá-lo de tal forma que perca as suas capacidades combatentes»[216]. A modalidade de acção desenvolve-se no tempo, com meios e sobre um determinado meio. Consiste em operações conceptualmente cinemáticas, em que, como refere Luttwak[217], se contorna, envolve e evita o contrário, de forma a atacá-lo pelos flancos ou pelas retaguardas, a cortar as linhas de operação, ou a ultrapassá-lo, tendo em vista alcançar o objectivo. O paradigma deste comportamento será, porventura, a vitória de Napoleão em Ulm onde, com a sua extraordinária habilidade estratégica, forçou a capitulação do Exército austríaco sem combater. Porém, como notou Beaufre, a modalidade de acção é um esquema dialéctico onde «é preciso prever as possibilidades de reacções adversas a cada uma das nossas acções projectadas, assim como também é preciso estarmos preparados para nos defendermos de cada uma dessas reacções»[218]. Há, pois, necessidade de, na modalidade de acção, conceber a acção própria e as reacções contrárias.

Nestas circunstâncias, a formulação e a operacionalização de uma modalidade de acção, implicam a resolução de inúmeras questões relativas à preparação e ao emprego do poder nacional, que nem sempre podem ser enunciadas com antecipação ou precisão, em virtude de surgirem, por si mesmas, da necessidade de manter ou alterar certas situações, ou da perplexidade provocada pela exigência de resposta a questões quanto aos objectivos a alcançar (o quê?), e à forma de os conseguir (como?), que inclui considerações relativas, ao tempo (quando?), ao local (onde?) e aos meios (com que forças?) a empregar. Há, pois, numerosos tipos de questões relativas à preparação e ao emprego do poder nacional, umas desdobrando-se noutras e abrangendo o mais variado campo de conhecimentos. O propósito e a natureza destas questões, dependem do nível em que surgem, do espaço físico em que as acções estratégicas se podem desenvolver, bem como dos instrumentos dos poderes contrários. A sua resolução exige um estudo minucioso e um planeamento cuidadoso e detalhado porque, de acordo com Sun Tzu, «com planeamento cuidadoso e detalhado, pode-se vencer; com planeamento descuidado e menos detalhado, não se pode

---

[216] Coutau-Bégarie, Hervé, *Traité de Stratégie*, Paris, Económica, 1999, p. 352.

[217] Luttwark, Edward N., op. cit., p. 9, define manobra, colocando ênfase na «acção paradoxal que procura, de alguma forma, evitar o máximo potencial do contrário», para o que considera importante o segredo e o logro.

[218] Beaufre, André, op. cit., p. 39.

vencer. A derrota é mais do que certa se não se planeia nada! Pela maneira como o planeamento antecipado é feito, podemos predizer a vitória ou a derrota»[219].

Ao mais alto nível, na fase de preparação do poder nacional, a concepção da modalidade de acção inicia-se com o estudo das situações estratégicas admitidas, seguido do estabelecimento dos objectivos estratégicos básicos. A definição destes objectivos (o quê?), exige a análise prévia de um quadro complexo, gerado pela actuação, ao longo do tempo, das condicionantes das relações entre os Estados. É nesse contexto, que Sun Tzu refere: «Conheça bem o seu inimigo, conheça-se a si próprio, e a sua vitória não estará ameaçada. Conheça o terreno, conheça as condições de tempo e a sua vitória será completa»[220]. Desta forma, realça a importância de cada actor estratégico se analisar a si próprio com profundidade, bem como a de conhecer plenamente o contrário e o ambiente, o que é muito semelhante ao modelo de análise SWOT[221], que considera potencialidades e vulnerabilidades, bem como eventualidades (oportunidades) e problemas (ameaças). As dimensões maiores de análise são de natureza política, já que da sua evolução resultará, no futuro, ou uma situação de paz vantajosa, identificada como o objectivo político almejado, ou uma situação de paz desvantajosa, caracterizada pela capitulação, pela ineficiência ou por prejuízos.

Identificada a situação estratégica considerada suficiente para conduzir à situação de paz desejada, surge a questão de definir o modo de empregar o poder nacional (como?) para alcançá-la. Isto implica o desdobramento dos objectivos estratégicos básicos, em múltiplos objectivos estratégicos sectoriais devidamente priorizitados[222], exequíveis, e que proporcionem ganhos positivos. Consequentemente, requer o delineamento das questões genéticas, estruturais e operacionais a serem tratadas ao nível imediatamente abaixo. Estas, podem dizer respeito a situações hipotéticas e prazos dilatados, características da estratégia de paz. Quando restritas à preparação do poder nacional, envolvem aspectos genéticos e estrutu-

---

[219] Apud Hou, Sheang e Hidajat, op. cit., p. 34.
[220] Ibid, p. 36.
[221] Acrónimo para: *strenghts* (potencialidades); *weaknesses* (vulnerabilidades); *opportunities* (oportunidades); *threats* (ameaças).
[222] Por serem os mais desejáveis e benéficos face à sua situação e das suas forças.

rais, e podem considerar meios ainda não existentes. Quando referentes ao emprego do poder nacional, dentro de situações bem caracterizadas, contam com dados mais precisos, traduzidos em quantidades de tempo, meio e meios. Neste caso, têm carácter predominantemente operacional, que as ligam às possibilidades tácticas e técnicas de meios já existentes. Se tais quantidades são conhecidas, um estratega talentoso pode pôr em prática aquilo que Luttwak designa por manobra relacional: a aplicação do poder contra vulnerabilidades específicas bem identificadas do contrário[223], de forma a provocar-lhe «perturbações sistémicas»[224], que o tornem ineficaz.

Embora seja impossível catalogar rigidamente os diversos tipos de questões relativas à preparação e ao emprego do poder nacional, susceptíveis de surgir na formulação e na operacionalização de uma modalidade de acção, podem ser identificadas, nos vários níveis de planeamento e nas várias fases do processo, aquelas que se encadeiam entre si e que requerem abordagens dentro dos diferentes critérios e classificações. Das questões encadeadas entre si, uma delas ocupará, naturalmente, a posição final. No nível da estratégia integral, o fecho do encadeamento é a determinação da acções políticas, económicas, psicossociais e militares a serem desenvolvidas no âmbito de determinada acção estratégica, para provocar a evolução da situação no sentido desejado. Ao nível das estratégias gerais, o fecho do encadeamento é a concepção e a execução das operações políticas, económicas, psicossociais e militares que servem as acções determinadas pelo nível da estratégia integral. É esta a questão que dinamiza as estratégias gerais, por apresentar a maneira de empregar os meios de cada uma delas, em conjunto e em relação a cada um dos objectivos estratégicos básicos. As demais questões relativas à preparação e ao emprego do poder nacional, susceptíveis de surgirem na formulação e na operacionalização de uma modalidade de acção, ou precedem essa questão, buscando os elementos para a sua melhor resolução, ou dela derivam, pela procura de dados complementares, para realimentá-la.

A fundamentação da modalidade de acção exige três ordens de avaliações e de conclusões que congregam elementos subjectivos e objectivos: as iniciais, feitas em relação à situação estratégica tida como um todo dinâmico; as estabelecidas em relação a cada um dos factores presentes na

---

[223] Luttwak, Edward N., op. cit., p. 14.
[224] Ibid, p. 93.

situação estratégica motivadora do apelo à acção estratégica; as fixadas em relação aos modelos de emprego dos instrumentos do poder nacional dentro da situação enfrentada. A primeira ordem de avaliações e de conclusões vale-se dos resultados de um trabalho sistemático de pesquisa de dados e de informações. A segunda ordem de avaliações e de conclusões depende, sobretudo, de conhecimentos especializados sobre cada uma das variáveis de natureza material ou psíquica, capazes de influenciar a evolução da situação. A terceira ordem de avaliações e de conclusões depende das teorias aceites em cada centro de decisão, quanto à adequabilidade, exequibilidade e aceitabilidade do emprego dos meios do poder nacional.

Sun Tzu evidencia os elementos subjectivos das avaliações e das conclusões, quando refere: «Aquele que souber quando lutar e quando não lutar vencerá. Aquele que souber dispor de tropas grandes ou pequenas vencerá. Aquele que tiver todo o seu exército unido em direcção a um objectivo, vencerá. Aquele que estiver bem preparado para captar a oportunidade vencerá. Aquele cujos generais são capazes e não sofrem interferência do governante vencerá»[225]. Desta forma, realçou a importância de factores como a escolha do objectivo estratégico básico, a adequação da modalidade de acção, a habilidade em criar vantagem estratégica, o sentido do momento da acção e a qualidade da liderança do decisor estratégico. Sobre os elementos objectivos das avaliações e das conclusões Sun Tzu afirma: «Os elementos da ciência da guerra são: primeiro, medição de espaço; segundo, estimativa de despesas; terceiro, cálculo de forças; quarto, avaliação de possibilidades, e quinto, planeamento para a vitória»[226]. Acerca da forma de determinação e de relacionamento destes cinco elementos objectivos, estabelece o seguinte: «Com base nas características do terreno, deriva-se a medição do espaço. Com base na medição do espaço, faz-se a estimativa das despesas. Com base na estimativa de despesas, faz-se o cálculo das forças. Com base no cálculo das forças, pesam-se as possibilidades de sucesso e de fracasso. Com base na avaliação de possibilidades, inicia-se o planeamento para a vitória»[227].

Do exposto, torna-se evidente que a participação das ciências exactas na fundamentação da modalidade de acção, está mais ligada às avaliações e

---

[225] Apud Hou, Sheang e Hidajat, op. cit., pp. 157 e 158.
[226] Ibid, p. 189.
[227] Ibid, ibidem.

às conclusões sobre determinados factores do que de outros. Embora algumas das indagações surgidas ao longo da formulação estratégica permitam respostas baseadas em critérios puramente científicos, a maioria repousa em dados que podem ser exactos ou não, e em estimativas de confiabilidade variável, muitas vezes representativas de julgamentos meramente subjectivos. Estas considerações evidenciam que os estrategistas, no seu trabalho, inicialmente procuram a compreensão de fenómenos globais em que actuam múltiplas forças, segundo processos dinâmicos mal conhecidos, mas cujos resultados, em certa medida, podem ser avaliados. Os estrategistas empenham-se em conhecer as situações existentes em certo espaço geográfico, através da pesquisa de dados de diversas naturezas, com precisão variada. Procuram combinar os dados recolhidos e as observações produzidas para vislumbrar situações futuras, que podem surgir da evolução da situação em estudo. Situação essa que é dinâmica, sofre a influência de situações colaterais e é, por sua vez, resultado de situações passadas. Os estrategistas tentam resolver questões colaterais, na busca de elementos de conhecimento. Algumas dessas questões são regidas por leis precisas, enquanto outras têm um grande número de factores aleatórios. Os estrategistas combinam os resultados obtidos para tirar conclusões e fazer previsões com probabilidades de concretização variáveis. Consideram as manifestações violentas do poder que, podendo ter eclosões súbitas, tendem a obedecer a certos padrões gerais. Em seguida, exercem controlo sobre parte das manifestações de poder. Neste âmbito, o seu interesse primacial consiste em saber como (quando?, onde? e com quê?) se pode empregar a energia (instrumentos de poder) que será colocada à disposição do estratega, para forçar a evolução da situação no sentido por eles desejado, tendo presente que enfrentam uma vontade e inteligência contrária, influenciáveis por inúmeros factores de ordem material e psíquica. Assim, em alguns dos estádios, a fundamentação da modalidade de acção comporta métodos de precisão. Mas, noutros, é forçada a abandonar a fundamentação puramente científica, para se confinar ao domínio da arte. Como foi referido antes, em estratégia, a fronteira entre a ciência e a arte não é bem definida. Varia com a situação enfrentada e, dentro dela, segundo uma linha que não é contínua. Nestas circunstâncias, a fundamentação da modalidade de acção depende, não só, da recolha de dados e informações e da posse de conhecimentos muito variados, mas, também, da habilidade, da imaginação, da inteligência e da sorte do estrategista em combiná-los para chegar a conclusões e tomar decisões.

Importa ainda notar que, cada questão relativa à preparação e ao emprego do poder nacional, raramente admite uma única solução, ou apenas uma só maneira de ser abordada. O estrategista pode actuar de três formas distintas: resolver a questão, valendo-se apenas da sua intuição[228]; aceitar, à priori, como válidos, preceitos e concepções estabelecidas por teorias estratégicas, indicando objectivos e maneiras de preparar e empregar o poder nacional, e usá-los na resolução da questão[229]; abordar a questão sem ideias pré-concebidas quanto aos objectivos a alcançar e às formas de emprego do poder[230].

A formulação e a operacionalização da modalidade de acção, conforme já foi referido, depende da resolução de um número extremamente elevado de questões, nas quais as incógnitas dizem mais frequentemente respeito aos factores do poder nacional. As soluções dadas a algumas questões, muitas vezes, constituem dados de outras questões. Todo o processo é orientado para atender à montagem e à execução de acções de força. Por tudo isso, não se pode dizer que existam teorias ou metodologias seguras para a formulação e a operacionalização de modalidades de acção. Quando muito, do estudo da arte da guerra resultaram inúmeras conclusões, cujo valor prático para condução das operações militares varia com a óptica adoptada. Porém, alguns estudiosos da estratégia, com base em considerações de estrategas famosos, procuram encontrar princípios explicativos para os sucessos e insucessos, fixar critérios para a selecção de objectivos e de formas de acção, e estabelecer regras de procedimento ligadas à valorização e ao emprego dos elementos constitutivos do poder. Por exemplo, Napoleão, ao afirmar que: «A arte da guerra tem princípios invariáveis que têm por fim, principalmente, proteger os exércitos contra o erro dos chefes sobre a força do inimigo; erro que, do maior ao menor, tem sempre lugar»[231], contribuiu grandemente para que parte desses estudos tenha

---

[228] Esta abordagem é puramente artística e, nela, o estrategista assemelha-se aos curiosos que fazem a previsão do tempo, de acordo com o sentimento e com indícios vagos.

[229] Neste caso, o estrategista assemelha-se aos marinheiros da época da vela, que acompanhavam as oscilações do barómetro, sentiam o vento, analisavam o céu e usavam o seu instinto para concluir sobre a evolução do tempo.

[230] Neste caso, o estrategista equipara-se ao meteorologista moderno, que elabora a carta sinóptica, antes de formular uma previsão do tempo, a qual é feita sem levar em conta o seu instinto.

[231] Bonaparte, Napoleão, *Como fazer a Guerra*, Lisboa, Edições Sílabo, 2003, p. 34.

ganho carácter imperativo nas Forças Armadas, integrando-se na doutrina militar vigente, e criando um perpétuo e delicado relacionamento entre a estratégia e a doutrina. Todavia, é importante reconhecer que: por um lado, Napoleão apenas se refere à forma de avaliar o potencial contrário e, ainda assim, admite erros; por outro lado, no meio das incertezas em que se desenvolve a estratégia, ainda não há leis que permitam equacionar a questão fundamental do desenvolvimento de acções de força, que tenham sucesso garantido contra um poder contrário. Tomados em conjunto, os estudos permaneceram mais no campo filosófico do que no científico, por força de inevitáveis generalizações, simplificações e contradições, onde o singular e o complexo estão presentes de forma dominante. Como consequência, toda a teoria desenvolvida em relação à estratégia, ressente-se da canalização de ideias amplas entre margens de conhecimento estreitas e inseguras. De qualquer forma, a apresentação de ideias desenvolvidas relativamente ao emprego do poder tem utilidade, desde que não sejam tomadas como verdades indiscutíveis. Nelas podem estar presentes conceitos de possível utilidade no tratamento e compreensão de problemas estratégicos específicos. Para facilidade de apresentação, aceita-se que as teorias desenvolvidas quanto ao emprego do poder, se agrupam em princípios e regras da estratégia e em concepções estratégicas ou modelos de acção estratégica, que serão objecto de análise mais adiante.

2. Factores de decisão

Os factores de decisão dão corpo às questões a resolver no âmbito da preparação e do emprego do poder nacional, que surgem na formulação e na operacionalização de uma modalidade de acção. Assim, tendo em consideração o conceito de estratégia proposto, são considerados os seguintes factores de decisão: o objectivo fixado pela política; o meio; os meios de coacção; o tempo; o contrário.

O objectivo fixado pela política indica o fim estratégico (o quê?) a alcançar ou a proteger (a missão), observando os seguintes requisitos: preservar o equilíbrio das diferentes acções que os meios permitem; observar a comunalidade das acções, das informações e dos apoios; utilizar selectivamente a informação e os actores estritamente necessários; permitir aproximações sucessivas e adaptações a mudanças conjunturais imprevistas; provocar o desequilíbrio do contendor e afectar, no seu conjunto, a totalidade das forças por si utilizáveis; garantir a sua compatibilidade face aos diferentes meios de acção estratégica. A análise do objectivo estratégico deve considerar: a sua natureza e características; o seu significado para as potências na área de interesse, que influencia o jogo estratégico e provoca apoios ou alinhamentos; a sua importância para os contendores, que determina o nível de esforço a desenvolver, isto é, o potencial mássico (forças materiais ou tangíveis) e o potencial dinâmico (forças morais ou intangíveis) a utilizar.

O meio indica as condições do ambiente de realização da acção estratégica (onde?) e obedece ao requisito de proporcionar a melhor materialização do objectivo fixado pela política. Sun Tzu designa este factor de decisão estratégica por terreno, isto é, as «distâncias, se o espaço pode ser fácil ou dificilmente vencido, se é aberto ou apertado, quais as suas hipóteses de vida ou de morte»[232]. Nestas circunstâncias, a análise do meio deve considerar os actores, as características do ambiente e a transitabilidade[233] do meio. Quanto aos actores, interessa analisar em que medida o respectivo processo de decisão depende de conhecimentos sobre o meio e aceita os riscos aí existentes. Também importa analisar o grau de adaptação de cada actor ao meio. A análise aos actores permite identificar aqueles que poderão consubstanciar apoios ou contrariedades. As características do ambiente são reveladas pelos jogos de apoios entre actores e reflectem a simplicidade, o dinamismo e a homogeneidade do ambiente. A análise aos jogos de apoios entre actores permite identificar aqueles que, ao influenciarem o respectivo potencial mássico, afectam a relação de forças entre eles. A transitabilidade do meio traduz o atrito ou a dinâmica do meio. A sua análise evidencia a maior ou menor degradação dos potenciais mássico e dinâmico de cada contendor, face à distância a que se encontram do seu ponto de aplicação.

Os meios de coacção traduzem o potencial estratégico dos contendores, a empregar na acção estratégica (com quê?) observando os seguintes requisitos: coordenar o emprego dos meios; concentrar os meios nos locais e momentos apropriados; orquestrar, preparando modalidades de acção claras; agir com surpresa. Como refere Beaufre: «A arte vai consistir em escolher entre os meios disponíveis e em combinar a sua acção de forma a

---

[232] Tzu, Sun, op. cit., p. 49.
[233] Couto, Abel, op. cit., p. 245.

fazê-los convergir para um mesmo resultado psicológico, suficientemente eficaz para produzir o efeito moral decisivo»[234]. Nestas circunstâncias, a escolha dos meios a empregar numa acção estratégica, depende do confronto entre as vulnerabilidades do contrário e as possibilidades próprias, o que requer uma análise do potencial estratégico, destinada a caracterizar os nodos ou pontos focais, e não apenas as potencialidades ou as vulnerabilidades. Como é referido em II.5., a análise incide, especialmente, onde se verifica suficiente unidade e interligação entre as várias partes do contendor, de modo a formar uma estrutura ou sistema que actua como um corpo físico. Esses pontos focais tendem a manter unida toda a estrutura e actuante o sistema. Nesse sentido, se forem enfraquecidos ou desarticulados, por combinação e convergência de esforços estratégicos, provocam o desequilíbrio estratégico do contrário e permitem alcançar o objectivo. Clausewitz chamou-lhes centros de gravidade e considerou que a sua identificação é um acto supremo do julgamento estratégico. Na realidade, assim é, porque estes materializam os objectivos estratégicos básicos que servem de base à pormenorização das modalidades de acção, nomeadamente através da economia de esforço, capazes de provocar o desequilíbrio estratégico, ou de contribuir significativamente para perturbar o contendor. Devido à sua essencialidade para a acção estratégica, mais adiante debater-se-á com profundidade o conceito de centro de gravidade. Os meios podem traduzir fins quando, por exemplo, um Estado conquista território para ter acesso às suas riquezas. Também podem ser apresentados como recursos, quando um Estado os aplica para consolidar ou alcançar uma determinada posição estratégica. Neste caso, não têm qualquer valor se não poderem ser activados ou mobilizados nas situações previamente concebidas. Para além disso, podem representar linhas de acção ou esquemas de manobra que permitam atingir fins. Neste contexto, Beaufre[235] identifica como meios para provocar o efeito moral decisivo, quando o que está em jogo não é muito importante: agir directamente sobre os dirigentes contrários com argumentos a que são sensíveis; agir indirectamente sobre facções da opinião pública contrária, sobre governos aliados, ou sobre organizações internacionais que podiam exercer influência. Quando o que está em jogo é muito importante, refere poderem ser necessárias acções de força: a vitó-

---

[234] Beaufre, André, op. cit., p. 38.
[235] Ibid, pp. 38 e 39.

ria militar clássica; a sublevação revolucionária destinada a provocar uma intervenção internacional ou a mudança de Governo; a pressão económica; a guerra de guerrilha. Esta diversidade de utilização do termo «meios» no âmbito da acção estratégica cria, obviamente, alguma confusão, quando se avaliam ou elaboram modalidades de acção.

O tempo (ou prazos) representa o momento, a duração e o ritmo da acção estratégica (quando?), observando o requisito de assegurar a melhor materialização do objecto fixado pela política. A sua análise incide na maneira como cada contendor administra o tempo, isto é, procede à escolha da ocasião para desencadear a acção (momento), à definição da longevidade da acção (duração) e à adopção da velocidade de realização da acção (ritmo). O tempo é um dos factores de decisão mais importantes na formulação e na operacionalização de uma modalidade de acção, uma vez que está intimamente ligado às mudanças da situação e ao emprego dos meios (manobra e tipo), aspecto evidenciado por Sun Tzu quando refere que, «há momentos apropriados e dias adequados para o lançamento de ataques com fogo»[236]. Quanto ao momento certo para a acção estratégica afirma que, «nos estágios iniciais de uma batalha, o espírito das forças está elevado; mais tarde, cairá aos poucos. Na fase final, o seu espírito baixa, a ideia de retornar os assola. Portanto, os peritos na guerra evitam atacar o inimigo quando o seu espírito estiver elevado e atacam-no quando o seu espírito se mostrar lento e os soldados sentirem saudades de casa. Isto é o controlo do factor moral»[237]. Quanto à duração da acção estratégica Sun Tzu também realça os inconvenientes do seu prolongamento ou da sua interrupção prematura ao referir que, «quando a vitória demora muito, o ardor e o moral do exército se reduzem. Quando o sítio de uma cidade é demorado o exército cansa-se. Quando o exército se envolve em campanha demorada, os recursos do Estado ficam exauridos»[238]. Destaca a importância do ritmo da acção no sucesso estratégico, dizendo que «a velocidade é a essência da guerra»[239] e, «geralmente, os que alcançam e ocupam o campo de batalha primeiro terão tempo para descansar e aguardar o inimigo. Os

---

[236] Hou, Sheang e Hidajat, op. cit., p. 184.
[237] Ibid, pp. 184 e 185.
[238] Ibid, p. 256.
[239] Ibid, p. 404.

que chegam tarde ao campo de batalha terão de entrar em acção apressadamente, quando já estão cansados e exaustos»[240].

O contrário patenteia a inteligência do contendor na acção estratégica, obedecendo aos requisitos de aquisição, de manutenção e exploração da iniciativa, e de minimização da vulnerabilidade dos planos, das acções, das relações e dos sistemas estratégicos próprios, à manipulação e à interferência dos contrários. A sua análise centra-se no controlo dos factores que apoiam a acção própria e dificultam a do contrário, contribuindo para garantir o grau de liberdade de acção adequado, que se traduz nas possibilidades de exploração, por cada contendor, das respectivas potencialidades, isto é, no potencial mássico e dinâmico utilizável na acção estratégica. Relativamente ao contrário importa salientar que, durante uma relação estratégica, cada contendor visa obter sobre ele ou negar-lhe determinadas vantagens. Porém, como essa relação é marcada por inúmeras dificuldades, os actores acabam por ser esquecidos ou relegados para um plano secundário, tanto na formulação como na operacionalização estratégicas. Para isso, os estrategistas invocam dois argumentos principais. Em tempo de paz, consideram que o contrário é um factor de decisão de fácil manipulação. As dificuldades incidem na obtenção dos recursos financeiros para edificar, dispor e empregar os meios necessários ao cumprimento das missões. Em tempo de crise ou guerra, como o contrário se manifesta através de acções com efeito estratégico evidente, os estrategistas afirmam ser desnecessário especular sobre as suas capacidades e intenções, porque estas são testemunhadas pelas acções reais. Os dois tipos de atitudes dos estrategistas impedem ou dificultam a incorporação, nos processos de formulação e de operacionalização estratégica, das diferentes possibilidades de acção identificadas pela inteligência do contendor. Por isso, a generalidade dos estudos estratégicos modernos, embora impressionem em todos os aspectos, são pouco esclarecedores sobre a forma como se deve lidar com um contrário competente, dedicado e tortuoso, que concebe e põe em prática acções paradoxais, destinadas a garantir o sucesso das suas pretensões. Para se conhecer profundamente um contrário, de forma a perceber como pensa e o que pensa, é essencial satisfazer três requisitos: dispor de bons serviços de informações; direccioná-los para as áreas de interesse estratégico; estabelecer mecanismos de interacção com os estrategistas.

---

[240] Ibid, p. 71.

Qualquer consideração sobre a importância relativa dos factores de decisão, precisa de ter em consideração que o objectivo fixado pela política, o meio, os meios de coacção, o tempo e o contrário influenciam, sobretudo, a intensidade, a natureza, o momento e a qualidade da reacção contrária. Todavia, são os meios de coacção que determinam a possibilidade de se iniciar uma acção estratégica. Como tal, é sobre eles que deve recair a máxima atenção durante o processo de elaboração da estratégia de defesa militar.

3. Níveis de decisão e execução

Na maioria dos Estados é possível observar que a estratégia se desenvolve em diferentes níveis e que a natureza das decisões e das acções é diferente em cada um deles. Estas diferenças reflectem os vários escalões hierárquicos ou os níveis de decisão e de execução exigidos pela complexidade do aparelho do Estado, que podem ser sistematizados em: autoridade superior; autoridade responsável; autoridade subordinada; autoridade lateral. Desta forma, são organizados os componentes diferenciados que, em cada nível de autoridade, desmultiplicam entre si a função englobante superior (integral) do Governo, dando assim origem às funções englobadas responsáveis (gerais), subordinadas (particulares) e laterais (gerais) dos departamentos que concorrem para a consecução do fim político superior. Neste âmbito, convirá notar que os fins do departamento responsável traduzem as acções da autoridade superior. Por outras palavras, a política de um departamento responsável é a estratégia da autoridade superior. Como referiu Poirier[241], esta hierarquia de funções entre autoridades de diferentes níveis, torna a estrutura do Estado semelhante à das bonecas russas de encaixes sucessivos e tamanhos decrescentes, desde a exterior englobante, a que corresponde o projecto político[242], até à mais pequena,

---

[241] Poirier, Lucien, «Essais de Stratégie Théorique», *Stratégie*, Paris, Fundation pour les Études de Défense Nationale, 1º Suplemento do N.º 13 (1º trimestre 1982), 1982, p. 106.

[242] Na opinião de Poirier, Lucien, op. cit., p. 127, o projecto político «é o conjunto coerente e ordenado, segundo uma certa economia, dos fins globais designados para um período determinado à empresa colectiva, encarregado de transformar o estado das coisas existentes ou previsível, tanto interna como externamente, no espaço de soberania ou competência de uma unidade sociopolítica».

que traduz as funções ou acções elementares das unidades funcionais. A posição de cada departamento do Estado nesta estrutura, depende da sua natureza e da prioridade das operações intelectuais (cálculos e avaliações) e físicas (decisões e acções) requeridas para que se cumpra o projecto político. A consecução deste desiderato obriga cada nível de autoridade a resolver o problema da articulação do poder que dispõe com o objectivo (a finalidade da acção). Assim, na prática, surgem, para cada nível de autoridade inferior, situações menores a serem estudadas, nas quais os poderes e os objectivos dos contendores são fracções resultantes da subdivisão dos poderes e dos objectivos do nível acima. A articulação dos poderes e dos objectivos envolve a circulação de informação entre os níveis superior, responsável, subordinados e laterais, o que origina um duplo fluxo, ascendente e descendente, através de todo o aparelho do Estado. Com efeito, como o fim determinante da decisão de um nível de ordem N é a acção fixada ao nível de ordem N-1, esta pode retro actuar sobre o fim. Na prática, este efeito permite que eventuais desfasamentos entre os resultados das acções do nível de ordem N e o fim fixado ao nível de ordem N-1, sejam usados para rever o fim, o que se traduz na condução da acção por correcção de desfasamentos.

O nível de autoridade superior do Estado é materializado pela função englobante e co-responsável do Primeiro-Ministro e do Governo, cuja finalidade está expressa no projecto político nacional (Programa do Governo), é cumprida pela estratégica integral, e implica vontade política para definição do fim a alcançar (o quê?) e do quadro de acção a empreender (como?) através da modalidade de acção integral, relativa ao conjunto das forças políticas, económicas, psicossociais e militares a edificar, dispor e empregar por cada uma das estratégias gerais. Como os fins últimos e os meios básicos se manifestam apenas ao nível da estratégia integral, os limites das estratégias gerais são, na opinião de Luttwak[243], fixados no projecto político. As suas formulações típicas estão associadas a expressões como a manu-

---

[243] Luttwak, Edward N., op. cit., p. 70. Este facto explica, por exemplo, para o caso da estratégia geral militar, a realidade de: uma conquista militar de grande sucesso, ser apenas um resultado provisório, que se pode anular por intervenção diplomática de Estados mais poderosos, ou até pelo repúdio originado em posições políticas internas; uma derrota militar de grande dimensão, poder ser solucionada pelas transformações políticas que lhe estão associadas, ou ultrapassada com o apoio de aliados que uma situação de fraqueza atrai, por forma a estabelecer o necessário equilíbrio de poder.

tenção da independência política, a preservação da integridade territorial e a prossecução de interesse nacional mais amplo. A modalidade de acção integral pode ser operacionalizada, como refere Charnay[244], por provas de força virtual e real, que regulam a interacção com as forças contrárias. Ela concebe a batalha[245] em condições favoráveis e, na sua essência, regula os níveis de contacto entre contendores. Destina-se a convencer o contrário da fatalidade da sua destruição ou domínio, do seu comando ou controlo, ou da sua instabilidade ou transformação, o que conduzirá, respectivamente, à capitulação, à ineficiência ou a prejuízos. Daqui resulta que a modalidade de acção integral representa a escolha e a combinação das modalidades de acção gerais, ao longo do tempo e nos diversos domínios de acção do Estado, devidamente ajustadas aos meios imediatamente disponíveis. Traduz o jogo a desenvolver nos diferentes domínios de acção, tendo em vista alcançar o fim estratégico integral, que engloba os fins estratégicos gerais. Responde à questão «como se vai agir?» em todos os domínios do Estado, para obter o efeito político pretendido. A resposta a esta pergunta leva à elaboração de um conceito de emprego integral das forças, à definição das missões, dos domínios de acção que dispõem essas forças e ao estabelecimento de paradigmas que regulam a permanente adaptação do Estado, em todos os domínios de acção, nos campos genético, estrutural e operacional, aos requisitos do cumprimento da sua missão.

O nível de autoridade responsável do Estado é materializado pela função englobante do Ministro a que é cometida a acção em cada domínio. A finalidade (o quê?) destas acções está expressa nos projectos políticos dos respectivos departamentos e é cumprida (como?) pela estratégia geral a seu cargo. Nestas circunstâncias, implica não só a edificação, disposição e emprego de meios compatíveis com o fim superiormente fixado, mas, também, a aptidão para combinar o meio, os meios e o tempo, de forma a materializar esse fim, coagindo o contrário. A moda-

---

[244] Charnay, Jean-Paul, op. cit., p. 39.

[245] A batalha traduz a interacção virtual ou real entre as forças contrárias. Pode ser ofensiva, quando se procura o contacto, ou defensiva, quando é evitado. Apenas como exemplo, refere-se que o contacto real pode ser alcançado através da aproximação directa ou indirecta, ou em retirada. No caso da manobra militar, a aproximação indirecta pode ser conseguida através de linhas interiores, sobre as retaguardas, segundo direcções convergentes, das forças terrestres, anfíbias e aerotransportadas. A aproximação em retirada pode ser efectivada de forma centrípeta, segundo uma direcção ou através de direcções divergentes.

lidade de acção geral virtual representa a escolha e a combinação das modalidades de acção particulares, ao longo do tempo e dos diversos teatros, devidamente ajustadas aos meios imediatamente disponíveis. Para isso, estabelece conceitos de emprego virtual das suas forças, que geram no contendor imagens de efeitos físicos prováveis sobre as respectivas forças. A modalidade de acção geral real representa a escolha e a combinação das modalidades de acção particulares ao longo do tempo[246] e dos diversos teatros[247], devidamente ajustadas aos meios imediatamente disponíveis. Ambas traduzem o jogo a desenvolver nos diferentes sectores de acção, tendo em vista alcançar o fim estratégico geral, que engloba os fins estratégicos de teatro. Respondem à questão «como se vai agir?» em cada sector do Estado, para obter o efeito político pretendido. A resposta a esta pergunta leva à elaboração de um conceito de emprego geral da força de cada sector, à definição das missões a confiar-lhes e ao estabelecimento de paradigmas que regulem a permanente adaptação desse sector, nos campos genético, estrutural e operacional, aos requisitos do cumprimento da sua missão.

Os níveis de autoridade subordinados do Estado, no topo da sua hierarquia, são materializados pelas funções englobantes dos Secretários de Estado e dos Chefes Militares, a quem cumpre realizar as acções sectoriais[248]. As finalidades (o quê?) destas acções estão expressas nos projectos

---

[246] Para a estratégia militar são as campanhas.

[247] Para a estratégia militar são os teatros de guerra.

[248] Convirá notar que este exemplo específico cingiu-se ao caso português, onde os Chefes Militares de cada ramo das Forças Armadas reportam junto do Ministro da Defesa Nacional nas matérias de natureza administrativa, e junto do Chefe do Estado-Maior General das Forças Armadas (CEMGFA) para assuntos de natureza operacional. Neste âmbito, cumpre ao CEMGFA responder perante o Ministro. Ele é o conselheiro do Governo para a definição da estratégia geral militar e está encarregado do emprego da força militar. É, por isso, o responsável pela estratégia operacional. Neste âmbito, assegura a direcção das operações militares e tem autoridade sobre os comandantes de teatro de operações. É apoiado, nas suas funções de natureza operacional, pelos Chefes Militares dos três ramos das Forças Armadas. Por vezes, o CEMGFA exerce a direcção das operações, por intermédio de um comandante operacional. Este é conselheiro do CEMGFA para a preparação/planeamento da operação. Para além disso, fixa as missões aos comandantes das forças colocadas sob as suas ordens e atribui-lhes meios. Neste contexto, os comandantes das forças agem aplicando as ordens recebidas do comandante operacional e adaptando as modalidades de acção às circunstâncias. Cada escalão de autoridade mantém, ao seu nível, as relações com

políticos dos respectivos departamentos, e são cumpridas (como?) pelas estratégias particulares a cargo de cada um. Nestas circunstâncias, implicam capacidade para combinar e repartir as actividades dentro da estratégia geral a que se subordinam: servem para orientar a evolução e a adaptação das tácticas, da estrutura e da genética para as necessidades da estratégia integral. Tal efeito é conseguido através da modalidade de acção particular (de teatro)[249], igualmente operacionalizável com provas de força virtual e real, que representam a escolha e a combinação das operações[250] ao longo do tempo em cada área do teatro, devidamente ajustadas aos meios imediatamente disponíveis. Traduzem o jogo a desenvolver nas diferentes áreas de acção, tendo em vista alcançar os fins estratégicos de teatro, que englobam os objectivos operacionais. Respondem à questão «como se vai agir?» em cada departamento do Estado para obter o efeito político pretendido. A resposta a esta pergunta leva à elaboração de um conceito de emprego particular da força de cada departamento, à definição das missões a confiar-lhe, e ao estabelecimento de paradigmas que regulem a permanente adaptação desse departamento, nos campos genético, estrutural e operacional, aos requisitos do cumprimento da sua missão.

Apesar de as estratégias particulares combinarem, coordenarem e repartirem as actividades sectoriais dentro da estratégia geral a que se subordinam, convirá salientar que estas actividades, dentro de cada departamento, são, não só, de natureza operacional, o que implica o emprego de meios heterogéneos, assumindo cada um deles uma função elementar[251],

---

os níveis paralelos correspondentes. É assim que o CEMGFA mantém relações com os grandes comandantes aliados, e que os comandantes operacionais estabelecem contactos directos com os comandantes de teatro onde se desenvolvem as operações.

[249] Refere Luttwak, Edward N., op. cit., p. 113, que é um espaço territorial de dimensão variável, que é o objecto da contenda. Qualquer que seja o seu tamanho, deve estar bem individualizado de outros teatros por barreiras geográficas importantes ou por distância considerável, de forma a ser defensável ou vulnerável, por si só. Neste contexto, forma uma unidade sistemática do ponto de vista da execução de uma modalidade de acção, ou de um escalão de uma modalidade de acção. Requer uma grande ligação entre as forças, uma excelente capacidade de comando e controlo, e implica conveniência política.

[250] Acções de grande dimensão, caracterizadas por uma ampla interacção das forças com o teatro, cujas consequências influenciam a conduta global da ofensiva ou da defensiva. Implicam comando operacional único e permanente das forças empenhadas.

[251] Daí que, por exemplo, para a estratégia militar existam as estratégias particulares terrestre, aeroespacial e naval.

mas, também, relativas à edificação e à disposição dos meios, por forma a poderem ser conjugadas segundo as modalidades de acção ditadas pelos factores de decisão. Assim, para além da modalidade de acção operacional, é sempre necessário conceber e pôr em prática modalidades de acção genéticas e estruturais, que se desenvolvem nas técnicas respectivas, em perfeita sintonia pelos mesmos níveis da modalidade de acção operacional, para que esta conduza ao sucesso.

A modalidade de acção operacional representa a escolha e a combinação das tácticas a utilizar num quadro espácio-temporal de uma operação, e visa alcançar os objectivos operacionais, que englobam os objectivos tácticos. Por outras palavras, traduz a manobra das forças num teatro de operações, de forma a alcançar os objectivos fixados pela estratégia particular correspondente. Isso implica a concepção, a organização, a integração e a conduta de operações. Responde, simultaneamente, às questões «o que fazer?» com os meios disponíveis e «como fazer?». É a modalidade de acção operacional que liga a estratégia à táctica, através do estabelecimento de objectivos operacionais, iniciando as acções e aplicando recursos, de forma a assegurar o sucesso da campanha. No campo militar é elaborada pelo comandante que assegura a conduta das operações. Fixa uma ideia de manobra que ordena missões às forças e lhes atribui meios. A acção militar assume, normalmente, um carácter conjunto, embora possa ser, local ou temporariamente, específica de um ramo. A modalidade de acção operacional é da responsabilidade do comandante conjunto, que tem como encargo conduzir as operações, no que pode ser apoiado por comandantes operacionais designados.

A modalidade de acção táctica representa a escolha e a combinação das funções ou das acções elementares devidamente organizadas, e visa alcançar os objectivos tácticos, que englobam os efeitos físicos. Nesse sentido, combina, sobre o terreno, o emprego no combate de todos os meios disponíveis para alcançar os objectivos fixados pela respectiva estratégia operacional. Responde à questão «como fazer?». No campo militar e numa operação conjunta, os comandantes tácticos de nível mais elevado são os responsáveis por cada uma das componentes que trabalham directamente com o comandante conjunto. Abaixo deles situam-se os comandantes de forças e unidades, e outros comandantes subordinados, cuja tarefa é combater directamente o contrário.

As funções ou acções elementares representam a escolha e a combinação das acções que, num dado tempo, com determinados meios e num meio conhecido, produzem os efeitos físicos[252] sobre um contendor ou em seu prejuízo, que permitem contrariar os seus. Estão condicionadas pelas técnicas dos meios disponíveis e empregados.

Os níveis de autoridade lateral do Estado são materializados pelas funções englobantes dos restantes Ministros, cujas finalidades estão expressas nos projectos políticos dos respectivos departamentos, e são cumpridas pelas estratégias gerais a cargo de cada um. Daqui resulta que as autoridades laterais se relacionam, exclusivamente, com a autoridade responsável e não com as subordinadas.

A conjugação das imagens dos efeitos físicos prováveis resultantes da prova de força virtual, com os efeitos físicos efectivos resultantes da prova de força real a qualquer nível, induz nos contendores e no ambiente efeitos psicológicos decorrentes dos resultados da modalidade de acção adoptada. Estes efeitos vão ser determinantes na dialéctica das vontades[253] políticas relativamente ao objectivo que pretende conservar ou manter, impondo, reciprocamente, a sua vontade, a fim de evitar que lhe seja imposta a do outro. Sobre esta matéria, refere Beaufre que a estratégia é «a arte da dialéctica das vontades, que utiliza a força para resolver o conflito que entre elas se estabelece»[254]. Afirma, ainda, que a finalidade da estratégia é «alcançar a decisão, criando e explorando uma situação que conduza a uma desintegração moral do adversário, suficiente para o fazer aceitar as condições que se lhe querem impor»[255]. Deve notar-se que estes efeitos psicológicos não ocorrem apenas no fim das acções elementares. Podem verificar-se a qualquer dos níveis antes referidos para as provas de força virtual e real. O objectivo estratégico é alcançado logo que uma destas provas induz um efeito psicológico positivo, ou seja, permite que a vontade de um contendor se imponha à do outro.

---

[252] Produzir efeitos físicos implica realizar diversas acções (destruir, proteger, movimentar, forçar, etc.) ou seja, empregar meios diversos, assumindo, cada um deles, uma função elementar específica, segundo modelos que decorrem da táctica e são ditados pela natureza do objectivo (efeito físico), pela liberdade de acção e pela relação de forças.

[253] Conceito que, segundo Charnay, Jean-Paul, op. cit., p. 41, evidencia «o sincronismo, a tomada em consideração da ligação agnóstica constante, perpetuamente variável e integrada de dois adversários».

[254] Beaufre, André, op. cit., p. 36.

[255] Ibid, pp. 37 e 38.

A representação gráfica dos níveis de decisão e execução não é tarefa fácil, porque uma superfície bidimensional não se presta bem ao traçado das fases, das etapas e dos níveis de autoridade associados às acções estratégicas desenvolvidas por dois ou mais contendores em litígio sobre um objectivo que pretendem conservar ou conquistar. Na realidade, os efeitos recursivos entre os diferentes níveis de autoridade, instauram, na estrutura funcional de cada contendor, relações não lineares de difícil representação, facto que obriga a grandes simplificações esquemáticas. Tendo presente estas limitações, apresenta-se o fluxograma da figura 4, que traduz os caminhos pelos quais transitam a informação[256] e a energia (decisão e impulsão de vontades sobre as forças para produzir os efeitos que permitem cumprir os fins).

---

[256] Refere-se à informação resultante da análise da situação, dos estudos particulares, dos planos estratégicos e da retroacção necessária ao controlo das acções.

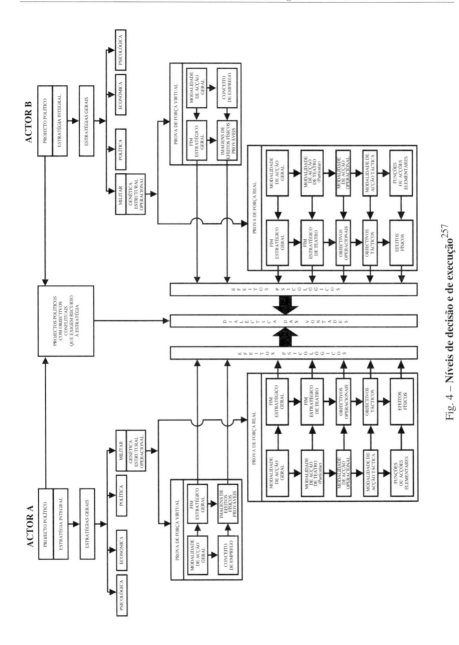

Fig. 4 – Níveis de decisão e de execução[257]

---

[257] Inspirado em Poirier, Lucien, op. cit., p. 128.

Apesar da prova de força real ser apresentada naquela figura segundo uma hierarquia definida pelas modalidades de acção geral, de teatro, operacional, táctica e pelas funções ou acções elementares, os resultados da modalidade de acção integral não são impostos segundo um sistema vertical, dos escalões mais altos para os mais baixos, em virtude de, como refere Luttwak[258], em qualquer acção estratégica existir sempre interacção recíproca. Com efeito, por um lado, os desempenhos elementares só interessam se proporcionarem consequências tácticas. Por outro lado, a modalidade de acção táctica depende do desempenho elementar e contribui para o nível operacional que, por sua vez, estabelece o significado da modalidade de acção táctica. A modalidade de acção operacional contribui para os resultados da modalidade de acção de teatro, que define os objectivos das operações. A modalidade de acção de teatro afecta o que acontece ao nível da modalidade de acção geral, que define os objectivos da modalidade de acção de teatro.

Daqui resulta que a acção estratégica é conduzida no rumo pretendido, por correcções resultantes de medições entre os resultados obtidos em cada nível e os fins fixados. Pode, então, dizer-se que a estrutura da estratégia, ao iluminar os processos de acção, de reacção e de retroacção, graças aos quais, num dado tempo e meio, são compatibilizados os objectivos com os meios, se constitui como um enquadramento praxiológico que permite conduzir a acção, assegurando-lhe o mínimo de racionalidade, sem a qual as fases e as etapas deixariam de ter coerência, e a avaliação dos meios seria resultante de improvisações[259].

Quanto aos níveis de decisão e de execução evidenciados pela estrutura da estratégia, importa referir que proporcionam uma base essencial para o exercício do comando e controlo durante as acções estratégicas, e constituem-se como uma ferramenta útil para a análise dessas acções antes, durante e após a sua realização. A sua compreensão é indispensável à con-

---

[258] Luttwak, Edward N., op. cit., p. 70.

[259] Este esboço da estrutura praxiológica da estratégia serve para mostrar como cada nível diz o que é preciso querer (ordem dos fins) e o que é preciso poder (ordem das estruturas e meios) num dado horizonte, de forma a assegurar a realização global do projecto. Como adiante se verificará, é de extrema importância para se perceber como a elaboração da estratégia no Estado se ajusta à hierarquia dos vários escalões, cada vez mais especializados e, no seu âmbito, como se processa o desdobramento das tarefas segundo os critérios funcional e espacial.

duta da acção estratégica. Porém, a maior utilidade dos níveis de decisão e de execução consiste em providenciarem um meio para se obter uma aplicação coerente da força, de formas diferentes em escalões distintos, na prossecução dos objectivos estratégicos básicos.

É possível, por exemplo, aplicar a força ofensivamente num nível, enquanto se é defensivo noutro, mantendo-se ambos inteiramente consistentes com o objectivo último da acção estratégica. Durante o conflito das Falkland/Malvinas, o Governo do Reino Unido empregou meios tácticos de forma ofensiva, para alcançar um fim estratégico defensivo: a recuperação do território ao abrigo do direito de legítima defesa previsto no Art. 51.º da Carta da ONU. Durante a Batalha do Atlântico (II Guerra Mundial) os comboios eram, simultaneamente, ofensivos a nível operacional e defensivos a nível táctico. O objectivo estratégico integral era o abastecimento do Reino Unido, a que se subordinava o objectivo estratégico geral militar da defesa do tráfego marítimo transatlântico. Porém, a reunião de navios mercantes em comboios atraiu os submarinos alemães para uma armadilha anti-submarina muito cerrada. Esta, provou ser uma medida operacional ofensiva, embora a finalidade táctica imediata dos escoltadores anti-submarinos de superfície e das aeronaves do Comando Costeiro da RAF, fosse a defesa do comboio.

A essência da elaboração estratégica em cada nível de decisão e de execução focalizado na acção estratégica do Estado, é identificar o objectivo desejado, as formas como deve ser alcançado e os meios, o meio e o tempo apropriados. Se isto não pode ser conseguido num qualquer nível, deve ser considerado no escalão imediatamente acima. Por isso, elaborar a estratégia aos diferentes níveis, é uma tarefa com muitas ligações e interdependências. Na prática, os níveis de decisão e de execução sobrepõem-se, e as distinções entre eles raramente são muito rígidas. Neste contexto, há que identificar três questões sobre a forma como os diferentes níveis interactuam. Em primeiro lugar, nunca há uma linha clara entre eles. Invariavelmente, sobrepõem-se, aspecto que os responsáveis dos diferentes níveis de decisão e de execução precisam de ter em conta, especialmente quando estabelecem níveis de comando em que é necessário traçar distinções claras, reflectindo divisões de responsabilidade. Em segundo lugar, foram desenvolvidos tendo o conflito em mente, podendo, porém, ser aplicados a relações de oposição ou de competição, onde as manifestações de força são distintas. Em terceiro lugar, em algumas acções que implicam complexas confrontações ao nível táctico mais baixo, poderá ter que se estar especialmente atento ao que é decidido a nível estratégico, pela influência que o primeiro exerce neste. Isto leva a que os responsáveis políticos e militares de mais alto escalão, interfiram directamente com o nível táctico, ultrapassando os níveis intermédios de decisão e de execução. Nestas circunstâncias, por vezes, os níveis de decisão e de execução parecem quase irrelevantes. Porém, embora os níveis estratégico e táctico possam sobrepor-se, dada a natureza de algumas acções, tal facto constitui uma ameaça à estrutura de comando e controlo. Não pode haver uma regra rígida e evidente para a aplicação da hierarquia dos níveis de decisão e de execução. A chave é o pragmatismo aplicado às circunstâncias prevalecentes, e a moderação dos altos responsáveis políticos e militares nas interferências directas na actividade táctica.

4. Princípios e regras

4.1. Existência e utilidade

Face ao que anteriormente já se referiu sobre esta matéria, a primeira questão que se coloca no âmbito da reflexão sobre os princípios da estratégia, centra-se na existência efectiva de normas que permitam orientar a articulação dos factores de decisão no quadro da formulação e da operacionalização de uma modalidade de acção. Da análise aos tratadistas militares clássicos é possível identificar duas posições principais.

Relativamente à guerra, Turenne, Scharnhorst e Napoleão[260], entre outros, negaram a existência e a necessidade de tais normas. Foch duvidou que, pela natureza irracional da guerra, esta possa obedecer a normas rígidas. Propôs, em alternativa, «duas regras muito abstractas: a economia de forças e a liberdade de acção que, pela sua abstracção, se podem aplicar a todas as estratégias»[261], «mas o seu grau de abstracção não permite

---

[260] Refere Napoleão que «na guerra nenhuma regra precisa pode ser estabelecida, tudo dependendo do carácter do comandante, das suas habilidades e fraquezas, da qualidade dos combatentes, das características das armas, das condições atmosféricas e de milhares de outras circunstâncias que nunca se repetem», *Encyclopaedia Britannica*, Londres, 1963, vol. 16, p. 94.

[261] Beaufre, André, op. cit., p. 48.

discernir, pelo menos numa primeira análise, que consequências práticas possam ter»²⁶². Clausewitz não lhes reconhece qualquer utilidade²⁶³. Moltke, provavelmente influenciado por Clausewitz, também rejeitou a ideia de que algum estratega pudesse seguir um conjunto rígido de normas. Mais recentemente, Broodie afirmou que: «Quando muito, as máximas ou axiomas a que chamamos princípios da guerra, são simples proposições de bom senso, a maioria das quais se aplica, além da guerra, a toda a ordem de actividades... Quando qualquer desses princípios passa a ser "slogan", tentando condensar a sabedoria, a sua utilidade torna-se duvidosa.»²⁶⁴.

Outros estrategas adoptaram posição distinta e consideraram que a guerra possui normas, consideradas de valor permanente e geral, como se se tratassem de leis²⁶⁵, destinadas a estabelecer as condições de sucesso e a prever as tendências gerais dos conflitos futuros, o que lhes confere uma

---

²⁶² Ibid, p. 49.

²⁶³ Por vezes, são atribuídos a Clausewitz sete princípios da guerra. Porém, importa notar que não os citou explicitamente nos seus escritos. Na realidade, até combateu a ideia da existência de procedimentos predeterminados na guerra, quando referiu «todas as tentativas no campo da teoria da guerra devem ser consideradas na sua parte analítica como um avanço na província da verdade. Na sua parte sintética, nos seus preceitos e regras, são elas sem utilidade alguma». Clausewitz, C. von, *On war*, Baltimore, Penguim Books, 1968, pp. 184 a 205, refere Clausewitz que: «A concepção de lei em relação à acção não pode ser usada na teoria da conduta da guerra. Devido à mutabilidade e à diversidade do fenómeno, não há nele determinação de natureza geral que mereça o nome de lei. Entretanto, regras, prescrições e método são concepções indispensáveis à teoria da conduta da guerra, apenas enquanto essa teoria conduzir a doutrinas positivas». Beaufre, André, op. cit., p. 47, atribui a Clausewitz três regras principais: a concentração dos esforços; a acção do forte ao forte; e à decisão através da batalha no teatro principal, tanto quanto possível sob uma forma defensiva-ofensiva.

²⁶⁴ Apud Caminha, João C. G., op. cit., vol. II, pp. 95 e 96.

²⁶⁵ Couto, Abel, op. cit., pp. 168 a 178, apresenta, com ligeiras alterações, as ideias do general De La Chapelle sobre as leis de guerra. Relativamente às leis permanentes, refere que correspondem a condições de «querer e poder efectivamente bater-se» e que compreendem: lei do movimento; lei da prova de força ou de choque; lei da ofensiva; lei da protecção; lei da surpresa; lei do atrito ou desgaste; lei das forças morais. Sobre as leis de evolução afirma que representam o resultado da observação das sucessivas guerras no que têm de diferente, por forma a determinarem-se a sua evolução e tendência de evolução e que englobam: lei da semelhança; lei do incremento ou acentuação; lei da aceleração ou contradição; lei da descontinuidade; lei da vantagem inicial do agressor ou da novidade; lei da reminiscência; lei do reequilíbrio.

estabilidade que contrasta, por exemplo, com a dos procedimentos tácticos[266]. Jomini afirmou que «nas grandes combinações da batalha, a vitória resultaria hoje, como sempre, da aplicação de princípios que conduziram ao sucesso os grandes chefes militares de todas as épocas, Alexandre ou César, Frederico ou Napoleão»[267]. Mahan formulou a regra da importância decisiva do domínio do mar e reconheceu «que, apesar das mudanças nas condições da guerra ocorridas através dos tempos com o progresso do armamento, há certos ensinamentos da História que permanecem invariáveis, de uma aplicação universal e constante, os quais podem ser elevados ao nível de princípios gerais»[268]. Mackinder proclamou a superioridade do espaço continental e, nos anos 30 do século XX, Douhet profetizou o carácter decisivo do poder aéreo[269]. Hart propôs seis regras positivas e duas negativas que Beaufre[270] considerou possível reduzir a quatro: dispersão do adversário pela aproximação indirecta; surpresa pela escolha de acções imprevistas; acção do forte ao fraco; e decisão através de teatros secundários, se necessário. Mao Tsé-Tung[271] definiu seis regras: recuo perante o avanço inimigo, através de «retiradas centrípetas»; avanço face à retirada inimiga; estratégia de um contra cinco; táctica de cinco contra um; reabastecimento à custa do inimigo; coesão íntima entre as Forças Armadas e as populações. Lenine e Estaline[272] formularam três regras: coesão moral do país e das Forças Armadas na guerra total; importância decisiva das retaguardas; necessidade de preparação psicológica da acção de força. A escola estratégica americana contemporânea[273] proclamou as regras da dissuasão graduada e da resposta flexível. Em consequência do desenvolvimento destas teorias, um grande número de Forças Armadas admitiu, nas suas publicações doutrinárias, os princípios da guerra, entendidos como verdades fundamentais que governam a execução da guerra[274].

---

[266] Beaufre, André, op. cit., p. 47.
[267] Apud Caminha, João C. G., op. cit., vol. II, pp. 92 e 93.
[268] Ibid, p. 93.
[269] Beaufre, André, op. cit., p. 48.
[270] Ibid, ibidem.
[271] Apud Beaufre, André, op. cit., p. 48.
[272] Ibid, ibidem.
[273] Ibid, ibidem.
[274] Caminha, João C. G., op. cit., vol. II, p. 96.

Esta clivagem de posições poderá levar a considerar os preceitos estratégicos como ilusões, cuja investigação não passa de um exercício intelectual estéril à disposição dos incapazes de encontrarem uma justificação para as suas decisões! Porém, a maior parte dos generais, mesmo os mais empíricos, que negaram a existência de preceitos estratégicos, juntaram-se na maneira de pensar, de decidir e de agir, àqueles que consideravam tê-los descoberto e aplicado. Como referiu Napoleão: «Todos os grandes comandantes da Antiguidade [...] só alcançaram grandes feitos submetendo-se às regras e aos princípios naturais da arte»[275]. Desta forma, confirma *a contrário* a existência e a necessidade da pesquisa das normas de guerra, porque elas trazem alguma luz à compreensão do emprego do poder nacional, embora também reconheça que nenhuma delas estabeleceu um suporte suficientemente sólido para servir de ponto de partida e de balizamento na busca de soluções para situações específicas de confronto, visto que não conseguem identificar as relações de causa e efeito.

A estratégia trata da edificação, da disposição e do emprego de formas de coacção política, económica, psicossocial e militar, num mundo cada vez mais global e num tempo em crescente aceleração. Nestas circunstâncias, o número de variáveis que intervêm numa acção estratégica e as suas possibilidades de combinação são de tal forma elevadas, que é mínima a possibilidade de surgirem situações absolutamente iguais, susceptíveis de resolução por uma mesma fórmula. Para além disso, embora o mecanismo das acções e das reacções estratégicas dos actores obedeça a uma certa lógica, não é possível obter uma visão de conjunto quanto à evolução futura, dado que pertence a um sistema em que as inteligências contrárias procuram induzir-se mutuamente em erro[276]. Como tal, a estratégia não se

---

[275] Apud Montbrial, Thierry de, e Klein, Jean, *Dictionnaire de Stratégie*, Paris, Presses Universitaires de France, 2000, pp. 422 e 423.

[276] Neste âmbito, importa realçar, como refere Caminha, João, C. G., op. cit., vol. II, pp. 97 e 98, que, na tentativa de abordagem baseada, tanto quanto possível, em ciências exactas, buscaram-se os princípios da guerra, através da compreensão dos efeitos produzidos num sistema que possuísse, pelo menos, duas fontes de energia sob controlos diferentes, aptos a actuar sobre alavancas de transmissão de força. Se as duas fontes de energia do sistema não trabalhassem uma contra a outra, em obediência a comandos contrários, os princípios da guerra teriam bastante analogia com os da mecânica. Nestas circunstâncias, a função básica do estratega no emprego do poder, seria análoga à de um engenheiro, que recorreria às leis da mecânica para verificar a resistência das estruturas a derrubar, escolher

pode subordinar à rigidez de normas com o carácter de leis explicativas e condicionadoras de cada fenómeno específico a que se aplicam. Assim, parece mais adequado que, no âmbito dessa lógica, e sendo a estratégia uma arte e uma ciência, o seu método recorra a princípios e regras que, embora não permitam indicar as soluções dos problemas estratégicos, orientem o processo criativo[277] de articulação dos factores de decisão e sirvam de guia à formulação e à operacionalização estratégicas, em qualquer domínio de acção do Estado.

Os princípios da estratégia são preceitos primários que expressam uma ideia[278] fundamental e universal, não vinculada ao tempo histórico, nem influenciada pela tecnologia[279], extensível a todos os domínios da acção – político, económico, psicossocial e militar –, cujo campo de aplicação preferencial é a formulação estratégica. São em número reduzido e têm um carácter de generalidade, o que lhes retira interesse prático, sem, contudo, serem triviais[280]. Importa realçar que não são dogmas[281]. Servem, sobretudo, para orientação geral da formulação estratégica. Nesse sentido,

---

pontos de apoio, estabelecer composições de forças e calcular esforços a serem desenvolvidos nas alavancas. Porém, como notou Clausewitz, C. von, op. cit., p. 184, «a guerra não é actividade da vontade exercida sobre a matéria inanimada, como as artes mecânicas, ou sobre coisas vivas, mas passivas e maleáveis. Ela é exercida contra uma força viva que reage». Por isso, a compreensão da acção estratégica requer, para além da abordagem mecânica, outros princípios explicativos, baseados na mente e na vontade dos actores que, como é referido no corpo do trabalho, se tentam induzir reciprocamente em erro.

[277] Os princípios estratégicos são essenciais para impor limites ao processo criativo, porque criatividade sem limites é uma tarefa demasiado arriscada, que pode conduzir a resultados catastróficos. Porém, não devem ser confundidos com doutrinas, porque apenas fornecem linhas gerais orientadoras do processo criativo. De modo algum devem ser considerados dogmáticos.

[278] Por vezes, verifica-se a tendência para expressar cada princípio numa única palavra. Não se seguiu nesta linha, porque a adequada explicação de cada princípio requer textos razoavelmente extensos.

[279] Todavia, Charnay, Jean-Paul, op. cit., p. 493, invocando os trabalhos de Guibert e Jomini que consideram que os princípios atingiram um estado imutável, refere que os considera reversíveis em função das mutações tecnológicas e que servem para pôr em prática os procedimentos.

[280] Charnay, Jean-Paul, op. cit., p. 208.

[281] Esta afirmação não pode deixar de ser reiterada e clarificada, porque os princípios da estratégia são ideias a serem investigadas para possível aplicação na formulação estratégica, e não premissas doutrinárias indiscutíveis. Se isso acontecer, ganham um peso

as suas aplicações podem ser muito distintas, variando em cada situação, sendo combinados de acordo com o julgamento individual e adaptados às circunstâncias do momento. Daqui se depreende que os princípios da estratégia podem ser úteis para quem toma a formulação como uma arte. Para aqueles que a consideram como ciência, os princípios da estratégia podem ser enganadores, porque não são verdades absolutas para definir o rumo da acção estratégica. Efectivamente, quando os princípios da estratégia são exaltados teoricamente fora de contextos estratégicos específicos, onde os factores de decisão possam ser analisados com rigor, tendem a impregnar a doutrina estratégica com premissas falaciosas. Se estas não forem desprezadas, reflectem-se perigosamente na elaboração da modalidade de acção, generalizando procedimentos nem sempre adequados à realidade da situação enfrentada. Todavia, embora o conhecimento sintetizado nos princípios da estratégia não permita mover as incertezas acerca da formulação estratégica em cada situação, pelo menos permite vislumbrar o que não deve ser feito, por conduzir ao insucesso. Por conseguinte, os princípios da estratégia, como acervo de estudo e reflexão, não devem ser menosprezados nem ignorados.

Os princípios da estratégia servem de base a preceitos secundários – as regras –, em maior número, mais concretos e de interesse prático, destinados a orientar, em especial, a operacionalização estratégica, e susceptíveis de variar ao longo do tempo, de acordo com o estado de evolução da arte e da organização[282]. Daí que a transformação ou o aparecimento de novas regras, não implique, forçosamente, a alteração dos princípios estabelecidos. Neste contexto, importa ainda notar que, na actualidade, as regras da estratégia estão a sofrer uma dupla revolução, desencadeada e orientada pelos conceitos e tecnologias da era da informação. A RBA (*Revolution on Business Affairs*), moldada no sucesso experimentado pelo sector comercial, está a transformar o sector de negócios do Estado, enquanto a RMA (*Revolution on Military Affairs*) está a transformar as operações militares. Não são duas revoluções independentes, antes relacionam-se entre si, uma vez que as transformações no campo dos negócios, não só libertam recursos que podem ser usados nas acções militares, como também propiciam

---

indevido e perigoso na formulação estratégica e na formação profissional dos estrategistas e dos estrategas.
[282] Couto, Abel, op. cit., p. 167.

melhorias no apoio, de que resultam conceitos de operação, de organização e doutrinários mais efectivos. Eles mobilizam a RMA e transformam as operações militares, aumentando o tempo das operações, a velocidade de comando e, em consequência, alcançar-se-à uma maior letalidade com superior sobrevivência.

O esclarecimento sobre o que se entende por princípios e regras da estratégia é essencial para o seu estabelecimento rigoroso, claro e coerente com a teoria estratégica antes expressa, em especial com os factores de decisão, porque são eles que, ao condicionarem a elaboração da modalidade de acção em abstracto, permitem, através de raciocínios formais, deduzir determinadas conclusões que constituem os princípios e as regras da estratégia. A sua clarificação é feita com recurso a alguns exemplos históricos, estabelecendo as relações dos factos entre si, determinando as razões dos resultados das principais acções estratégicas e, se necessário, preenchendo lacunas por meio de raciocínios lógicos[283].

Depois de se ter encontrado uma resposta que parece plausível para a primeira questão, surge uma outra, relativa à utilidade dos princípios e das regras da estratégia. A resposta a esta questão foi encarada, quer na perspectiva da aplicação concreta dos princípios e das regras, quer na perspectiva da capacidade humana para usar aqueles princípios e regras. Quanto à aplicação concreta, os princípios contribuem para se optimizar a eficácia na utilização dos meios, a fim de se alcançarem os objectivos visados, desfrutando das melhores condições de meio e tempo para superar problemas e explorar eventualidades em ambientes de desacordo com contrários. Para esse efeito, são estabelecidos os princípios da importância do objectivo, da economia de esforço e da liberdade de acção (Fig. 5).

Importa referir, em primeiro lugar e com toda a clareza, que é sempre mais fácil usar os princípios e as regras da estratégia para criticar modalidades de acção adoptadas no passado, que utilizá-los durante a formulação e a operacionalização de novas. Com efeito, sendo a aplicação dos princípios e das regras feita no âmbito de situações particularmente complexas, são incapazes de propiciar uma decisão que seja, incontestadamente e de forma segura, a melhor. A decisão estratégica, sendo subjectiva, necessita de ser guiada por critérios de escolha com uma objectividade o menos discutível possível. Ora, como o que caracteriza um princípio, permanente

---

[283] Ibid, pp. 178 e 179.

FACTOR DE DECISÃO	PRINCÍPIOS	REGRAS
OBJECTIVO	IMPORTÂNCIA DO OBJECTIVO	EQUILÍBRIO COMUNALIDADE SELECTIVIDADE FLEXIBILIDADE VALOR COMPATIBILIDADE
MEIOS	ECONOMIA DE ESFORÇO	COORDENAÇÃO CONCENTRAÇÃO ORQUESTRAÇÃO CLAREZA SURPRESA
CONTRÁRIO MEIO TEMPO	LIBERDADE DE ACÇÃO	INICIATIVA SEGURANÇA PONTO CONVENIENTE ADMINISTRAÇÃO DO TEMPO

Fig. 5 – **Factores de decisão, princípios e regras da estratégia**

e universal, é a sua objectividade, este desempenha um papel relevante na expressão da escolha da modalidade de acção mais adequada, exequível e aceitável. Contudo, sendo a objectividade, por definição, uma característica que escapa à inteligência humana, não é possível aceder aos princípios e às regras da estratégia, sem incorrer numa subjectividade que relativiza o seu valor como referência universal e permanente. Antes de decidir, podem apenas avaliar-se as possibilidades de sucesso. É, portanto, uma exigência comum a todo o homem de acção que, face a uma escolha difícil, sinta necessidade de passar os elementos de decisão pelo crivo da crítica objectiva, evitando assim ser guiado pelo instinto ou pela esperança. Numa decisão que, acima de qualquer outra, apela à subjectividade, visto que os jogos estratégicos são sempre uma dialéctica de vontades, é imperativo dispor de um padrão de medida, tanto quanto possível, independente do decisor. É este o papel dos princípios da estratégia, no quadro das provas da estratégia. Não convém, assim, esquecer que estão ao serviço, não tanto da estratégia, mas de um fim político que ela deve satisfazer. Nestas circunstâncias, para que os princípios e as regras sejam bem aplicados na formulação e na operacionalização da estratégia, devem estar ambos mais focalizados na finalidade a alcançar que na conduta.

Os princípios e as regras da estratégia também são muito úteis para a formação e o treino dos estrategistas e dos estrategas. Na ausência dos grandes conflitos do século passado, é difícil identificar os que são verdadeiramente bons, isto é, aqueles que se revelam capazes de produzir construções intelectuais que alcançam sucesso prático[284].

Para isso, os princípios e as regras da estratégia são aplicados em jogos de simulação, destinados a proporcionar uma educação útil a estrategistas civis ou militares, para que desenvolvam os padrões de pensamento mais adequados ao desempenho das suas actividades. Na realidade, como a formulação e a operacionalização estratégicas possuem o carácter de actividades criativas, os princípios e as regras da estratégia permitem criar um enquadramento conceptual para moldar o pensamento humano ao longo daqueles processos e ajudar a entender a realidade tal como ela é. Para além disso, a compreensão da intenção subjacente e dos efeitos decorrentes, proporcionada pelos princípios e pelas regras da estratégia[285], permite conceber modalidades de acção que optimizam o desempenho. Acresce, ainda, que a aplicação concreta dos princípios e das regras da estratégia no processo de decisão que decorre entre a formulação e a operacionalização estratégicas, contribui para a análise e a adaptação das modalidades de acção em vigor, às necessidades decorrentes da evolução da conjuntura, e para examinar produtos estratégicos passados, tendo em vista explicar as

---

[284] Sobre esta matéria refere Clausewitz, C. von, *Princípios da Guerra*, Lisboa, Sílabo, 2003, pp. 73 e 74, que «não são necessários conhecimentos e estudo aprofundado, nem tão pouco qualidades intelectuais excepcionais. Se quiséssemos salientar uma característica mental especial, para além da capacidade de julgar fundada na experiência, teríamos então de falar na astúcia e na perspicácia. Tem sido salientado o contrário, quer por causa de uma falsa veneração por este assunto, quer por causa da variedade dos autores que têm escrito sobre ele. Uma reflexão sem preconceitos devia ser suficiente para entender isto, e a experiência apenas cimenta esta convicção. Ainda, recentemente, na guerra revolucionária, alguns indivíduos que nunca tiveram acesso a qualquer educação militar específica, provaram ser grandes líderes militares, muitas vezes de primeira grandeza».

[285] Convirá ter presente que o esforço para se compreenderem os princípios e as regras da estratégia, se deve centrar nos seus efeitos e não nos métodos pelos quais podem ser operacionalizados. Esta distinção é essencial, para que os princípios permaneçam imutáveis, apesar das rápidas e profundas mudanças tecnológicas.

razões dos seus sucessos ou insucessos, por forma a deduzir lições pertinentes aplicáveis a situações futuras.

No que se relaciona com a capacidade humana de utilizar os princípios e as regras da estratégia, importa referir, por um lado, que parte dos esforços desenvolvidos por filósofos, historiadores, políticos e militares para entenderem o fenómeno estratégico deu origem a tratados[286], em que a complexidade e o volume dificultam o entendimento, a divulgação e a utilização prática dos princípios e das regras neles versados. Por outro lado, os princípios da estratégia enunciados em alguns desses tratados, nem sempre obedecem aos requisitos de universalidade e de independência do tempo histórico e da tecnologia, uma vez que os seus autores estão mais preocupados em traduzir as ideias gerais da escola estratégica[287] onde

---

[286] Entre os mais conhecidos incluem-se: *A Arte da Guerra*, de Sun Tzu (c. 500 a.C.); *A História da Guerra do Peloponeso*, de Tucídedes (c. 400 a.C.); *As Instituições Militares dos Romanos*, de Flávio Vegécio (390); *A Arte da Guerra*, de Nicolau Maquiavel (1510); *Da Guerra*, de Carl von Clausewitz (1832); *A Influência do Poder Marítimo na História, 1660-1798*, de Alfred T. Mahan (1890); *Comando do Ar*, de Júlio Douhet (1921), *Estratégia na Idade dos Mísseis*, de Bertrand Broodie (1959); *A Transformação da Guerra*, de Martin von Creveld (1991). Em Portugal assume particular relevância o tratado *A Arte da Guerra do Mar*, de Fernando Oliveira (1555), infelizmente pouco divulgado entre nós e no estrangeiro.

[287] As escolas estratégicas explicam o que se vai passar em termos de perspectivas de conflitualidade, barómetros polemológicos, frentes de agressividade e alianças internacionais. Existem duas escolas estratégicas principais: a histórica e a material ou realista. Para os partidários da escola estratégica histórica, é a partir da observação das situações e dos factos passados, que se podem determinar as linhas de conduta aplicáveis ao presente e ao futuro. Maquiavel, Folard, Saxe, Guibert, Frederico II, Jomini e Clausewitz são nomes maiores desta escola. O seu exemplo levou a que, no final do século XIX, diversos investigadores procurassem a verdade histórica dos acontecimentos militares passados, na esperança de fornecer aos estrategas as informações necessárias à elaboração dos planos para a guerra em preparação (Plano XVII para os franceses e Plano Schlieffen para os alemães). Os progressos técnicos verificados no final do século XIX tornaram-se elementos determinantes da escolha estratégica, o que permitiu começar a contestar a escola histórica. Porém, é a I Guerra Mundial que desencadeia a verdadeira contestação da história militar, como único meio de adquirir o conhecimento necessário à acção estratégica. Ainda assim, manteve ilustres defensores como Liddell Hart e Castex. A II Guerra Mundial acelerou a contestação à escola histórica, ao consagrar o triunfo, aparentemente total, da tecnologia, do material e da ciência. A partir dos anos 50 do século XX, a aparição da arma nuclear e a globalização alimentada pelo desenvolvimento substancial dos meios de comunicação e informação, conferiram mais importância à escola estratégica do material. Na actualidade,

se inserem, do que em formular preceitos fundamentais que sirvam a estratégia como disciplina de pensamento e de acção. Este facto leva a que os princípios propostos nesses tratados, sejam apenas ideias genéricas sobre formas particulares para realizar a acção estratégica, que divergem umas das outras e não se constituem num corpo coerente de preceitos utilizáveis no âmbito da presente investigação. Para além disso, parecem estar muito ligados à guerra, o que dificulta a distinção entre os princípios da guerra e os princípios da estratégia. Embora se admita que há uma relação entre estes princípios, salienta-se que deve haver distinção, não só porque a estratégia, embora sendo uma arte e uma ciência que se aplica na guerra, não se deve confundir com ela, em virtude de outras ciências a estudarem, mas, também, porque extravasa o campo de aplicação da guerra. Com efeito, a guerra é uma luta de vontades subordinada a princípios um tanto abstractos e variáveis em função da doutrina adoptada, enquanto a estratégia edifica, dispõe e emprega os meios de coacção a usar nessa luta, segundo princípios universais independentes da escola estratégica que os formula. Quanto às regras, o seu estudo, a partir de alguns dos principais tratados de estratégia, incute a sensação que, por terem sido desenvolvidas com base nas guerras napoleónicas e nos dois conflitos mundiais do século XX, e o seu teste ter ocorrido, sobretudo, nos níveis operacional e táctico, careciam de ajustamentos quanto aos requisitos fundamentais dedutíveis das anteriores asserções – simplicidade e actualidade –, por forma a permanecerem válidas numa nova era de «complexidade crescente»[288] e de profunda mudança tecnológica.

---

existem diversas escolas estratégicas que procuram a síntese das aproximações histórica e do material. Entre elas identificam-se: os relativistas, que aceitam o princípio da existência de constantes ou, no mínimo, de regularidade; os partidários da escola geográfica, que privilegiam o meio; os adeptos da aproximação cultural, uma das mais recentes, que vêm na cultura estratégica os factores determinantes da decisão estratégica.

[288] A temática da Lei da Complexidade Crescente acentua o fenómeno da complexificação progressiva e acelerada das relações internacionais sendo que, segundo Adriano Moreira, pretende significar que «a marcha para a unidade do Mundo vem acompanhada de uma progressiva multiplicação quantitativa e qualitativa dos centros de decisão e de uma multiplicação quantitativa e qualitativa das reacções entre elas». Moreira, Adriano «A marcha para a unidade do Mundo: Internacionalismo e Nacionalismo», *Estudos Políticos e Sociais*, vol. VII, n.º 4, Lisboa, Instituto Superior de Ciências Sociais e Políticas, 1969, p. 849.

4.2. *Princípio da importância do objectivo*

O princípio da importância do objectivo é o mais relevante de todos[289]. É ele que determina, preferencialmente, a adequabilidade da estratégia. Preconiza seleccionar e manter-se fiel a objectivos, cuja materialização favoreça mais o interesse nacional.

Na realidade, como a estratégia tende a ser de longo prazo no seu desenvolvimento, execução e efeitos, a chave do sucesso da sua formulação e operacionalização, encontra-se na atempada e rigorosa selecção e fidelidade aos objectivos, cuja materialização contribua mais para a consecução do interesse nacional. Nestas circunstâncias, com objectivos equilibrados, comuns, selectivos, flexíveis, valiosos e compatíveis, poderá conseguir-se muito com pouca energia, enquanto na sua ausência obter-se-á pouco com grande esforço. A referência à selecção e fidelidade aos objectivos evidencia a necessidade de fixação e de perseguição de metas para o cumprimento da missão de carácter estratégico, conservando-as sempre em mente,

---

[289] Como se viu antes, a estratégia é um conceito que engloba um conjunto complexo de pensamentos, ideias, opiniões, experiências, objectivos, saberes, memórias, percepções e expectativas, que providenciam uma orientação geral para acções específicas na prossecução de determinados fins. A estratégia é o rumo traçado, a viagem que se imagina e, ao mesmo tempo, é o rumo a que se governa, a viagem que se faz. Mesmo quando se realizam viagens de descoberta, sem um destino particular fixado, elas têm um propósito, um resultado e um fim a ser mantido como referência. Por isso, a estratégia não existe desligada dos fins em vista. É um enquadramento que proporciona orientação para acções a realizar e, ao mesmo tempo, é enformada pelas acções concretizadas. Isto significa que a pré-condição necessária à formulação estratégica, é um entendimento claro dos fins a alcançar. Sem estes fins em vista, a acção é puramente táctica e pode rapidamente degenerar num fracasso. Num Estado onde não existam fins amplos, as modalidades de acção sectoriais existem e podem estar operacionais e com elevada efectividade. Porém, não se aplicam ao país como um todo. O risco de não ter verdadeiros objectivos nacionais claramente definidos, inclui a perda de oportunidades, a fragmentação e o desperdício do esforço, a colisão de propósitos e disputas intestinas intermináveis, para além de quebra de moral. Com efeito, nada afecta mais rapidamente e de forma mais intensa o moral, que a sensação de que quem decide não sabe que objectivos alcançar. Quando este fenómeno ocorre, uma das possíveis consequências é o aparecimento de um novo líder, que aumenta a autoridade estabelecida, articulando os fins na direcção daquilo que o país precisa. Também é possível o enfraquecimento da autoridade e o eventual colapso do regime. Daqui se conclui que, por melhor que seja a elaboração estratégica a nível geral, nada compensa a ausência de objectivos claros e amplamente compreendidos de nível mais elevado do Estado.

quando se adaptam os planos de acção à situação. Realça, igualmente, que toda a acção estratégica necessita de ser orientada, visando metas claramente especificadas[290], e tendo em vista que toda a actividade deve contribuir para a sua concretização, sem mudanças frequentes de rumo[291]. Neste âmbito, o objectivo caracteriza a própria finalidade da acção estratégica, e o seu sentido envolve todos os níveis da estratégia, definindo-lhes o rumo a seguir, de forma a cumprir a missão. Por isso, Frederico II refere que: «... Um homem racional não deve fazer nenhuma diligência sem ter um bom motivo e um general do exército não deve nunca, por maioria de razão, dar batalhas sem ter um objectivo importante...»[292]. A afirmação cuja materialização favoreça mais o interesse nacional, lembra o estrategista que os objectivos devem ser adequados à superação do problema ou à exploração da eventualidade estratégica em consideração.

Sendo inquestionável a relevância do princípio da importância do objectivo, não se deve esquecer que os princípios da estratégia não podem ser considerados individualmente. Antes, formam um conjunto coerente e inextricável. Como tal, sem se perceberem as dependências que os unem e as tensões que os afastam, não se pode rentabilizar a sua utilização. Neste contexto, realça-se, a título de exemplo, que o princípio da importância do objectivo, tido como o mais relevante, pode tornar-se num entrave ao sucesso estratégico, se aplicado cegamente. Com efeito, por um lado, deixar de explorar uma eventualidade vantajosa surgida inesperadamente, porque já se fixou um objectivo noutra direcção, pode provocar perdas irreparáveis. Por outro lado, a fixação obsessiva num objectivo de conse-

---

[290] A falta de metas bem especificadas, na maior parte das vezes é consequência de uma visão estratégica pouco clara.

[291] Por vezes, os estrategas, para alcançarem vantagens, talvez aparentes, desviam-se dos seus objectivos. Quando a mudança é efectuada apenas momentaneamente, face à resistência inesperada, ou quando certos objectivos intercalares são alterados, sem perda de vista do objectivo final, não há comprometimento do princípio da importância do objectivo. Isso ocorre quando o objectivo é adequado, a sua exequibilidade ou aceitabilidade não são postas em dúvida, e um esforço é orientado noutro sentido, por qualquer razão. Importa realçar que a troca de um objectivo por outro, implica sempre uma decisão delicada e arriscada que, não sendo bem analisada, tende a conduzir à desarticulação das acções estratégicas em desenvolvimento.

[292] Frederico II, *Reflexões sobre a Arte de Vencer*, Lisboa, Edições Sílabo, 2005, p. 140.

cução difícil, leva a um desgaste interminável e substancial do poder, na tentativa de o alcançar.

O princípio da importância do objectivo é assegurado pelas regras do equilíbrio, da comunalidade, da selectividade, da flexibilidade, do valor e da compatibilidade.

4.2.1. *Regra do equilíbrio*

Esta regra preconiza que o objectivo deve estar ajustado à medida das acções que os meios permitem. O ponto de partida de qualquer estratégia é a fixação de um objectivo em relação dialética com os meios à disposição, tarefa que implica visão clara e raciocínio frio. Sobre este requisito, Clausewitz refere: «O que admiramos acima de tudo, é a sagacidade do rei [Frederico II] a este respeito, que, embora perseguindo um objectivo grandioso com meios muito limitados, não empreendeu nada que ultrapassasse os seus poderes, e fez apenas o necessário para alcançar o seu objectivo»[293]. Na mesma linha, Charnay[294] afirma que o equilíbrio entre objectivo e meios é apurado, em primeira instância, através da avaliação do potencial estratégico de um actor, tarefa de inegável dificuldade, devido ao carácter intangível de algumas forças. Todavia, não dispensa uma análise rigorosa aos custos, aos riscos e à verosimilhança do sucesso do emprego dos meios na materialização do objectivo. Só depois de concluída esta análise, se pode considerar que a consecução ou preservação de um objectivo favorece mais o interesse nacional.

Não se deve perder de vista que a avaliação do potencial estratégico e a análise de custos, de riscos e da verosimilhança do sucesso, são apenas os primeiros passos de um processo contínuo e dinâmico, durante o qual ocorrem mudanças nas condições em que o objectivo foi inicialmente formulado. Nesse sentido, o objectivo final pode não ser nenhum dos inicialmente identificados, mas outro que evoluiu ao longo do tempo e que se revelou melhor face às condições da mudança. Assim acontece, porque o equilíbrio entre objectivo e meios não é estático, mas oscila permanentemente devido às alterações na relação de forças, resultantes das acções recíprocas

---

[293] Clausewitz, C. von, *Da Guerra*, Mem Martins, Europa-América, 1997, p. 160.
[294] Charnay, Jean-Paul, op. cit., p. 175.

dos actores em disputa, a que correspondem variações de objectivos²⁹⁵. Por isso, embora os meios sejam comandados pelo objectivo, como são edificados, dispostos e empregues para a sua materialização, reagem sobre eles, impondo a sua redução ou o escalonamento no tempo das acções, sempre que são insuficientes para a sua materialização. Nestas circunstâncias, pode acontecer que se tenham de realizar aproximações sucessivas, até se conseguir fixar o objectivo prioritário, estabelecendo entre ambos uma relação onde impere a racionalidade.

Sobre esta relação, a publicação *Naval Planning* considera que, «mesmo que um objectivo ou missão apoie objectivos de autoridade superior, é irrelevante se não puder ser alcançado pelas forças disponíveis. Se um objectivo crítico não pode ser alcançado, o comandante deve informar a autoridade superior, para que o objectivo seja modificado ou sejam atribuídos recursos adicionais»²⁹⁶. Esta relação obedece a um mecanismo que se pode caracterizar da seguinte forma: a vontade afirma um objectivo a materializar; deste objectivo resulta, com fundamento no campo dos conhecimentos lógicos ou empíricos, a definição de um ou vários meios adequados à sua materialização²⁹⁷; no campo da vontade, os meios são valorizados de acordo com padrões, na maioria das vezes autónomos, embora não se possam deixar de considerar, comparativamente, os diversos graus de eficiência que aqueles apresentam; a escolha definitiva dos meios poderá reafirmar o objectivo adoptado de início, ou obrigar a uma modificação mais ou menos substancial do mesmo, ou até a sua rejeição. Torna-se assim evidente que a contradição entre meios e objectivo, tra-

---

²⁹⁵ Como orientação para regular a correspondência entre a relação de forças e os objectivos, podem tomar-se diversas atitudes. Se a relação de forças for desfavorável, é conveniente: procurar um objectivo melhor adaptado à relação de forças existente; esperar, para realizar o objectivo, que os meios próprios sejam reforçados, ou que os do contrário sejam enfraquecidos; procurar melhorar a relação de forças, por uma utilização dos meios próprios mais hábil que a do contrário, o que dependerá do valor dos chefes em presença. Se a relação de forças for favorável, as probabilidades de sucesso aumentam e o objectivo fixado pode ser ampliado.

²⁹⁶ *Naval Planning*, Naval Doctrine Publication 5, Department of the Navy, 1996, p. 11.

²⁹⁷ Meios igualmente capazes (equivalentes ou equipotentes), ou meios que se podem ordenar segundo uma escala de eficiência.

duz uma oposição que requer um reajustamento recíproco[298]. Com efeito, qualquer disputa estratégica tem na sua origem num objectivo político, que deve permanecer como a primeira e mais alta consideração na conduta da acção estratégica. Todavia, o objectivo político, apesar disso, não impõe leis despoticamente. Deve adaptar-se à natureza dos meios disponíveis e pode ser, em consequência, muitas vezes completamente modificado, embora nunca deixe de ser a referência principal.

Verifica-se, frequentemente, que a personalidade do estratega, especialmente a sua ambição, tem uma influência considerável no estabelecimento da relação entre objectivo e meios. Os chamados heróis da História são animados pelo seu ego e por outros interesses que os ultrapassam. Aceitam, por isso, desequilíbrios grandes entre objectivo e meios, na esperança de alcançarem feitos que permaneçam na memória das gerações futuras através dos tempos. Alexandre o Grande e Napoleão são dois exemplos deste tipo de comportamento. Num outro género bem diferente, poderá afirmar-se que Saddam Hussein, ao decidir afrontar a coligação chefiada pelos EUA em 1990-1991 e em 2003, apesar da enorme desproporção de meios, pretendeu perenizar a sua glória póstuma. No curto prazo parece ter conseguido esse feito. Esta postura ilustra uma das maiores dificuldades de qualquer estrategista ou estratega: julgar correctamente os verdadeiros móbiles dos contrários, porque os poderes aparentes não coincidem com os reais.

Na maioria dos casos não basta alcançar os objectivos. É preciso mantê-los, porque são subordinados de outros mais longínquos, em cujo processo de materialização os primeiros apenas concretizam uma etapa. Para isso, é necessário ter o cuidado de escolher meios que não impeçam a sua manutenção ou progresso ulterior. Todavia, como refere Napoleão: «Quando se conhecem os fins a atingir, com um pouco de reflexão, os meios vêm facilmente»[299].

---

[298] O estabelecimento de um objectivo sem a consideração dos recursos disponíveis e das possibilidades que deles decorrem, é uma imprudência e um mero exercício irresponsável, que se presta a intuitos demagógicos e a acções de propaganda, o que explica porque tal prática, embora seja inconveniente, se insinua frequentemente no contexto de esforços honestos de planeamento, desvirtuando-os e inutilizando-os.

[299] Bonaparte, Napoleão, op. cit., p. 53.

4.2.2. Regra da comunalidade

Esta regra prescreve que o objectivo determina a comunalidade das acções, da informação e dos apoios que viabilizam a sua materialização. A selecção de objectivos nem sempre é tarefa fácil. Com efeito, as acções estratégicas envolvem os domínios de acção política, económica, psicossocial e militar, cada um deles com diferentes potencialidades e vulnerabilidades, que adquirem maior ou menor relevância consoante o objectivo visado. Também é normal a tendência para os estrategistas e estrategas de determinado domínio de acção, seleccionarem objectivos no seu âmbito. Porém, estes objectivos particulares e as acções estratégicas para os alcançar, devem contribuir para a materialização do objectivo prioritário fixado no escalão superior. Neste contexto, a publicação *Naval Planning* refere que «os objectivos e missões que não complementam os planos de comandantes de escalão superior e das autoridades de comando nacional são irrelevantes. No melhor dos casos, a descoordenação das operações desperdiça recursos, no pior dos casos interfere com missões mais críticas»[300]. De igual modo, devido à natureza de longo prazo da estratégia, nem sempre é possível, a um só actor, dispor da informação mais adequada à identificação e escolha dos objectivos. Para ultrapassar esta deficiência é essencial criar e manter um fluxo contínuo de informação de alta qualidade entre todos os intervenientes na acção estratégica, de forma a assegurar um entendimento claro e comum do objectivo[301]. Acresce ainda que, como as situações estratégicas envolvem aliados e amigos, seleccionar objectivos que suscitem esforços estratégicos consensuais é tarefa de grande importância e dificuldade, porque a decisão de participar, ou não, numa coligação, é tomada pelos governos nacionais, em função dos objectivos nacionais e não em centros de decisão supranacionais. Nenhum Estado participa num esforço estratégico comum, a não ser para a materialização, parcial ou total, dos seus objectivos nacionais. Para isso, é necessário um compromisso de comunalidade de acções, informação e apoios, resultante de cada actor ver a sua participação na coligação, como parte de um esforço comum para a materialização dos seus objectivos individuais.

---

[300] *Naval Planning*, op. cit., p. 10.

[301] E porque se trata da acção estratégica, também das ameaças à missão e das modalidades de acção para alcançar o objectivo.

4.2.3. Regra da selectividade

Esta regra estabelece que o processo de decisão dos objectivos deve utilizar a informação e os actores estritamente necessários. As tecnologias da informação permitem que uma enorme quantidade de dados e que uma multiplicidade de actores participem no processo de decisão destinado a identificar e escolher objectivos, o que aumenta o risco de dispersão de esforços e o enfraquecimento do consenso, susceptíveis de exploração pelos contrários. A forma mais usual de interferência, consiste no fomento da participação de indivíduos ou grupos nacionais, multinacionais ou transnacionais naquele processo, competindo, obviamente, pela redefinição dos interesses nacionais no sentido mais conveniente aos seus patrocinadores. Para além disso, como esses actores têm capacidade para estabelecer comunicação directa com actores relevantes do processo, no mínimo podem criar dependências que retardem a acção.

4.2.4. Regra da flexibilidade

Esta regra estatui que o objectivo deve permitir aproximações sucessivas e adaptações rápidas a mudanças conjunturais imprevistas. A regra da flexibilidade traduz-se pela necessidade de decomposição do objectivo principal em objectivos parcelares, de forma a ser possível conduzir a acção por aproximações sucessivas (progressividade). Neste contexto, Napoleão afirma que, «numa arte tão difícil como a da guerra, é muitas vezes no sistema de uma campanha que se concebe o sistema de uma batalha. Só os militares muito experimentados compreenderão isto»[302]. Traduz-se, igualmente, pela possibilidade de, a qualquer momento, se optar por outros objectivos, que permitam fazer face a problemas não previstos, e explorar, com oportunidade, as diferentes eventualidades (reversibilidade, sensibilidade à evolução e sensibilidade ao insucesso). Neste contexto, e segundo a publicação *Naval Planning*, «um plano deve permitir aos comandantes subordinados a iniciativa de aproveitar oportunidades e evitar problemas. Um bom plano define claramente todos os objectivos e limitações, e evita orientações desnecessariamente detalhadas. Isto permite que comandan-

---

[302] Bonaparte, Napoleão, op. cit., p. 71.

tes subordinados e apoiantes usem eficazmente as suas forças e fomentem a adaptação rápida a circunstâncias em mudança. Historicamente as marinhas fomentaram a flexibilidade através da filosofia do planeamento centralizado e da execução descentralizada»[303]. A existência de objectivos alternativos coloca o contrário perante o dilema de quais proteger melhor, o que deixa sempre algum mais desguarnecido e, por isso, à mercê da conquista. Também facilita uma melhor exploração do êxito, ou uma adaptação à situação no menor tempo possível, aspectos considerados da maior relevância por Sun Tzu, quando afirma que: «O princípio norteador das tácticas militares pode ser comparado à água. Assim como a água que corre evita as alturas e se dirige para as planícies, um exército deve evitar os pontos fortes e atacar os pontos fracos. Assim como a água se molda de acordo com o terreno, um exército deve gerir a sua vitória de acordo com a situação do inimigo. Assim como a água não tem uma forma constante não há regras fixas nem regulamentos na guerra»[304]. Estas citações evidenciam a importância da flexibilidade do objectivo para que as acções estratégicas possam obter o máximo de vantagens em diferentes circunstâncias.

4.2.5. Regra do valor

Esta regra prescreve que o objectivo, uma vez alcançado ou preservado, deve provocar o desequilíbrio do contendor e afectar, no seu conjunto, a totalidade das forças por si utilizáveis. Desta forma, é enfatizado o seu sentido clausewitziano como centro de gravidade, conceito baseado nos efeitos. Refere Clausewitz que: «Tal como na defensiva, também na ofensiva devemos escolher para objectivo do ataque a secção do exército inimigo cuja derrota nos dê uma vantagem decisiva»[305]. Para isso, numa disputa estratégica, os actores devem combinar e fazer convergir as suas forças sobre nodos ou pontos focais, de forma a desarticularem a harmonia da totalidade das forças contrárias. Assim, provocarão o desequilíbrio, ou contribuirão significativamente para perturbar o contendor. A escolha e a materialização de objectivos com a valia referida, são actos supremos da

---

[303] *Naval Planning*, op. cit., p. 12.
[304] Apud Hou, Sheang e Hidajat, op. cit., p. 258.
[305] Clausewitz, C. von, *Princípios de Guerra*, Lisboa, Sílabo, 2003, p. 47.

capacidade de julgamento e acção do estratega. Sun Tzu evidencia este aspecto, quando refere que: «Na guerra, de modo geral, a melhor política é tomar um Estado intacto. Arruinando-o, diminui-se-lhe o valor (...). Porque obter uma centena de vitórias numa centena de batalhas não é o cúmulo da habilidade. Dominar o inimigo sem o combater, isso sim, é o cúmulo da habilidade»[306]. Diz, igualmente, que: «Assim os habilidosos na arte da guerrear dominam o exército inimigo sem lhe dar batalha. Conquistam-lhe as cidades sem ter de as assaltar, derrubam-lhe o Estado sem operações prolongadas»[307]. O valor do objectivo leva a que a sua avaliação seja feita ponderando-o face «à perenidade (ou, ao inverso, à mutação) do sistema interno da entidade estratégica»[308]. Como tal, dá lugar a numerosas construções matemáticas e a avaliação deve ser feita comparando os custos, com o estado no qual se encontrará o sistema interno contrário, no fim do processo de conflito[309].

4.2.6. Regra da compatibilidade

Esta regra preceitua que o objectivo deve ser compatível nos diferentes níveis de acção estratégica. Situando a análise nos níveis político e militar, apenas por facilidade de exposição, observa-se que o objectivo militar pode não coincidir com o objectivo político. Umas vezes, o objectivo militar é de difícil explicitação, como tem acontecido desde o fim da Guerra-Fria nas operações de manutenção de paz e de interposição. Outras vezes, a imprecisão afecta o objectivo político, como aconteceu em 1991, durante a invasão do Iraque pela coligação internacional liderada pelos EUA. Em ambos os casos as deficiências de compatibilidade entre objectivos políticos e militares, afectaram o sucesso estratégico. As dificuldades de explicitação dos objectivos militares prolongam, no tempo, a materialização dos objectivos políticos. A imprecisão dos objectivos políticos impede a rentabilização do esforço militar. Exemplo disso é o facto de, no

---

[306] Tzu, Sun, *A Arte da Guerra*, Publicações Europa-América, Mem Martins, 2004, p. 59.
[307] Ibid, p. 61.
[308] Charnay, Jean-Paul, op. cit., p. 174.
[309] Ibid, ibidem.

primeiro caso, ainda não estarem estabilizados e democratizados os países resultantes da ex-Jugolávia e, no segundo caso, ter sido necessária outra operação militar em 2003 para derrubar Saddam Hussein, que deixou o Iraque numa convulsão que perdurará no tempo.

4.3. Princípio da economia de esforço

O princípio da economia de esforço determina, preferencialmente, a exequibilidade da estratégia. Preconiza dispor judiciosamente e empregar adequadamente os meios, com vista à materialização, num dado meio e tempo, do objectivo prioritário fixado.

A nível operacional e táctico verifica-se sempre algum desequilíbrio entre as acções necessárias e a escassez dos meios, o que leva os estrategas militares a economizar a força[310], isto é, a empenhamentos mínimos das capacidades combatentes nos teatros secundários. De acordo com a publicação *Naval Planning*, «os planos devem permitir a máxima economia no uso de recursos. Para isso, evite os empenhamentos e movimentos desnecessários, ou a manutenção de forças em reserva, se puderem ser aplicadas no objectivo principal»[311]. Nesta conformidade, frequentemente, os comandantes militares aceitam riscos em algumas partes do teatro de operações, de forma a dominarem noutros locais considerados mais importantes.

A nível estratégico, a aplicação da força não pode deixar de ser analisada no contexto global da disposição judiciosa e do emprego adequado dos meios materiais e morais necessários ao esforço estratégico que permite a materialização, num dado meio e tempo, do objectivo prioritário fixado. Como refere Beaufre: «É preciso repartir os meios racionalmente, entre a protecção contra a manobra preparatória adversa, a nossa própria manobra preparatória e a acção decisiva»[312]. Por outras palavras, a nível estratégico é preciso compor, organizar, articular e aplicar os meios que se dispõe da melhor maneira possível, para tirar deles o máximo rendimento,

---

[310] Na actualidade é mais comum a expressão economia de meios, para vincar bem o facto de que a estratégia contemporânea não está limitada apenas às forças militares.
[311] *Naval Planning*, op. cit., p. 12.
[312] Beaufre, André, op. cit., p. 49.

com vista à obtenção do fim fixado. Isso é conseguido pela elaboração de um plano de emprego dos meios, judicioso e bem executado. Prefere-se, por isso, adoptar o conceito de economia de esforço, em substituição da designação tradicional de economia de força.

A compreensão do princípio da economia de esforço encerra cinco aspectos principais a considerar, relativos ao moral, ao número de objectivos, à eficácia, à eficiência e à superioridade de informações porque, como refere Frederico II, «todas estas circunstâncias devem, por isso, obrigar o general a agir em conformidade com os meios de que dispõe e a preferir um projecto exequível a um projecto brilhante»[313].

A economia de esforço relaciona-se com os meios morais, na medida em que a energia espiritual é determinante para dinamizar a disposição judiciosa e o emprego adequado dos meios materiais no contexto das acções estratégicas, e para aceitar os respectivos riscos e consequências. Sem moral, qualquer esforço estratégico é inviável, porque anula o rendimento dos meios de que se dispõe. Todavia, não se individualiza o moral como uma regra do princípio da economia de esforço, porque ele não sugere, directamente, esquemas de aplicação estratégica. No entanto, indirectamente, o moral tende a motivar o emprego do poder. Com efeito, é a ascendência moral sobre o contrário, mais que a superioridade de meios, que confere a iniciativa das acções[314].

A economia de esforço evidencia que o número de objectivos nacionais é sempre superior aos meios disponíveis para os materializar. Por isso, torna-se necessário hierarquizá-los, estabelecendo prioridades e aplicando os meios em conformidade. A este respeito Napoleão refere que: «É necessário classificar os objectivos a atingir segundo a sua importância e ter a esse respeito uma ideia bem clara»[315]. Concentrar os meios nos objectivos prioritários, obriga a economias nos objectivos secundários. Também

---

[313] Frederico II, op. cit., p. 73.

[314] Por vezes são realizadas acções apenas para ganhar moral, embora as suas consequências materiais sejam significativas. Foi o caso, por exemplo, do ataque a Tóquio por bombardeiros dos EUA, lançados de porta-aviões, no ano de 1942. Os danos causados pelo ataque não compensaram a perda de aeronaves e os prejuízos resultantes da não realização de outras operações mais produtivas e menos arriscadas. Porém, o impacto moral foi grande, porque elevou o espírito combativo das Forças Armadas norte-americanas, seriamente abalado por derrotas graves, verificadas entre Dezembro de 1941 e Março de 1942.

[315] Bonaparte, Napoleão, op. cit., p. 72.

é necessário realizar uma análise de risco que, ao envolver a identificação e a quantificação dos factores que afectam o resultado esperado, permite estabelecer a base lógica para a atribuição de meios, em função das prioridades definidas e dos graus de perigo inerentes à prossecução de uma determinada opção estratégica. Convirá notar que os riscos, para além de analisados e avaliados, podem ser geridos de forma a minimizar os seus efeitos. Na realidade, é possível: procurar informação adicional para reduzir as incertezas críticas; aumentar os orçamentos para reduzir a probabilidade de insucesso; redistribuir os meios, aceitando graus de risco maiores numas áreas que noutras.

A economia de esforço está relacionada com a eficácia e não deve ser confundida com parcimónia no emprego de meios. A publicação *Naval Planning* afirma que «economia não significa que os comandantes devem atribuir apenas os recursos suficientes para cumprir as tarefas, mas, antes, que devem empenhar todas as forças e providenciar o apoio necessário para assegurar a vitória decisiva ao menor custo»[316]. Porém, apesar do crescente contributo das tecnologias, os consideráveis períodos de tempo entre o desenvolvimento, a execução e o efeito estratégico, associados à contínua mudança do ambiente internacional e ao número de actores envolvidos, induzem os estrategas mais receosos e mal informados a empregar os recursos com inusitada frugalidade, geradora de falsas economias, que contribuem mais para o insucesso, do que para a consecução dos objectivos nacionais. Todavia, a verdadeira economia de esforço, consiste na aplicação do nível de força suficiente para garantir o sucesso, o que poderá implicar a concentração de todos os meios no objectivo principal. Daí que a publicação *War Instructions* recomende que se «empenhe toda a unidade disponível no momento e no lugar onde se procura a decisão...»[317], tendo, no entanto, atenção. Com efeito, Clausewitz refere que: «Nunca devemos colocar em jogo, temerariamente e de uma vez só, todas as forças, uma vez que, com este procedimento, abriremos mão dos meios de condução do combate. Pelo contrário, devemos desgastar o inimigo, envolvendo poucos meios, e conservar, para o momento decisivo, uma parte considerável das

---

[316] *Naval Planning*, op. cit., p. 12.
[317] *War Instructions*, Washington, Department of the Navy, 1944, p. 6.

forças, que uma vez lançadas no combate, deverão ser conduzidas com a máxima audácia»[318].

A economia de esforço também não é sinónimo de eficiência, tal como se entende associada aos negócios ou à indústria[319]. Com efeito, os já referidos períodos alargados de tempo entre o desenvolvimento, a execução e o efeito estratégico, associados às alterações internacionais e às gravosas consequências resultantes de uma deficiente atribuição de recursos, justificam plenamente um certo grau de ineficiência, quando o interesse nacional torna imperativa a consecução efectiva dos objectivos estratégicos prioritários. A ineficiência das Forças Armadas é especialmente evidenciada em tempo de paz, por sectores sociais contrários aos investimentos em material militar, por serem incapazes de perceber a sua utilidade para a segurança nacional. Neste contexto, Napoleão alerta que: «É nos tempos comuns e durante a paz que é preciso mostrar sabedoria e previdência»[320], de forma a dar capacidade defensiva ao país.

---

[318] Clausewitz, C. von, op. cit., p. 51.

[319] Nos negócios e na indústria a eficiência significa: custos unitários mais baixos e exercer actividade semelhante melhor que os rivais. As diferenças de eficiência nos negócios e na indústria podem ser marcantes, porque algumas empresas conseguem obter mais dos seus recursos, pois eliminam os esforços redundantes, empregam tecnologias mais avançadas, motivam melhor os funcionários, ou possuem melhores competências para gerir uma actividade particular ou conjunto de actividades. Tais diferenças na eficiência implicam diferenças de rentabilidade entre empresas concorrentes. Foram o grande trunfo utilizado pelos japoneses nos anos 80 do século XX, para desafiar as empresas ocidentais, oferecendo baixos custos e qualidade superior. Porém, é impossível competir com base na eficiência durante um período de tempo muito prolongado, porque as melhores práticas (técnicas de gestão, novas tecnologias, melhorias produtivas, e os modos originais de satisfazer as necessidades dos clientes) sofrem rápida difusão e são facilmente imitadas pelos concorrentes, pelo que se desenvolve a homogeneidade dos actores. Nestas circunstâncias, a concorrência torna-se uma corrida, onde todos seguem o mesmo percurso e ninguém ganha. É mutuamente destrutiva, dando origem a guerras desgastantes, que só acabam quando se limita a concorrência. Em suma, o resultado é um jogo de soma zero, em que os preços são estáveis ou decrescentes e as pressões sobre os custos cada vez maiores, o que compromete a capacidade para investir no negócio a longo prazo. Por isso, até nos negócios e na indústria, a eficiência é insuficiente, pelo que é preciso exercer actividades diferentes dos rivais, ou exercer actividades semelhantes de modo diferente, de forma a proporcionar mais valor aos consumidores, cobrando preços mais elevados, o que implica a adopção de um posicionamento estratégico distinto.

[320] Bonaparte, Napoleão, op. cit., p. 45.

Por fim, importa referir que a superioridade de informações é essencial para a economia de esforço, porque facilita o conhecimento das posições do contrário, da sua situação e das respectivas capacidades. Para além disso, proporciona maior flexibilidade no uso de meios próprios para propósitos múltiplos. De igual modo, melhora a logística, porque ajusta a quantidade de materiais a fornecer, tira partido dos tempos de fornecimento e reduz as necessidades de manutenção e transporte. Sobre este requisito, Napoleão considera que: «... É preciso ... ter notícias; pelos curas, os alcaides, os superiores dos conventos, os principais proprietários, os correios... Ver-se-á então vir o inimigo, poder-se-ão reunir todas as forças, impedir-lhe o avanço e cair sobre os seus planos no momento em que ele maquinar um projecto ofensivo»[321].

O princípio da economia de esforço é assegurado pelas regras da coordenação, da concentração, da orquestração, da clareza e da surpresa.

4.3.1. Regra da coordenação

Esta regra recomenda, para cada objectivo, coordenar e direccionar o emprego dos meios. A escolha de um objectivo unificador nem sempre é suficiente para permitir a economia de esforço entre todos os elementos do poder nacional. Por isso, a coordenação e a direcção do emprego dos meios, são tarefas vitais, quando se pretende obter o máximo benefício dos esforços comuns[322] realizados pelos diferentes intervenientes na acção estratégica, em virtude de as suas forças operarem em teatros separados (mar, terra e ar), ou terem uma natureza distinta (militar, económica, psicossocial ou política).

A regra da coordenação liga-se à regra da clareza, mais adiante explicada, pois procura a aplicação do poder disponível na materialização do objectivo, integrando esforços através da unidade de comando. Procura, igualmente, eliminar a confusão e o desperdício resultantes da duplicação de esforços, pela acção coordenada e harmoniosa na direcção do objectivo comum.

---

[321] Ibid, p. 41.
[322] O facto desta regra visar o esforço comum, permite considerá-la como unificadora.

Deficiências de coordenação e de direcção do emprego dos meios podem impedir a materialização do objectivo ou, no mínimo, aumentar os seus custos. As organizações militares tradicionais, como são muito hierarquizadas, visam a coordenação e a direcção do emprego dos meios, através da unidade de comando[323]: um só chefe para todas as forças consagradas a uma missão[324], dispondo de uma cadeia de comando bem estruturada e de comunicações eficazes. Contudo, tal efeito é conseguido, sobretudo, a nível táctico e operacional, visto que, a nível estratégico, a coordenação e a direcção do emprego dos meios, necessita de ser muito mais alargada do que a imposta pelas relações de comando das forças no teatro. Sobre esta problemática, a publicação *Naval Planning* refere que «as operações militares são empreendimentos complexos agregados pela focalização do

---

[323] A unidade de comando há muito que é considerada um pré-requisito para a acção militar efectiva. Todavia, mesmo em coligações que realizam operações de paz, surgem frequentemente problemas, pelo facto de as forças se encontrarem sob diferentes comandos nacionais.

[324] Nos sistemas de guerra antigos, todo o exército era colocado sob as ordens de um só chefe, pelo que o problema da coordenação estava simplificado. Quando a guerra passou a desenvolver-se em teatros de operações diferentes, a falta de meios de comunicação rápidos e seguros dificultou o exercício da coordenação. Esta faz-se apenas em cimeiras dos comandantes dos teatros, para a tomada de decisões principais. Depois, cada um conduzia os assuntos com substancial autonomia. Só com o aparecimento dos meios de comunicação em tempo real, o responsável estratégico máximo retomou a coordenação nos diferentes teatros. Primeiro, foram os cabos submarinos. Depois, a rádio, embora esta tenha o inconveniente da menor descrição, como os alemães comprovaram ao ser divulgado o Telegrama Zimmerman, que levou os EUA a entrar na I Guerra Mundial. Estes progressos tecnológicos permitiram a coordenação entre teatros afastados. O conflito de 1914-18 foi a primeira manifestação convincente dessa capacidade. A título de exemplo refere-se que, em 1916, os Aliados realizaram, em simultâneo, a ofensiva do Somme, sobre a frente francesa, a ofensiva Bronssilov, sobre a frente russa, a ofensiva italiana sobre o Isonzo, e a ofensiva romena nos Cárpatos. Foi a primeira vez que se assistiu a uma coordenação à escala continental, em plena guerra. Na II Guerra Mundial o problema da coordenação assumiu ainda maior acuidade, tanto entre exércitos, como entre aliados. As rivalidades entre os três ramos das Forças Armadas foram permanentes e ocasionaram graves erros, apesar dos esforços de coordenação dos estados-maiores conjuntos. A coordenação interaliada funcionou bem entre os EUA e o Reino Unido, menos bem entre ocidentais e russos, e não existiu entre alemães e japoneses. Estes problemas ainda subsistem na actualidade e afectam todos os países. Em Portugal a fusão dos ministérios da Guerra e da Marinha no ministério da Defesa, em 1956, não conseguiu esbater a identidade de cada ramo, nem ultrapassou as resistências para a imposição de um comando operacional único, que ainda hoje se verificam.

esforço exprimido na intenção do comandante. A qualquer instante, forças diferentes podem actuar independentemente para apoiar esta focalização do esforço. Tais acções podem contribuir para uma só missão ou para diversas missões consecutivas. Os planeadores devem emitir instruções de coordenação suficientes para sincronizar acções simultâneas e consecutivas, assegurando que operações e forças separadas evitam interferências, e devem fornecer apoio onde e quando necessário»[325].

Para se perceber esta realidade, bastará verificar que, internamente, os governos ocidentais têm uma capacidade de comando muito ténue, em resultado de, por um lado, a arquitectura constitucional ter sido concebida com a partilha dos poderes executivo, legislativo e judicial, e de, por outro lado, a estratégia moderna se fazer com meios cada vez mais importantes e diversificados, para além dos militares. Assim, o estratega não é o chefe dos exércitos, mas o chefe político-militar que deve coordenar e direccionar todas as dimensões do esforço estratégico: a dimensão militar, que continua decisiva na imposição da vontade política; a dimensão económica, que é essencial à sustentação das acções; a dimensão psicossocial que garante a mobilização das energias nacionais para realizar esforços cada vez mais dispendiosos em termos humanos e financeiros[326]; a dimensão política, que dinamiza os esforços internacionais em favor dos nossos pontos de vista. Como tal, a prossecução da economia de esforço depende, preferencialmente, da capacidade de coordenação e direcção do Governo. Com efeito, só o escalão político mais elevado tem capacidade para arbi-

---

[325] *Naval Planning*, ob. cit., p. 13.

[326] Foi a I Guerra Mundial que revelou esta mutação, que não fora prevista pelos estados-maiores, obcecados pela ideia das guerras de curta duração. Em consequência, verificou-se a incapacidade de os beligerantes se adaptarem à situação de estabilização das frentes. Na Alemanha desorganizou-se completamente a produção agrícola, o que amplificou os efeitos do bloqueio e verificou-se uma falta de matérias primas, que penalizou fortemente o esforço da guerra. Os Aliados demoraram imenso tempo a adaptar a sua indústria às produções de guerra, a ponto da falta de equipamento e de munições ter limitado as suas ofensivas até 1916. Foi esta experiência dolorosa que levou, entre as duas guerras mundiais, a tomar consciência das novas dimensões da estratégia, de que resultou o conceito de grande estratégia. A II Guerra Mundial demonstrou a enorme capacidade de adaptação de todos os beligerantes. Após 1945 a lição não foi esquecida, pelo que a preparação de uma nova guerra mundial manteve-se como preocupação permanente dos estados-maiores, o que levou ao aparecimento de novos conceitos, como o de estratégia total ou integral, atrás mencionados.

trar entre as exigências contraditórias dos diferentes sectores do Estado. Sun Tzu identificou claramente este requisito, ao distinguir a função do líder político e do comandante militar: «Aquele cujos generais são capazes e não sofrem interferência do soberano vencerá»[327]; «Portanto é dito que soberanos esclarecidos deliberam quanto aos planos e generais capazes os executam»[328].

No âmbito internacional o caso é idêntico, pelo que as acções de cooperação entre Estados, organizações não governamentais e organizações privadas também visam a economia de esforço através da coordenação, materializada pelos permanentes contactos entre os seus principais responsáveis. A crescente necessidade de acções multilaterais e a difusão das tecnologias que facilitam a interacção entre governos e organizações, aumentaram de tal forma a interdependência global, que as actuações em uníssono das coligações são difíceis, sem estreitar as relações com os países externos à coligação. Por outro lado, à medida que as distinções entre paz, crise e guerra continuarem a desvanecer-se, a capacidade para construir e manter a unidade das alianças tornar-se-á mais difícil, requerendo maior sofisticação na coordenação realizada ao nível estratégico, do que a existente no passado. As acções de projecção de força também impõem novos requisitos de coordenação, para que se consiga alcançar a economia de esforço. No passado, a NATO garantia, através do seu programa de treino e exercícios combinados, o desenvolvimento dos procedimentos de coordenação e direcção necessários. Porém, com o fim da Guerra-Fria e o desencadear da guerra global contra o terrorismo, as coligações *ad-hoc* tornaram-se regra, e os problemas de coordenação e direcção do emprego dos meios aumentaram imenso, porque os diferentes sistemas de força dessas coligações, nem sempre têm em atenção que as acções de cada um deles deverão ser conjugadas, de forma a obter o máximo resultado, onde o conjunto pretende alcançá-lo[329]. A NATO desencadeou vários processos de alargamento, que têm vindo a fragilizar o seu funcionamento. A nível táctico e operacional as forças dos novos membros ainda revelam grandes deficiências de interoperabilidade. A nível estratégico o elevado número de membros dificulta a obtenção do consenso, essencial à coesão

---

[327] Apud Hou, Sheang e Hidajat, op. cit., p. 40.
[328] Ibid, ibidem.
[329] Couto, Abel, op. cit., p.184.

e eficácia. Caso não se melhore a coordenação e a direcção internas, a NATO tenderá a transformar-se num clube de diálogo, perdendo, assim, o carácter de aliança militar. A coordenação e direcção também será dificultada pelo facto de os países incorporarem de forma distinta os progressos tecnológicos na estrutura do poder nacional. Assim, como notaram Alvin e Heidi Toffler[330], existem hoje países que vivem nas eras da informação, da industrialização e agrária. No pós Guerra-Fria, nas coligações entre estes três tipos de países, começou a desenvolver-se a tendência para aqueles que se encontram na era da informação, fornecerem, em especial, logística, informações e capacidades de comando e controlo, enquanto aqueles que permanecem nas eras industrial e agrária, disponibilizavam as forças combatentes, assumindo os maiores custos humanos e materiais dos conflitos. Porém, verificou-se imediatamente que esta partilha do trabalho estratégico dificultava a coordenação e a direcção, porque não assentava numa divisão equitativa do risco. Nessas circunstâncias, os países da era da informação foram obrigados a manter as suas forças empenhadas na primeira linha de combate e a desenvolver os procedimentos de coordenação e da direcção do emprego dos meios, de forma a preservar a unidade de esforço nas coligações. Assim acontece, porque quaisquer que sejam os limites práticos da unidade de comando numa operação particular, é vital a capacidade de criar e de manter uma visão partilhada da intenção do comandante, e a disseminação eficaz e atempada de planos, ordens, relatos e outra informação essencial.

4.3.2. *Regra da concentração*

Esta regra preceitua concentrar meios superiores nos locais e nos momentos que permitam a melhor materialização do objectivo prioritário fixado.

Os comandantes tácticos e operacionais de qualquer domínio de acção, normalmente procuram agir sobre as forças contrárias, tendo em vista a sua destruição ou a anulação da vontade de resistir, explorando, em

---

[330] Toffler, Alvin e Heidi, *Guerra e Antiguerra*, Lisboa, Livros do Brasil, 1994.

locais e momentos decisivos, os efeitos de massa[331] das suas capacidades. A nível estratégico, este requisito é satisfeito através da concentração dos meios superiores em quantidade e qualidade nos locais e nos momentos de menor resistência, porque permite a melhor materialização do objectivo prioritário fixado. Neste contexto, Sun Tzu reconhece que é a força relativa no ponto de contacto, e não a força absoluta, que determina o resultado do encontro estratégico. Nestas circunstâncias, um exército numericamente inferior pode derrotar o inimigo, desde que provoque a sua divisão, enquanto concentra as suas forças superiores no ponto de combate. Sobre esta matéria refere: «O inimigo não deve saber onde pretendo atacar, pois se não souber onde pretendo atacar, terá de se defender em muitos lugares. Quanto mais lugares ele tiver que defender, mais dispersas estarão as suas forças e mais fraca será a sua força em qualquer local»[332]. Frederico II afirma que: «Se quisermos obter grandes vantagens, só podemos atacar um inimigo e devemos concentrar todos os nossos esforços contra ele, então podemos esperar os maiores êxitos»[333]. Assim deve ser, porque o número e a diversidade de actores contribuem para a dispersão e para a conflitualidade dos esforços realizados nos diferentes domínios de acção. Com efeito, a noção de ponto decisivo único proposta por Jomini[334], sobre o qual se adiciona a massa dos meios (massificação das forças), não faz hoje muito sentido, pelo que deve ser substituída pela de pontos sensíveis múltiplos, onde se exerce um efeito global único (centro de gravidade),

---

[331] O termo massa surgiu durante a Revolução Francesa, quando a Convenção decretou o recrutamento universal, para sustentar o esforço de guerra. Em seguida, Napoleão afirmou que a força de um exército é traduzida pela massa multiplicada pela velocidade. Autores posteriores, entre os quais se conta Clausewitz, fascinados com o aumento dos efectivos, privilegiaram o aspecto quantitativo da massa. A necessidade de ser mais forte no local e no momento decisivo é um imperativo estratégico. Porém, a massa, por si só, não é decisiva na consecução da vitória. Em Austerlitz os Aliados tinham constituído uma força substancial para desarticular o centro do exército francês. Contudo, como ela não pôde abrir passagem, as suas unidades atrapalharam-se mutuamente e foram derrotadas.

[332] Apud Hou, Sheang e Hidajat, op. cit., p. 288.

[333] Frederico II, op. cit., p. 173.

[334] O ponto decisivo é aquele «cujo ataque ou captura colocaria em perigo ou enfraqueceria seriamente o inimigo», Shy, John, «Jomini», *The Mackers of Modern Strategy: From Machiavelli to the Nuclear Age*, ed. Peter Paret, Princeton, Princeton University Press, 1986, pp. 152 a 154.

pela combinação e convergência dos esforços[335]. Nestas circunstâncias, a sincronização das acções que podem ser ajustadas no tempo, no espaço e na função, justifica-se pela necessidade de concentração dos efeitos (massificação dos efeitos)[336], evitando o conflito entre os esforços económicos, políticos, psicossociais e militares.

A superioridade relativa que decorre da concentração, pode ser alcançada pela escolha de locais e momentos decisivos, mantendo segredo do plano estratégico e usando dissimulação[337].

A escolha dos locais e dos momentos decisivos de actuação, é um aspecto relevante da regra da concentração, porque indica o empenhamento do poder nacional que proporcionará maiores benefícios e terá menores custos na materialização dos objectivos, face aos contendores actuais ou potenciais. Esta escolha é uma tarefa particularmente complexa a nível estratégico, não só pelo período de tempo que deve ser considerado, mas, também, porque o local e o momento dependem da dinâmica das situações nacional e internacional. O poder nacional efectivo dos contendores e a postura de outros actores regionais ou locais, também são factores a considerar no cálculo. Napoleão considera que a escolha de tais locais e

---

[335] A nível militar este facto é muito evidente, porque os progressos do armamento em número, natureza, alcance e efeitos, o aumento generalizado dos efectivos, e o alargamento das dimensões dos espaços operacionais, tornaram inconcebível tal reunião/concentração num único ponto, por perigosa e sem finalidade. Esta posição é algo contraditória com o pensamento de Clausewitz, acerca da «reunião de forças no espaço», onde considera que «a melhor estratégia é sempre ser mais forte, primeiro de uma maneira global e, em seguida, no ponto decisivo. Portanto, ao lado da energia que cria o Exército, um trabalho que nem sempre é efectuado pelo general, não há lei mais imperativa e simples para a estratégia, do que conservar as forças concentradas. Nenhuma força deve ser separada do corpo principal, a não ser em atendimento a alguma necessidade urgente. Firmamo-nos nessa máxima e a consideramos como um guia de que tudo depende». Apud Caminha, op. cit., vol. II, p. 276. Não é de admirar que assim seja no domínio das regras, porque estas destinam-se a orientar, em especial, a operacionalização estratégica, e são susceptíveis de variar ao longo do tempo, de acordo com o estado de evolução da arte e da organização.

[336] A nível militar a RMA permite o abandono do conceito de massificação das forças usado no passado, para a adopção do conceito de massificação dos efeitos, através do uso de sensores e armas de precisão. A mudança em curso de *platform-centric*, para *network-centric platform*, viabilizada pela superioridade de informação, aumenta enormemente a capacidade de tirar partido de toda a informação disponível, reduzindo o risco das forças próprias e, ainda assim, infligindo danos sérios no contrário.

[337] Hou, Seang e Hidajat, op. cit., p. 128.

momentos «não se aprende nem nos livros nem pelo hábito, é um instinto de acção, que propriamente constitui o génio da guerra»[338].

Manter o segredo do plano estratégico e usar dissimulação são tarefas complexas, porque os desafios da era da informação à concentração dos meios, nos momentos e nos locais que permitam a melhor materialização do objectivo prioritário fixado, são grandes. Manter o segredo sobre o plano estratégico é um requisito importante de qualquer disputa internacional, para que se consiga desfrutar da surpresa e alcançar vantagem estratégica. Porém, quando o fraco ataca o forte, o segredo do plano torna-se crítico, caso aquele pretenda desfrutar de superioridade relativa no ponto de contacto. Sobre este requisito, Sun Tzu afirma: «Se eu puder desvendar as disposições do inimigo enquanto oculto as minhas, então poderei concentrar-me, enquanto ele terá de se dividir. E, se as minhas forças estiverem unidas, enquanto as dele se dispersarem, poderei colocar toda a minha força contra uma fracção da sua em qualquer ponto de ataque que eu escolher. Lá serei numericamente superior, e o inimigo decerto estará em apuros»[339]. Nestas circunstâncias, Sun Tzu considera que a atitude do general deverá ser a seguinte: «Ele designa tão-somente tarefas aos seus soldados, não lhes conta a finalidade; ele lhes diz para ganharem vantagem, mas não lhes divulga perigos»[340].

O principal objectivo da dissimulação numa disputa estratégica é enviar sinais errados ao contrário, para que ele não compreenda a modalidade de acção própria e possa ser atacado com surpresa e em superioridade relativa no ponto de contacto[341]. A obtenção de vantagem estratégica decorrente da manutenção do segredo sobre o plano estratégico e da dissimulação, está muito dependente da forma como, na era da informação, se explora o poder diplomático, económico, militar e psicossocial. O poder diplomático será condicionado pela publicidade dos eventos. Os órgãos de comunicação social estão omnipresentes e descrevem e interpretam os acontecimentos em tempo real, pelo que os governantes sentem imediatamente a pressão da necessidade de agir. Como tal, a velocidade das actividades diplomáticas necessita de aumentar. De igual modo, os sistemas de

---

[338] Bonaparte, Napoleão, op. cit., pp. 37 e 38.
[339] Apud Hou, Sheang e Hidajat, op. cit., pp. 130 e 131.
[340] Ibid, p. 131.
[341] Ibid, ibidem.

informações controlados pelos governos podem ser empregues além fronteiras, para enviar mensagens ou influenciar os cidadãos de outros países. Estes mesmos sistemas são utilizados no âmbito dos processos políticos internos. Por isso, a interacção entre as acções diplomáticas e as de política interna, tem de ser cuidadosamente ponderada. O poder económico ficará cada vez mais disperso, à medida que as tecnologias de informação contribuírem para a integração da economia global. Em consequência, os estrategistas necessitam de estar atentos aos potenciais danos colaterais ou efeito de dominó das acções económicas e das suas repercussões políticas e diplomáticas. Em simultâneo, um superior conhecimento da situação económica e a crescente vulnerabilidade a perturbações electrónicas, tornam os ataques económicos um instrumento mais preciso e efectivo que as clássicas guerras tarifárias, embargos e bloqueios. As acções militares na era da informação podem ser executadas mais rapidamente, com menos recursos, distanciadas no tempo e no espaço, em resultado dos progressos verificados nos armamentos e equipamentos. Esta aparente destreza das actividades militares, provocará uma excessiva confiança no poder militar ou, pelo menos, a inadequada consideração das suas limitações[342] e da insuficiente integração com outros elementos do poder nacional. As transformações da era da informação também provocam mudanças sócioculturais, com implicações no elemento psicossocial do poder nacional, nomeadamente quanto ao seu relacionamento com os outros elementos, difíceis de perspectivar.

O aspecto crucial da concentração dos meios relaciona-se com o facto de assegurar que o efeito do conjunto do poder nacional é maior que a soma das suas partes. Para isso, é essencial: a visualização das consequências no seio de cada elemento do poder nacional; o julgamento na escolha entre as actividades simultâneas e sequenciais de cada elemento, bem como na forma de combinar esses elementos; desenvolver mecanismos de coordenação apropriados. Consequentemente, a concentração é a regra

---

[342] Neste contexto, importa ter em atenção que a concentração das forças militares em determinado ponto sensível: deve ser feita garantindo que não compromete o planeamento global da campanha; dificulta a obtenção da surpresa, porque denuncia o ponto onde será exercido o esforço; tem grandes exigências logísticas; é, frequentemente, contrária às servidões políticas, que favorecem a dispersão da força, sem compreenderem que a protecção mais eficaz, normalmente, resulta da pressão exercida sobre a força inimiga.

cuja satisfação é mais difícil. Para além disso, importa salientar que as tecnologias de informação têm um papel muito importante no quadro da concentração dos elementos psicossociais do poder nacional. Os cidadãos têm acesso a imensa informação, pelo que os governos têm de estar atentos aos detalhes dessa informação, e ter capacidade para contrariar as acções de desinformação ou propaganda, de forma a manterem um consenso político interno, que permita direccionar todos os esforços para a materialização dos objectivos nacionais.

Os desafios da era da informação à regra da concentração evidenciam as suas múltiplas servidões com outras regras da estratégia. Por isso, esta regra não pode ser aplicada de forma rígida e mecânica. Exige inteligência, requer compreensão e implica esforço de reflexão.

4.3.3. *Regra da orquestração*

Esta regra estatui orquestrar a forma de aplicação dos meios no local, no momento e da forma que permita a melhor materialização do objectivo prioritário fixado. A generalidade dos autores clássicos[343] apresenta a manobra como um preceito estratégico, que se manifesta pela exploração da capacidade de transferir forças, de forma eficaz e rápida, de uma posição para outra, mantendo-as em acção pela capacidade de explorar linhas interiores ou, ainda, pelo aproveitamento oportuno de fraquezas reveladas pelo contrário em posições inesperadas[344]. Neste contexto, Frederico II refere que: «A intenção dessas manobras é a de tirar proveito e ganhar tempo em todas as ocasiões, quer para sairmos do acampamento, quer para estarmos formados mais rapidamente que o inimigo, quer para nos colocarmos, prontamente e sem confusão, em ordem para a batalha, normal ou oblíqua, quer para ganhar rapidamente terreno e decidir um combate mais depressa do que foi habitual até então, quer para derrubar o inimigo com o nosso furioso impacto de cavalaria, cuja impetuosidade

---

[343] Por exemplo, Platão, *Lachès, 181 e 182*, apud Charnay, Jean-Paul, op. cit., p. 92, considera a estratégia como a arte de ordenar os movimentos gerais dos exércitos e de regular, sobre o terreno, o destino dos aliados, dos neutros e dos vencidos.

[344] Caminha, João C. G., op. cit., vol. II, p. 107.

arrasta tanto o cobarde como o corajoso»[345]. Em síntese, a manobra traduz o movimento que visa explorar os pontos fracos do inimigo. Todavia, o choque frontal, que é a antítese da manobra, também permite o mesmo resultado. Para evitar esta confusão conceptual, utiliza-se o termo orquestrar, em substituição de manobrar, que realça a natureza dinâmica dos processos estratégicos na articulação dos fins, dos meios, do tempo, do meio e do contrário para materialização do objectivo prioritário fixado. O termo orquestrar torna mais evidente a intervenção da inteligência na desmultiplicação da força física num determinado local e momento, não só na definição e na escolha das diversas opções para emprego dos meios, mas, também, na operacionalização das actividades sequenciais a desenvolver no âmbito da acção estratégica. Este aspecto, associado ao facto de a estratégia se aplicar em situações de paz, de crise ou de guerra, situa a orquestração no âmago das responsabilidades dos estrategistas e dos estrategas.

A orquestração tem início com o estabelecimento de um requisito linear, mas extremamente complexo pelas suas repercussões futuras, destinado a garantir o equilíbrio[346] entre a opção estratégica a operacionalizar, e os meios disponíveis em cada momento para alcançar ou preservar os objectivos nacionais. Para isso, os estrategistas necessitam de identificar e analisar diversas opções conceptuais relativas à articulação dos factores de decisão, e ajuizar a melhor forma de atribuírem os recursos disponíveis, que são sempre escassos, pelo que não se devem empenhar mais forças do que as estritamente necessárias. É importante reconhecer que, nesta tarefa, os estrategistas e os estrategas tratam, simultaneamente, de algumas dúzias de questões distintas, mas inter-relacionadas e importantes para a materialização dos objectivos nacionais, que complicam tremendamente aquela análise.

A orquestração também deve gerar opções estratégicas cuja execução seja dinâmica e flexível. Desta forma, os planos, ao garantirem sequência

---

[345] Frederico II, op. cit., p. 145.

[346] O equilíbrio é essencial para que se combine adequadamente o movimento com a potência. A nível estratégico o movimento é primacial. Porém, a melhor manobra está condenada ao insucesso, se não dispuser de meios adequados à potência requerida pela vitória.

e diferentes possibilidades às acções, criam condições para responder com agilidade às eventuais mudanças no ambiente estratégico ou nas atitudes do contrário. Em linguagem figurativa pode dizer-se que, tal como um maestro não coloca as pautas em frente de cada músico e, tendo dado a ordem para a orquestra tocar, aguarda passivamente pelo final da partitura, o estrategista também não concebe um plano e espera pela sua execução para compatibilizar as mudanças nos factores de decisão e nos tipos de actividades. Esta é uma tarefa permanente, que considera as mudanças resultantes do movimento em meio resistente que, ao provocar atrição dos meios, enfraquece, demora e atenua o alcance das realizações, obrigando a um maior esforço de orquestração da acção estratégica. Embora a orquestração tenha uma natureza dinâmica, nem sempre implica movimento. Com efeito, a adequada prospectiva pode tornar desnecessários os movimentos de meios durante a execução. Um maestro competente prepara as apresentações públicas escolhendo a música, seleccionando os músicos e definindo o melhor funcionamento da orquestra, antes da assistência chegar. Assim, desenvolvendo um esquema de orquestração estratégica antes do despoletar de uma crise, pode obviar-se a necessidade de execução. Nestas circunstâncias, torna-se evidente que as orquestrações de sucesso devem garantir que a aplicação dos meios, num dado meio e tempo, contribui para orientar o progresso na direcção e sentido do objectivo prioritário fixado.

 A orquestração deve ter em conta as acções reais e potenciais dos contrários. Todavia, não se deve concentrar exclusivamente nas atitudes do contendor, porque se corre o risco de perder a iniciativa, actuando de forma puramente reactiva. O estrategista e o estratega, embora devam permanecer cientes das capacidades e das intenções contrárias, necessitam de desenvolver as suas opções estratégicas, orquestrando eventos, conceitos e recursos, de forma a reter a iniciativa e a orientar as reacções contrárias no sentido que seja mais favorável à materialização dos objectivos nacionais. Com esta afirmação pretende clarificar-se que as opções estratégicas não se destinam apenas a colocar um contendor em desvantagem. Por vezes, este efeito pode até ser indesejável, caso disponha de um estatuto de força superior e a sua resposta seja hostil. Nestas circunstâncias, parece preferível adoptar opções estratégicas que orquestrem os eventos, de forma a conceder ao outro uma vantagem de curto prazo, e que orientem as suas reacções numa direcção que não seja impeditiva da consecução do objectivo prioritário, adquirindo assim benefícios de longo prazo.

A orquestração pode ser muito diferente no futuro[347]. As mudanças provocadas pela revolução nas tecnologias da informação[348], proporcionarão meios adicionais, novos locais de orquestração e outras formas de emprego de meios[349]. Porém, aumentarão as dificuldades dos estrategistas e dos estrategas, que terão muito mais elementos e combinações possíveis de orquestração. Concomitantemente, o tempo necessário para aplicar certo tipo de meios, para alterar o seu modo de emprego, para modificar as suas características e para os empregar em diferentes locais, pode ser significativamente reduzido, o que aumentará a capacidade de orquestrar os eventos a nível estratégico, mas também complicará a orquestração de tantos esforços. Os novos sistemas de comando e controlo, construídos com base em tecnologias de informação cada vez mais poderosas, serão um precioso auxiliar na gestão de planos estratégicos complexos. A posse de tais sistemas, combinada com programas de educação e de treino dos seus utilizadores, para que possam ser empregues no seu máximo potencial, tornarão possível manter uma capacidade diferencial face a actores estratégicos que possuam sistemas similares. Finalmente, como foi referido na discussão do princípio do objectivo, os estrategistas e os estrategas podem esperar que as tecnologias de informação aumentem a transparência das acções estratégicas. Por isso, as acções realizadas para obter e manter o apoio de aliados e amigos, serão uma componente chave de qualquer plano de orquestração estratégica. Esse apoio, por seu lado, tornar-se-á outro

---

[347] No campo militar e com o aumento dos efectivos empenhados em frentes cada vez mais extensas, com problemas logísticos extremamente complicados, a orquestração tornouse muito difícil. Por isso, nos dois conflitos mundiais do século XX, foram raros os exemplos dos grandes mestres da orquestração das forças. Na I Guerra Mundial poderão citar-se o general russo Bronssilov, que comandou a ofensiva vitoriosa de1916, e o general Pétain, que desarticulou a ofensiva de Ludendorff em 1918. Na II Guerra Mundial o modelo é o marechal Eric von Manstein, que conseguiu, depois de Estalinegrado, um restabelecimento inesperado.

[348] Essenciais para conhecer com actualidade a situação da força contrária, o terreno, o tempo, as capacidades do outro, bem como os dados necessários para explorar a mobilidade, a cobertura e a flexibilidade das nossas forças.

[349] A nível militar os EUA são o paradigma das mudanças nas formas de emprego dos meios. A partir da década de 70 do século XX, privilegiaram o movimento das forças à atrição, afastando-se, assim, das concepções clausewitzianas de aniquilamento e de desgaste, que não eram do seu agrado. Vinte anos depois, por influência da doutrina resultante da RMA, substituíram o movimento das forças por fogo móvel, possível graças às armas de grande precisão e longo alcance.

meio estratégico, pelo que o tempo, o lugar e as formas de acção, deverão ser convenientemente orquestrados, tendo em vista a materialização do objectivo nacional prioritário fixado.

4.3.4. *Regra da clareza*

Esta regra prescreve elaborar manobras estratégicas claras, que não excedam as capacidades de compreensão e de comando de quem as operacionaliza, nem dependam do sucesso de outras. Qualquer acção estratégica tem associada complexidade e requer sincronismo dos diversos intervenientes. A complexidade resulta da dificuldade de compreensão dos objectivos a alcançar, dos meios a empregar, do contrário sobre o qual se deve agir, do meio onde actuar e do tempo de acção. Também decorre do nível de dependência do sucesso de uma acção relativamente ao êxito de outra. O sincronismo exige o estabelecimento de uma cadeia de comando que equilibre as vantagens do acompanhamento próximo de cada uma das acções desenvolvidas, com os riscos de uma centralização incompatível com a amplitude de controlo. Esse equilíbrio deve ser garantido na relação entre os diferentes níveis de autoridade (superior, responsável, subordinado e lateral) e materializa-se na capacidade dos sectores e dos departamentos envolvidos nas acções estratégicas de um determinado actor contribuírem, simultaneamente e em harmonia, para assegurar a economia de esforço. Cumpre, pois, à autoridade superior, perceber as capacidades e as limitações dos restantes níveis, de forma a elaborar e a transmitir a manobra estratégica apropriada à consecução do efeito sincrónico.

A clareza ajuda a aumentar a eficácia e a eficiência estratégicas próprias, em virtude de alargar o campo das possibilidades de acção estratégica à consecução de um superior desempenho, deixando de estar limitado à erosão directa da eficácia e da eficiência dos contrários, para se abrir, também, ao aproveitamento de outras oportunidades. Todavia, clareza não significa que o conceito de acção, as missões e os paradigmas genético, estrutural e operacional devam ser sintéticos, ou conter sempre o menor número possível de elementos. Traduz, antes, o requisito de serem comunicados com o máximo de entendimento a todos os que participam na execução, de forma a facilitar a aplicação dos demais princípios e regras da estratégia, e a reduzir os erros de má interpretação. Neste contexto, a publicação *Naval Planning* recomenda que se «elaborem planos da forma mais concisa e simples que for possível. Planos claros e directos são facilmente compreendidos e têm maiores probabilidades de uma operacionalização com sucesso, do que planos complexos. Um plano de grande qualidade não tem qualquer utilidade se não for percebido pelas forças que o executam. A terminologia comum é crítica e deve ser compreendida a todos os níveis, especialmente no contexto de operações conjuntas e combinadas. Informação supérflua e sintaxe complicada, frequentemente introduzem ambiguidades que ameaçam o sucesso da operacionalização, especialmente em combate. A repetição de informação já apresentada noutras directivas, ou a inclusão de informação conhecida é desnecessária e indesejável»[350].

É sabido que os efeitos debilitantes da fadiga humana, a excitação e o medo, combinados com erros de comunicação e com a ambiguidade, são um dos maiores problemas da guerra, usualmente designados por "nevoeiro". Para além disso, a clareza também não implica necessariamente simplicidade[351]. Napoleão afirma que: «A simplicidade é a primeira condição de todas as boas manobras»[352]. Todavia, é preciso notar que as capacidades das organizações que operacionalizam as doutrinas estratégicas, são o factor determinante da relação complexidade/clareza. Com efeito, se os estados-maiores dos diferentes níveis de autoridade estiverem bem treinados, possuírem experiência e operarem na mesma cultura institucional, suportam elevados níveis de complexidade, sem perda de sincronismo.

Esta asserção e a actual conjuntura estratégica, sugerem um corolário à regra da clareza: quanto mais diversa for uma coligação estratégica, mais importante se torna a clareza e mais difícil é a sua consecução. Este corolário é de fácil demonstração. Com efeito, se no domínio militar se pode aceitar que, entre os países da NATO, existe um elevado grau de entendimento, noutros domínios, onde a diversidade das instituições e das culturas nacionais dos mesmos países têm prevalência, o consenso não é tão fácil nem profundo. Nestas circunstâncias, a clareza deve ser objecto

---

[350] *Naval Planning*, op. cit., p. 11.

[351] A simplicidade é sempre relativa. Com efeito, um plano considerado simples por forças adestradas e acostumadas a operar conjuntamente, pode parecer confuso para outras menos treinadas e não familiarizadas com os procedimentos recomendados. Para além disso, a simplicidade, geralmente, opõe-se à orquestração e à surpresa, pelo que não é considerada uma regra do princípio da economia de esforço. Antes, faz parte da regra da clareza e é aliada da regra da segurança.

[352] Frederico II, op. cit., p. 39.

de permanente atenção, devido à necessidade de rapidez na decisão e na acção. Como há cada vez menos tempo para corrigir deficiências de entendimento durante a acção estratégica, o conceito de acção, as missões e os paradigmas genético, estrutural e operacional, necessitam de ser claros logo de início. Prevê-se, no entanto, que os progressos no âmbito das tecnologias das comunicações e da informação, permitam que a relação complexidade/clareza aumente em função das necessidades operacionais de qualquer domínio de acção. Desta forma, será possível trabalhar com melhores níveis de simplicidade e coerência, em resultado da redução da incerteza e da estruturação do processo de análise da situação, de formulação, de operacionalização e de controlo estratégicos.

Um aspecto ainda não focado e sempre controverso desta regra, relaciona-se com o tipo de clareza das versões públicas das doutrinas estratégicas adoptadas. Enquanto as versões internas, classificadas e controladas, devem ser tão claras quanto possível, as versões públicas, destinadas à opinião pública que as apoia e aos potenciais contendores, requerem ambiguidade deliberada, por forma a que não sejam identificados com rigor os tipos de acções que provocarão resposta. Do exposto depreende-se, por um lado, que a clareza interna ou no seio de uma coligação é um bem de quantificação linear, onde mais é sempre melhor. Daí que Frederico II afirme: «É preciso saber porque razão se marcha, para onde se marcha e o que resultará desse movimento»[353]. Por outro lado, externamente, quando associada à publicitação de modalidades de acção, necessita de ser equilibrada com ambiguidade deliberada em função da situação. Neste contexto, Napoleão refere que: «Não há necessidade de dizer o que se tem intenção de fazer no mesmo momento que se faz»[354] e que «na guerra, o primeiro princípio de general-em-chefe, é esconder o que faz ...»[355].

4.3.5. *Regra da surpresa*

Esta regra recomenda adquirir uma vantagem desproporcionada, através de uma acção inesperada, no meio, no tempo, com os meios e de

---

[353] Ibid, p. 155.
[354] Bonaparte, Napoleão, op. cit., p. 33.
[355] Ibid, p. 35.

forma para a qual o contendor não está preparado. A surpresa estratégica traduz uma situação que o contrário não está em condições de gerir eficazmente. Na prática, é obtida pela adopção da modalidade de acção de menor expectativa. Isto é, a de menor previsão ou prevenção, o que pode ser uma consequência de se vestir, alternadamente, «a pele do leão e a pela da raposa»[356]. Como tal, não é essencial que o contrário seja apanhado totalmente desprevenido, mas desatento ou em desequilíbrio mais ou menos prolongado e que, por isso, só possa tomar as suas precauções demasiado tarde, por forma a que qualquer reacção da sua parte, não produza efeitos decisivos na nossa acção[357]. A surpresa, que depende, primordialmente, do aproveitamento dos factores de decisão meio, tempo e meios, pode modificar a relação de forças, permitindo obter êxitos altamente compensadores, quando comparados com os esforços despendidos. Assim acontece porque, ao efeito material dos meios, se junta um efeito psicológico da forma como um actor tira partido do meio e do tempo, que perturba as decisões do contrário e desorganiza as suas disposições. Estes aspectos são evidenciados na publicação *War Instructions*, quando preconiza que se devem «fazer todos os esforços para surpreender o inimigo. A surpresa é a arma mais potente e é um factor de superioridade por si próprio. É obtida, não só pelo tempo, mas nos métodos de ataque, nas armas, nos materiais e, até, no conceito de guerra. Uma força surpreendida está pelo menos parcialmente desorganizada e desmoralizada, e tem dificuldade em recuperar a iniciativa e em coordenar e concentrar a sua capacidade física»[358]. Entre outros factores que contribuem para a surpresa, destacam-se a velocidade[359], a aplicação de um potencial de combate inesperado, as eficientes informa-

---

[356] Frederico II, op. cit., p. 102.
[357] Luttwak, Edward N., op. cit., p. 8.
[358] *War Instructions*, op. cit., p. 6.
[359] Um sistema de forças com elevados níveis de prontidão, pode ser empregado muito rapidamente, de forma a aniquilar outro sistema de forças mais potente.

ções[360] e contra-informação[361], a variação dos processos tácticos[362], a alteração dos métodos de actuação[363] e os ardis[364]. Estes, são determinantes na obtenção da surpresa, e podem ser sistematizados em passivos e activos.

Os procedimentos passivos dos ardis visam dissimular as capacidades e intenções de um actor, para que o contrário permaneça na ignorância. Para isso, e como referiu Sun Tzu, é importante fazer respeitar o segredo por todos os níveis do Estado. Neste contexto e, referindo-se ao general, considera que: «Ele tão-somente designa as tarefas aos seus soldados, sem lhes explicar o propósito, diz para alcançarem vantagem, mas não divulga os perigos»[365]. Relativamente à importância do segredo, Sun Tzu também afirma que: «Quando as acções de guerra forem decididas, bloqueie todas as passagens de comunicações e proíba qualquer diálogo com emissários»[366]; «Rígidas medidas de segurança devem ser tomadas quando os planos de guerra estiverem a ser discutidos no templo ancestral, para assegurar o sucesso da sua execução»[367]. A nível estratégico este resultado pode ser obtido impondo classificações de segurança a todos os dados

---

[360] As informações destinam-se a conhecer o estado de prontidão do contrário e os pormenores do campo de batalha. Refere Frederico II, op cit, p. 105, que «se soubéssemos sempre antecipadamente as intenções dos inimigos, mesmo com um exército inferior, ser-lhes-íamos superiores».

[361] As contra-informações visam confundir o contrário acerca dos nossos planos.

[362] Como refere Clausewitz, C. von, op. cit., p. 48, a surpresa é mais facilmente obtida por parte de quem ataca (ofensiva). Mas, isso não constitui uma regra imutável. Pode mesmo haver surpresa mútua para as forças que estão na ofensiva e na defensiva. Também pode haver surpresa para as forças que atacam, especialmente quando quem defende procura conquistar a iniciativa e, para isso, oculta as suas medidas preventivas e as suas tropas. Foi o que ocorreu, por exemplo, nas guerras peninsulares, quando Massena deparou com a fortificação das Linhas de Torres e foi forçado a retirar. A partir dessa ocasião a iniciativa de guerra na Península passou para as forças Aliadas.

[363] Que afectam o moral do contrário pela ameaça de possibilidades desconhecidas, ou pela ostentação de poderes inesperados.

[364] Opõem-se à bravura, que procura a prova de força. Desde a antiguidade que as opiniões se dividem entre os comportamentos típicos da raposa e do leão. Embora alguns autores privilegiem o segundo tipo, considerando-o mais valorizante para o combatente e mais leal, a maior parte dos grandes estrategas militares consideram vital a utilização de ardis.

[365] Apud Hou, Sheang e Hidajat, op. cit., p. 411.

[366] Ibid, ibidem.

[367] Ibid, p. 352.

susceptíveis de interessar aos contendores. Estas classificações de segurança são controladas por serviços especiais, que em Portugal se designa por Autoridade Nacional de Segurança. Os serviços de contra-espionagem procuram impedir as fugas de informação para a opinião pública[368]. A nível operacional e táctico o segredo é obtido pela camuflagem. Dissimulam-se os movimentos, pela dispersão dos itinerários e pelo silêncio nas acções.

Os procedimentos activos dos ardis procuram demonstrar o falso, para induzir o contrário em erro. Para isso, difundem-se indícios que devem fazer crer o desenvolvimento de esforços em direcções erradas. Neste contexto, Sun Tzu afirma: «Portanto, quando possível, finja incapacidade; Quando activo, finja inactividade; Quando próximo do objectivo, finja que está longe; Quando longe, faça parecer que está próximo»[369]. Porém, também refere que: «Para fingir confusão, deve possuir-se disciplina; Para fingir cobardia, deve possuir-se coragem; Para fingir fraqueza, deve possuir-se superioridade de forças»[370]. Para alcançar estes resultados, usualmente são realizadas operações de simulação e utilizadas falsas redes de rádio, material fictício e indicativos sugerindo a existência de unidades virtuais. A simulação inclui, também, manobras de diversão ou indiciadoras de falsas intenções. Como refere Frederico II: «Ostentai através da vossa conduta aparente a vontade de chegar a vias de facto, ostentai os propósitos mais temerários e, frequentemente, o inimigo acredita que não será bem sucedido e, por sua vez, mantêm-se também na defensiva»[371].

Convirá ter em atenção que a surpresa, apesar de ser um factor de superioridade, revela utilidade apenas quando permite que um actor obtenha benefícios tangíveis, em resultado da sua aplicação. É o que Napoleão evidencia quando afirma que: «A tomada de um comboio, o ataque inesperado de um depósito, dão a um exército muito inferior a vantagem de, sem se medir nem correr qualquer risco, fazer levantar um cerco, fazer falhar uma operação»[372].

---

[368] Como exemplos clássicos destas fugas, refere-se que, em 1870, os jornais londrinos avisaram os alemães dos movimentos do exército de Mac-Mahon. Em 1942, um jornal americano anunciou a proximidade da invasão da África francesa do Norte.

[369] Apud Hou, Sheang e Hidajat, op. cit., p. 297.

[370] Ibid, p. 299.

[371] Frederico II, op. cit., p. 103.

[372] Bonaparte, Napoleão, op. cit., p. 49.

A definição proposta para a surpresa, torna esta regra da estratégia muito abrangente e utilizável a nível integral. Para além disso, reconhece que, a este nível, a surpresa acomoda todos os factores do potencial estratégico nacional e se aplica a acções que podem não envolver ataques a qualquer contendor. Para a maioria dos Estados ocidentais, a surpresa a nível integral é, talvez, a regra que maiores dicotomias coloca aos governantes e aos chefes militares. Com efeito, por um lado, a abertura dos sistemas políticos, que desclassificam as suas estratégias de defesa e debatem publicamente os seus aspectos virtuais, deixa pouco espaço para a surpresa estratégica[373]. Por outro lado, a surpresa só pode ser alcançada com uma certa imprevisibilidade na política externa, o que, embora proporcione vantagens de curto prazo, pode ter consequências gravosas no futuro[374]. Para além disso, se é previsível a disponibilidade de imensa informação para apoiar a tomada de decisão estratégica em períodos de tempo mais reduzidos, também será possível que a crescente acessibilidade à informação, torne o processo de tomada de decisão mais complexo e lento, o que reduzirá a agilidade estratégica. As ambiguidades referidas não podem deixar de ser consideradas por políticos e estrategas, no sentido de expeditarem os processos de decisão, através do recurso a sofisticadas ajudas tecnológicas[375].

---

[373] Este debate público ocorre porque, de pouco ou nada serve encobrir as linhas gerais da modalidade de acção adoptada por um actor, óbvias para a maioria dos analistas, desde que estes disponham de uma boa carta geográfica e conheçam os meios materiais e humanos, e a doutrina estratégica dos contendores. Por isso, verifica-se, frequentemente, que a um determinado movimento estratégico de um actor, corresponde uma clara e adequada alteração do comportamento do seu contendor, o que, ao denunciar a existência de planos de contingência, comprova a inexistência de surpresa.

[374] A surpresa estratégica pode prejudicar a dissuasão estratégica, uma componente essencial da estratégia de defesa nacional de qualquer Estado. Por um lado, a dissuasão implica visibilidade das capacidades e das intenções. Por outro lado, a percepção, por um contendor, que o outro dispõe de surpresa estratégica, pode levá-lo a lançar um ataque preemptivo.

[375] As tecnologias também possuem um potencial considerável para melhorar a capacidade de dissimulação, que é importante para os princípios da economia de esforço e da liberdade de acção. À medida que as tecnologias se desenvolverem, poderá ser possível, não só, identificar, definir e explorar os indícios e os avisos de um opositor, mas, também, influenciar as suas percepções. No que se relaciona com os sistemas de informação será necessário, no entanto, ter presente o facto de as chamadas auto-estradas da informação serem redes de comunicação, com muitas vias de duplo sentido, que tornam os Estados

Estas, são um factor decisivo na capacidade de recolha e processamento da informação e, consequentemente, em conferir vantagem, especialmente a nível táctico e operacional, onde é possível perceber as capacidades e as intenções contrárias, ou perturbar as suas percepções[376] sobre as nossas capacidades e intenções. A nível estratégico o caso complica-se, sobretudo, porque as previsões rigorosas das intenções dos contendores são um verdadeiro desafio à imaginação. Com efeito, os progressos tecnológicos podem proporcionar uma melhor imagem dos atributos físicos e das actividades de um contendor, mas não viabilizarão o acesso à sua mente, aos seus processos intelectuais e às suas intenções. Para além do que, não se pode esquecer que as chamadas auto-estradas da informação correm em todas as direcções, o que torna os Estados susceptíveis à penetração e à perturbação electrónicas. A conhecida permeabilidade de sistemas de informação considerados altamente seguros, e o crescente número de países que acedeu a sistemas de imagem multiespectral, podem limitar a capacidade de esconder as intenções, o que torna a surpresa estratégica mais difícil de alcançar.

A concepção de modalidades de acção flexíveis é, na actual conjuntura estratégica, um factor importante na consecução da surpresa. Pode aumentar-se a incerteza da resposta estratégica e, consequentemente, o diferencial entre a acção própria e a reacção contrária efectiva, se as forças, nos diferentes domínios de acção: forem organizadas em torno de conjuntos de capacidades adaptáveis a diferentes circunstâncias; dispuserem de uma estrutura menos hierarquizada e mais descentralizada; forem dotadas de armamento e de equipamento tecnologicamente avançado e das informações necessárias.

4.4. *Princípio da liberdade de acção*

O princípio da liberdade de acção determina, preferencialmente, a aceitabilidade da estratégia. Preconiza assegurar o controlo dos factores que apoiam a acção própria e dificultam a do contrário no meio e no tempo.

---

susceptíveis à penetração electrónica. Tal facto, representa uma enorme vulnerabilidade, porque dificulta a surpresa estratégica.

[376] As acções destinadas a perturbar as percepções dos contrários acerca das nossas capacidades e intenções, não devem produzir idêntico efeito nos nossos aliados e amigos, sob pena de prejudicar os esforços de materialização dos objectivos nacionais.

Depois de se ter recebido ou fixado um objectivo, cuja consecução ou preservação favoreça mais o interesse nacional (princípio da importância do objectivo), e estabelecido um plano que assegure o máximo rendimento dos meios próprios (princípio da economia de esforço), é necessário assegurar o controlo dos factores que apoiam a acção própria e dificultam a do contrário no meio e no tempo. Isto é, deve conduzir-se a modalidade de acção própria, até que o objectivo seja materializado, impedindo que a modalidade de acção contrária tenha sucesso[377]. Nesse sentido, importa obrigar o contendor a adaptar as suas reacções às nossas acções, e impedi-lo de manipular ou interferir nos nossos planos, acções, relações e sistemas estratégicos. Beaufre considera que «a luta pela liberdade de acção é efectivamente a essência da estratégia»[378], pelo que a protecção da nossa própria liberdade de acção (segurança) e a capacidade de privar o contrário da sua (através da surpresa e da iniciativa), constituem as bases do jogo estratégico[379]. Convirá notar que o princípio da liberdade de acção subentende sempre a existência de contrários e, como refere Beaufre, está inerente a «qualquer dialéctica de confronto»[380]. Como tal, situa-se no domínio exclusivo da estratégia, o que não acontece com os princípios do objectivo e da economia de esforço. Estes, são igualmente aplicáveis no campo das acções políticas não estratégicas. Verifica-se, assim, que os princípios caracterizados como políticos, têm aplicação no campo estratégico, enquanto que o princípio exclusivamente estratégico, não se aplica totalmente no domínio político. Daqui se conclui que toda a metodologia política é válida para a metodologia estratégica, mas que o recíproco não se verifica.

A aplicação do princípio da liberdade de acção é sempre relativa, porque não é possível abstrair a presença do contrário. Deve ser entendido como a rejeição da estratégia passiva, que deixa ao outro toda e qualquer atitude quanto ao meio, ao tempo, à iniciativa e à segurança das operações. Na realidade, não se deve remeter a acção própria aos erros ou à passividade contrária, mas desenvolvê-la com base nas circunstâncias próprias.

---

[377] Beaufre, André, op. cit., p. 49.
[378] Ibid, p. 146.
[379] Ibid, ibidem.
[380] Ibid, p. 121.

O princípio da liberdade de acção é assegurado pelas regras da iniciativa, da segurança, do ponto conveniente e da administração do tempo.

4.4.1. *Regra da iniciativa*

Esta regra preceitua adquirir, manter e explorar a iniciativa, pelo maior tempo e área possível. Alguns autores, certamente influenciados pelas leis da guerra, preconizam a regra da ofensiva[381], que visa levar a acção bélica ao contrário, nas condições que não são da sua escolha nem da sua conveniência, de forma a manter ou obter a iniciativa das acções. Porém, a regra da ofensiva não reflecte, de forma adequada, o facto de a acção estratégica contemplar processos de interacção recíproca no campo intelectual e no campo material, entre dois ou mais contendores, que procuram impor as suas vontades, segundo um jogo de paradas e respostas em movimento progressivo (ofensivo) ou regressivo (defensivo), destinado a obter o espaço e o tempo necessários à realização da modalidade de acção que permitirá a materialização do objectivo prioritário fixado. Neste contexto, Sun Tzu refere que as: «Estratégias eficazes devem mudar sempre, de acordo com a situação do inimigo»[382]. Com efeito, verifica-se, frequentemente, que um actor desencadeia acções ofensivas a nível táctico e operacional, enquanto a nível estratégico permanece na defensiva[383]. Também se pode manter uma ofensiva no campo diplomático, enquanto se permanece na defensiva no campo militar. Assim acontece porque o potencial político, económico,

---

[381] Tais autores consideram que, obter e manter a ofensiva, permite a uma força impor os termos do combate. Como a ofensiva amplia a liberdade de acção, ao mesmo tempo que a nega ao inimigo, há quem afirme serem a selecção do momento oportuno e do lugar adequado para a ofensiva, os elementos decisivos para a consecução do objectivo. Porém, não se deve transformar a ofensiva no paradigma da acção estratégica, a ponto de escolher objectivos pouco compensadores, ou fora das possibilidades dos meios disponíveis, porque tal atitude pode acarretar perdas volumosas. Nestas circunstâncias, como refere Caminha, op. cit., vol. II, p. 105, a ofensiva não deve ser imposta a qualquer custo e em quaisquer circunstâncias. Deve ter presente a conveniência de exercer pressão sobre o contrário pelo maior tempo possível e de explorar qualquer rompimento de equilíbrio.

[382] Apud Hou, Sheang e Hidajat, op. cit., p. 281.

[383] O emprego clandestino das capacidades dos serviços de informações, enquanto se negoceia com o contendor, ou as movimentações de forças para fazer face a um eventual ataque contrário, ilustram a situação descrita.

psicossocial e militar de cada actor tem limites que o impedem de realizar, permanentemente e em toda a parte, o esforço ofensivo. Neste sentido, a publicação *War Instructions* afirma que se deve procurar alcançar e manter a iniciativa quando agindo na ofensiva, a nível estratégico ou táctico, de forma a desorganizar os planos do inimigo e a forçá-lo a adequar-se ao nosso plano. Contudo, também se deve fazer todo o esforço para alcançar a iniciativa, quando se actua na defensiva[384].

Nestas circunstâncias, como afirma Beaufre[385], para dispor de liberdade de acção, o estratega deve adquirir, manter e explorar a iniciativa pelo maior tempo e área possível, o que se traduz na capacidade de definir a agenda estratégica, de configurar o ambiente estratégico na direcção escolhida, e de forçar o contrário a reagir às condições de mudança de espaço e tempo que, consistentemente, inibem a sua capacidade de retomar a iniciativa, porque o obrigam a adaptar permanentemente as suas operações às nossas. Para isso, na opinião de Couto[386], deve manter-se o contrário sob pressão[387], não o deixar recompor-se[388], atrai-lo, repeli-lo, desgastá-lo, inventar novos meios e diferentes tácticas, explorar novas alianças possíveis, impedir a criação de alvos fixos, evitar a estagnação e a rotina. Sobre a capacidade de inovação estratégica, Sun Tzu considera que: «Portanto, não repita a táctica que o levou à vitória, mas varie-a de acordo com as circunstâncias»[389]. Também afirma: «Ele deve ser capaz de mudar os seus métodos e esquemas, de modo a que ninguém possa saber as suas inten-

---

[384] *War Instructions*, op. cit., p. 6.
[385] Beaufre, André, op. cit., p. 147.
[386] Couto, Abel, op. cit., p.169.
[387] Para isso, é essencial dispor de uma superior velocidade de reunião das forças e de lançamento das operações. Embora seja um problema essencialmente logístico, obriga a ter bem definidos os objectivos político-militares que se pretendem alcançar e, no plano operacional, a ter determinado as zonas de concentração do esforço e das direcções a seguir.
[388] Com este requisito enfatiza-se que as acções estratégicas bem sucedidas devem ser seguidas, o mais cedo possível, por outras acções que impeçam o contrário de recuperar do golpe inicial. Como notou Caminha, op. cit., vol. II, pp.105 e 106, este requisito preconiza uma flexibilidade capaz de permitir a execução de golpes repetidos e seguidos, uma vez desequilibrado o contrário, de forma a fazer a situação evoluir no sentido desejado, o mais rápido possível.
[389] Apud Hou, Sheang e Hidajat, op. cit., p. 270.

ções. Ele deve ser capaz de alterar os seus comportamentos e rotas de marcha, de modo a que ninguém possa predizer os seus movimentos»[390].

Adquirir, manter e explorar a iniciativa proporciona outras vantagens, para além de forçar um contendor a respeitar os nossos espaço e tempo. Com efeito, o controlo do ritmo e do local dos acontecimentos, permite uma ligação mais estreita entre os objectivos, os meios, o meio e o tempo, o que torna a operacionalização estratégica mais eficaz e eficiente, de onde resulta um aumento da liberdade de acção para formular e operacionalizar a modalidade de acção em harmonia com o contexto envolvente.

A regra da iniciativa tem associadas preocupações relativas aos planos em execução, à direcção do esforço, à satisfação paralisante, ao ritmo das acções a realizar e às informações a utilizar no processo de decisão. Em primeiro lugar a iniciativa tende a exigir alterações dos planos em execução. Por conseguinte, quanto mais elevado for o nível de decisão, maiores serão as dificuldades e os riscos de aplicação da regra de iniciativa, visto que, qualquer alteração nesse nível, repercute-se num grande número de planos decorrentes, muitos dos quais serão forçosamente reformulados em regime de urgência, talvez sem uma nítida compreensão das novas intenções do nível superior[391]. Em segundo lugar a iniciativa exige cautela, devido ao facto de um êxito inicial, muitas vezes, conduzir à aplicação do esforço num sentido que o afasta do objectivo perseguido em nível mais elevado[392]. Em terceiro lugar acresce que o cansaço moral e físico, e a euforia que se seguem a uma acção bem sucedida, normalmente tendem a produzir uma satisfação paralisante da iniciativa[393], que impede o aproveitamento dos resultados alcançados[394]. Em quarto lugar a iniciativa não sig-

---

[390] Ibid, ibidem.
[391] Caminha, João C. G., op. cit., vol. II, p. 106.
[392] Ibid, Ibidem.
[393] A este propósito Clausewitz, C. von, op. cit., p. 269, referiu que «após as tensões da acção bélica, todos sentem imperiosa necessidade de descanso e de suprimentos e anseiam ver o mais cedo possível o fim do sofrimento e do perigo. Constituem excepção os que procuram encarar e tomar medidas para o futuro. É pequeno o número dos que dispõem do vigor mental necessário para pensar acerca do aproveitamento a obter dos resultados alcançados com a operação efectuada».
[394] Ibid, ibidem.

nifica realizar actividades em excesso, que até podem ser prejudiciais[395]. O estratega não deve adoptar comportamentos extremados, contrastando frenesim e letargia. Como se verificou durante a Guerra-Fria, o debate sobre a ameaça soviética oscilava, frequentemente, entre o alarmismo frenético dos falcões da guerra e o optimismo letárgico das pombas pacifistas. Os primeiros amplificaram a ameaça de uma forma paranóica, enquanto os segundos a desvalorizaram pura e simplesmente[396]. Após a implosão da URSS os falcões desapareceram e as pombas afirmaram o triunfo das suas ideias e pretenderam usufruir dos dividendos da paz. Todavia, esqueceram que a regra da iniciativa não perde validade em períodos de expectativa estratégica[397]. Por isso, o mundo ocidental foi surpreendido pelos ataques terroristas do 11 de Setembro de 2001. Em quinto lugar importa notar que as informações são essenciais para manter a iniciativa, porque quando se conhecem as disposições, os movimentos ou os planos que fazem parte do ciclo de decisão[398] do contendor, pode conceber-se um plano que não seja contrariado. Para isso, é essencial dispor de superioridade de informações, o que se consegue através de: operações ofensivas, destinadas a perturbar e atrasar o processo de decisão contrário, e a forçar a tomada de decisão sob grande incerteza; melhoria da integração e interoperabilidade dos novos

---

[395] Em 1915 os comandos francês e britânico teimaram em lançar ataques, apesar de estarem certos que não alcançavam nenhuma vitória significativa. Tinham, como único propósito, que a manutenção da iniciativa estimulasse o espírito ofensivo das suas tropas. Tiveram perdas enormes, sem conseguirem diminuir a liberdade de acção dos alemães na frente ocidental.

[396] A disputa dos euromísseis desencadeou argumentação apaixonada, entre os falcões guerreiros e as pombas pacifistas, frequentemente desligada de toda a lógica estratégica.

[397] Situação durante a qual a impossibilidade de identificar as ameaças, obriga a manter em aberto as opções que permitem fazer face às diferentes eventualidades que se podem apresentar a médio ou a longo prazos. O conceito foi apresentado no início do século XX, por um dos grandes defensores do sistema de guerra napoleónico, o coronel Hubert Camon, para designar o período durante o qual o comandante, na ignorância das intenções e dos meios do inimigo, não sabe se deve adoptar uma postura ofensiva ou defensiva, ou se aguarda pelo movimento contrário. Neste contexto estritamente operacional, a expectativa estratégica corresponde a uma fase transitória, normalmente no início de uma campanha. O plano não será concebido em antecedência mas, somente, quando se percebem os projectos contrários. Para isso, o dispositivo deve permitir transformações rápidas, graças a uma grande flexibilidade de articulação dos meios no meio.

[398] Traduz o tempo de resposta, por vezes referido como o ciclo de observação, orientação, decisão e acção.

sistemas e processos de comando e controlo, que permite uma suprema compreensão do meio de acção, uma maior qualidade e velocidade na decisão, e tempos de planeamento e operacionalização mais curtos. Porém, é provável que, no futuro, as capacidades de pesquisa, de processamento e de difusão de informações, tenham um papel ainda mais relevante na definição de quem é capaz de adquirir e de manter a iniciativa. Contudo, para isso, julga-se indispensável que as informações resultantes, permitam tomar as decisões que viabilizam as acções estratégicas apropriadas. Com efeito, mesmo que os avanços tecnológicos proporcionem operações de informações mais rápidas e compreensivas, a vantagem permanecerá do lado de quem pode lançar a acção, porque é esta que determina os parâmetros das reacções das restantes partes envolvidas. Tomar aquelas decisões implica distinguir e perseguir de forma concorrente as componentes internas e externas da iniciativa. As internas traduzem-se no imperativo de o processo de decisão próprio ser o mais eficiente e eficaz possível. Neste contexto, Napoleão alerta que: «Um governo colectivo tem ideias menos simples e é mais lento a decidir-se»[399]. As externas reflectem-se na necessidade de entendimento das expectativas e das capacidades de decisão do contrário, bem como de aliados e de amigos, que influenciam a capacidade de adquirir e de manter a iniciativa. Nesta tarefa os serviços de informações devem ter um papel determinante. Por isso, Napoleão afirma: «Endereçai ao meu gabinete todos os jornais e tudo o que é publicado no reino (inimigo, N. D. L. R.). Mandarei fazer um extracto e aprenderei por aí muitos pormenores que pode ser interessante conhecer»[400].

4.4.2. *Regra da segurança*

Esta regra prescreve minimizar a vulnerabilidade dos planos, das acções, das relações e dos sistemas estratégicos próprios, à manipulação e à interferência dos contrários. A este propósito Sun Tzu refere: «O inimigo não deve saber onde pretendo atacar, pois se não souber onde pretendo atacar, terá de se defender em muitos lugares. Quanto mais lugares ele tiver que defender, mais difusas estarão as suas forças e mais fraca será a sua

---

[399] Bonaparte, Napoleão, op. cit., p. 36.
[400] Ibid, p. 41.

força em qualquer local»[401]. Sobre a mesma matéria Frederico II afirma: «Mantém-se o segredo sobre os dias e os locais em que se quer forragear e dele se dão conhecimento ao general que vai comandar esse corpo na véspera à noite, já bastante tarde»[402].

A acção estratégica envolve duas ou mais partes, cada uma das quais procura usar o seu potencial estratégico para adquirir vantagem sobre as contrárias, de forma a, como refere Beaufre[403], reduzir-lhe a liberdade de acção. Porém, esta não é alcançada apenas quando se possuem capacidades para desferir golpes poderosos contra objectivos bem seleccionados dos contrários. Com efeito, também se obtêm vantagens quando se conseguem preservar os elementos que possam constituir os objectivos do contrário[404]. Assim, quanto melhor se manipularem e interferirem as capacidades e as intenções dos outros, materializadas nos planos, nas acções, nas relações e nos sistemas estratégicos em todos os domínios de acção, nas frentes e nas retaguardas, englobando combatentes e não combatentes[405], e todas as fases da acção estratégica, da formulação à operacionalização, mais fácil será contrariar ou impedir o seu uso. A negação da manipulação e das interferências nas capacidades e nas intenções próprias[406], ao contribuir para preservar o tempo, o meio e os meios necessários à realização das condições de manobra, surge, assim, como uma regra determinante do princípio da liberdade de acção.

A nível estratégico a segurança tem duas dimensões, cujo valor preciso varia com a natureza do contrário. Uma dimensão trata das relações entre políticos, estrategistas e estrategas, seus subordinados e parceiros, e inclui não só a protecção das intenções[407], mas, também, a contra-informação, a contra-dissimulação, a redundância de sistemas de comando e

---

[401] Apud Hou, Sheang e Hidajat, op. cit., p. 288.
[402] Frederico II, op. cit., pp. 89 e 90.
[403] Beaufre, André, op. cit., p. 146.
[404] Caminha, op. cit., vol. II, p. 112.
[405] Couto, Abel, op. cit., p.171.
[406] Paradoxalmente, as estratégias de dissuasão destinam-se exactamente ao contrário, isto é, a proporcionar ao outro visões claras das intenções e das capacidades próprias, por forma a inibir a sua acção.
[407] É vantajoso fazer crer ao contrário que se segue uma linha de acção diferente da adoptada. Desta forma, haverá menores probabilidades de que ele se nos oponha com sucesso.

controlo, e a protecção da informação. A outra dimensão trata das relações com os contendores, e inclui a recolha, a análise e a dissimulação da informação[408], e o emprego ofensivo das informações.

As dificuldades de operacionalização da regra da segurança decorrem, essencialmente, da dimensão conjunta e combinada das capacidades e das intenções estratégicas, do grau de publicidade e do objecto da segurança. A dimensão conjunta e combinada das capacidades e das intenções estratégicas em qualquer domínio, implica que diversos actores tenham acesso a informação vital, o que torna difícil a sua protecção, em virtude de a compartimentação e o controlo terem de ser equilibrados com comunicações claras e completas. Relativamente ao grau de publicidade das capacidades e das intenções estratégicas, este terá de ser bem ponderado em função das circunstâncias. A segurança engloba a protecção da parte privada e a contenção dos efeitos decorrentes da publicitação da parte pública. Tal protecção pode ser defensiva, usando classificações de segurança ou linguagem deliberadamente vaga, ou ofensiva, empregando técnicas de dissimulação. Sobre esta matéria a publicação *Naval Planning* considera necessário «proteger os planos de comprometimentos que permitam a um inimigo preparar uma resposta eficaz. A segurança adequada pode ser alcançada através de uma variedade de meios incluindo: distribuição limitada, isolar forças com um conhecimento detalhado[409], e praticar uma segurança de comunicações completa. Todavia, a segurança não é a principal preocupação do planeamento; a protecção da informação deve ser equilibrada com os requisitos de distribuição atempada e ampla»[410]. A publicitação da parte pública é limitada à estratégia de mais alto nível e destinada a proporcionar à opinião pública um entendimento genérico dos objectivos políticos e das opções militares da guerra, essenciais à compreensão do significado de certas acções e ao desenvolvimento da energia moral que solidariza os cidadãos com a estratégia nacional[411].

---

[408] Se o contrário ignorar as nossas disposições e intenções, ser-lhe-á mais difícil opor-se aos nossos movimentos estratégicos.

[409] Como foi feito por Portugal, durante a fase de planeamento e preparação para a operação "Mar Verde" na Guiné-Conacri, tendo as forças a empenhar permanecido isoladas no arquipélago dos Bijagós, na Guiné-Bissau.

[410] *Naval Planning*, op. cit., p. 12.

[411] A postura de informação pública do Pentágono no conflito do Afeganistão, quando foram abertamente discutidas as linhas gerais de acção estratégica para lidar com o

Nem sempre é fácil manter as consequências decorrentes da publicação da parte pública dentro dos efeitos desejados, devido à complexidade da articulação entre a comunicação social e o interesse nacional. Nos regimes democráticos ocidentais os órgãos de comunicação social, embora sejam teoricamente independentes, por um lado, estão sempre sujeitos a critérios editoriais condicionados por inúmeros factores e, por outro lado, querem dar uma imagem de independência. Nestas circunstâncias, as medidas requeridas para garantir a segurança sobre matérias de interesse nacional, não podem obedecer aos estilos dos regimes autocráticos, nem às normas de segurança praticadas, por exemplo, nas Forças Armadas. Necessitam de ser adaptadas à situação de abertura que se verifica nas sociedades democráticas. Nesse sentido, é indispensável legislação adequada, traduzida em leis da imprensa. Depois, e acima de tudo, é imprescindível acreditar jornalistas nas diferentes áreas de acção estratégica do Estado, o que implica dar-lhes formação adequada. Por fim, é preciso debater publicamente os casos relativos ao relacionamento da comunicação social com os órgãos do Estado.

Como a acção estratégica envolve diversos actores, que variam entre o aliado confiável e o inimigo declarado, é difícil estabelecer o objecto da segurança. Normalmente, este problema não reside nos pólos do espectro, porque as relações com aliados e inimigos são claras. Ocorre na região central, onde as intenções últimas dos actores são ambíguas. Por vezes, em situação de conflito militar, o objecto da segurança não resulta do grau de afinidade política entre os actores. É, frequentemente, associado a tipos e resultados de acções militares. Quando uma determinada operação colide com condicionalismos internacionais impostos pela ONU ou por aliados, é usual tentar mantê-la em segredo ou negá-la, como se o autor estivesse envergonhado do acto que cometeu. A imposição da regra da segurança, nestas circunstâncias, é prejudicial, porque se um país tem de mitigar a realidade político-militar do conflito em que está envolvido, em virtude das operações militares que empreendeu causarem embaraços, então deve repensar globalmente a sua estratégia, porque esta, a médio prazo, será inviável. Quando os resultados das operações são desfavoráveis, também se verifica a tendência para impor a regra da segurança. Porém, nos regi-

---

terrorismo, demonstrou claramente que os EUA estavam dispostos a assumir os sacrifícios necessários ao empenhamento das suas Forças Armadas naquela região.

mes democráticos, os órgãos de comunicação social têm acesso a inúmeras fontes, que difundem a informação favorável aos seus interesses, não servindo de nada esconder da opinião pública os desaires militares que são conhecidos do inimigo. Embora, no curto prazo, a imposição da segurança perante um fracasso possa ser justificada com a necessidade de manter elevado o moral dos cidadãos, no médio e longo prazo reduz a credibilidade dos governantes.

Os progressos tecnológicos permitirão aumentar as capacidades de recolha e análise da informação, assim como de protecção das capacidades e intenções dos actores. Embora estes progressos impliquem uma evolução nas técnicas destinadas a garantir segurança, não comprometem a centralidade deste conceito. Um dos maiores desafios que se colocará no futuro será, certamente, a segurança cibernética, destinada a proteger os computadores e as respectivas ligações. A tecnologia terá potencial para facilitar a segurança, mas os políticos e os estrategas não podem confiar demasiado nela, porque a segurança nunca foi, não é, nem será efectiva.

4.4.3. *Regra do ponto conveniente*

Esta regra recomenda realizar a acção estratégica de forma a que as condições do meio viabilizem a melhor materialização do objectivo prioritário fixado. A regra do ponto conveniente obriga a atender à forma como os actores, as características e a transitabilidade do meio são considerados no âmbito da acção estratégica.

Quanto aos actores importa explorar as circunstâncias decorrentes, quer da natureza do processo decisório depender dos níveis de conhecimento sobre o meio e os riscos que aí admite, quer das formas de adaptação de cada actor ao meio variarem entre a passividade e a pró-acção. Neste contexto, devem privilegiar-se as relações com actores que aumentem o potencial mássico próprio e diminuam o contrário.

As características do meio são reveladas pelos jogos de apoios entre actores, relativamente aos quais importa privilegiar aquelas que, por permitirem aumentar o potencial mássico próprio e reduzir o do contrário, desequilibram, em favor próprio, a relação de forças. Também resultam do grau de protecção que o meio confere a umas forças para atacar as contrárias, provocando-lhes danos sérios a baixo custo. Napoleão é peremptório a afirmar que: «Não façais o que o inimigo quer, pela única razão de que ele o deseja, evitai o campo de batalha que ele reconheceu, estudou, e ainda com maior cuidado o que ele fortificou, e onde se entrincheirou»[412]. Referindo-se às fortificações, Clausewitz considera que: «Esta defesa é sempre um meio para atacar o inimigo, numa posição favorável, uma vez que escolhemos o terreno e as nossas tropas foram aí colocadas de maneira a retirar vantagem desse posicionamento»[413]. Neste contexto, relativamente às áreas que possuem vantagens distintas, Sun Tzu refere: «Geralmente, os que alcançam e ocupam o campo de batalha com antecedência, terão tempo para alcançar e esperar pelo inimigo. Aqueles que chegarem tarde ao campo de batalha terão de se apresentar para entrar em acção, já estando cansados e exaustos. Portanto, os que são habilidosos na guerra sempre atrairão o inimigo para onde desejam lutar e não são influenciados por eles»[414]. Também realça a importância de tirar partido da área procurada pelo contrário, quando afirma: «Assegurar êxito no que você ataca é atacar um lugar que o inimigo não defenda ou onde a defesa seja fraca. Assegurar reter aquilo que defende é defender um lugar que o inimigo não ataque ou onde a defesa foi invulnerável a ataques»[415].

A regra do ponto conveniente também implica considerar a transitabilidade do meio, isto é o grau de degradação que provoca no potencial mássico e dinâmico contrário, desencadeando efeito oposto no nosso. Frederico II considera que: «Quando o inimigo ocupa um posto, observam-se bem os pontos fortes e os fracos, antes de elaborar as disposições de ataque, e decidimo-nos sempre pelo local onde haja menor resistência a temer»[416]. Isto, para evitar danos graves decorrentes de atrição intensa e prolongada. Napoleão, relativamente à transitabilidade do meio, afirma que: «É preciso reconhecer toda esta posição e o partido que se poderia tirar dos pântanos e dos obstáculos naturais; é neste caso que todo o obstáculo é bom, porque ele tende a pôr um corpo menos numeroso a coberto de um corpo mais numeroso, e obriga o inimigo a tomar disposições que dão tempo de agir»[417]. Sun Tzu identifica como variáveis da transitabilidade

---

[412] Bonaparte, Napoleão, op. cit., p. 38.
[413] Clausewitz, C. von, op. cit., p. 41.
[414] Hou, Sheang e Hidajat, op. cit., p. 84.
[415] Ibid, p. 89.
[416] Frederico II, op. cit., p. 133.
[417] Bonaparte, Napoleão, op. cit., p. 70.

do meio: «Se o campo de operações é fácil ou difícil; Se o campo é aberto ou constrito; Distâncias do local de acampamento até ao campo de batalha; Grau de perigo imposto pelo terreno; O escopo para operações e manobras; As possibilidades para ataques e retiradas»[418].

4.4.4. *Regra da administração do tempo*

Esta regra estatui garantir o momento, a duração e o ritmo da acção estratégica, que assegurem a melhor materialização do objectivo prioritário fixado. A regra da administração do tempo recomenda que se conjuguem, permanentemente, a escolha da oportunidade para desencadear a acção, a definição da longevidade da acção, e adopção da velocidade de realização da acção.

Garantir o momento implica avaliar a existência e apurar o sentido de oportunidade da acção, que pode ser realizada muito cedo, muito tarde ou no tempo certo. Como refere Napoleão, «em política como na guerra, o momento perdido não volta mais»[419]. Nestas circunstâncias, Hou, Sheang e Hidajat consideram que «a capacidade de ter o momento correcto para assegurar a vitória, exige que o general esteja sempre bem preparado e pronto para aproveitar quaisquer oportunidades que lhe sejam apresentadas»[420].

Garantir a duração implica realizar a acção durante o tempo estritamente necessário à consecução do objectivo prioritário fixado. Noutras circunstâncias, com uma duração excessiva, os actores contrários podem desenvolver as suas precauções, de forma a reagir eficazmente às nossas acções, influenciando assim o desfecho no sentido da vitória ou da derrota, obrigando, em ambos os casos, a um maior consumo de recursos materiais e humanos. Neste contexto, Frederico II considera que: «Abreviando as batalhas, retirais ao tempo o meio de vos levar gente»[421].

Garantir o ritmo implica decidir e agir com rapidez. Num cenário em que se confrontam dois actores com uma relação de forças equilibrada, a

---

[418] Apud Hou, Sheang e Hidajat, op. cit., p. 45.
[419] Bonaparte, Napoleão, op. cit., p. 42.
[420] Hou, Sheang e Hidajat, op. cit., p. 185.
[421] Frederico II, op. cit., pp. 100 e 101.

superioridade pertencerá àquele que decidir e agir com mais rapidez sobre o contrário, explorando as suas incertezas e fraquezas, e evitando que este consiga potenciar todas as forças ao seu dispor. Frederico II refere sobre a duração e o ritmo da acção, que: «As nossas guerras devem ser curtas e vivas. Não nos convém mesmo nada arrastar as coisas. Uma guerra que durasse muito, destruiria, aos poucos, a nossa admirável disciplina, despovoaria o país e esgotaria os nossos recursos»[422]. Não era um adepto da guerra de atrição, porque os recursos escassos dos prussianos não resistiam a campanhas de longa duração.

5. Centro de gravidade

O conceito de centro de gravidade, sendo inúmeras vezes invocado na literatura sobre temas estratégicos, tem sido aplicado de forma diferente, em resultado dos entendimentos que cada autor tem da expressão apresentada por Clausewitz. Uns, associam o centro de gravidade a múltiplos pontos críticos, estratégicos e operacionais, que podem ser atacados. Por vezes, identificam tantos centros de gravidade, que reduzem o conceito ao absurdo, como é o caso de Warden, com a sua ideia de «anéis concêntricos»[423]. Outros, associam o centro de gravidade ao centro/fonte de poder do contrário[424]. A nível estratégico estes centros/fontes de poder podem incluir a força militar, uma aliança, a vontade nacional, o apoio público, certas capacidades ou funções críticas ou, até, a estratégia nacional. A nível operacional são as principais fontes de poder de combate, por exemplo, as forças modernas, móveis e blindadas, que asseguram o cumprimento da missão. Neste caso, há a tendência para identificar apenas um centro de gravidade, normalmente ligado à principal característica, capacidade, ou local que permite alcançar os objectivos.

Estas duas concepções estão muito ligadas ao emprego de meios, pelo que diferem substancialmente do conceito original apresentado por

---

[422] Ibid, p. 142.

[423] Warden, John A., *The Air Compaign: Planning for Combat*, Washington, National Defense University Press, 1988, pp. 9 e 10.

[424] *Operations*, Field Manual 100-5, Washington, 1993, US Department of the Army, pp. 6 a 13.

Clausewitz, que é baseado nos efeitos. Convirá realçar que não há qualquer obrigação em aceitar um conceito desenvolvido há quase dois séculos por um teorizador militar, influenciado e integrado num ambiente cultural muito distinto do actual, que usou ferramentas teóricas e ferramentas práticas substancialmente diferentes das hoje existentes. Porém, também se deve assumir com clareza, que a maior parte das concepções actuais de centro de gravidade não derivam de Clausewitz, cuja ideia original foi obscurecida, porque os seus autores utilizaram as perspectivas e as técnicas da actualidade.

Clausewitz tomou de empréstimo um conjunto de construções intelectuais, de teorias e de conceitos dos principais filósofos, cientistas e pensadores do seu tempo, de forma a perceber e a descrever os vários aspectos da guerra que observou. Os seus conceitos de fricção, de polaridade e de centro de gravidade são analogias ou metáforas decorrentes da física. Por isso, é provável que tenha deduzido o conceito de centro de gravidade, depois de assistir a conferências do físico alemão Erman[425], professor na Universidade de Berlim e na Escola Geral de Guerra da Prússia, onde Clausewitz foi director entre 1818 e 1830[426]. O emprego que Clausewitz fez do conceito de centro de gravidade na sua obra *Da Guerra*[427], permanece consistente, no essencial, com a representação do conceito pelas ciências mecânicas. Todavia, a generalidade das interpretações dos textos de Clausewitz são enganadoras, uma vez que, por um lado, não incorporam as metáforas físicas que foram usadas para descrever o conceito, e que são essenciais para perceber a sua ideia básica e que constam dos textos originais em língua alemã. Por outro lado, criam a falsa impressão que os centros de gravidade derivam de fontes do poder, ou que são, eles próprios, potencialidades. Também apresentam o conceito como uma entidade estática, despida do dinamismo decorrente da sua fundamentação física.

A maior parte das obras de estratégia fundamentam a definição de centro de gravidade no seguinte texto: «...o golpe de que se podem esperar

---

[425] Paul Erman (n. 1764, m. 1851) dedicou-se ao estudo da electricidade, do magnetismo, da óptica e da fisiologia.

[426] Paret, Peter, *Clausewitz and the State*, Nova Iorque, Oxford University Press, 1976, pp. 300 e 301.

[427] Clausewitz, C. von, *Da Guerra*, 2º ed., Mem Martins, Publicações Europa-América, 1997. Realça-se que esta edição apenas contém parte da obra original. A edição referida na nota de rodapé anterior contém o texto completo, mas em língua inglesa.

as repercussões amplas e mais favoráveis, será dirigido contra a área onde se pode encontrar a maior concentração de tropas inimigas; quanto maior for a força do golpe, mais seguro será o seu efeito. Esta sequência bastante óbvia conduz-nos a uma analogia que a ilustrará mais claramente – que é a natureza e o efeito de um centro de gravidade [nas ciências mecânicas]. [Tal como] Um centro de gravidade existe sempre onde a massa está mais concentrada, representa o alvo mais eficaz para um golpe; para além disso, o golpe mais forte é o que atinge o centro de gravidade. O mesmo é verdade na guerra. As forças combatentes de cada beligerante, seja um só Estado ou uma aliança de Estados, têm uma certa unidade e, por isso, alguma coesão [interdependência]. Onde essa coesão [interdependência] existe, a analogia do centro de gravidade pode ser aplicada. Então, estas [nestas] forças possuirão [exibirão] certos centros de gravidade, que, pelos seus movimentos e orientações, governarão o resto; e esses centros de gravidade serão encontrados onde as forças estiverem mais concentradas. Todavia, na guerra, como no mundo da matéria inanimada, o efeito produzido num centro de gravidade é determinado e limitado pela coesão das partes»[428]. Como se verifica pela análise deste extracto, resultante da associação do texto da tradução em língua inglesa, com a tradução a partir do original em língua alemã, há ligeiras diferenças de palavras, que permitem interpretar o conceito de centro de gravidade à luz das perspectivas e das técnicas da física, mais amplo que o sentido literal associado à concentração da força. Assim, poderá afirmar-se que, para Clausewitz, o conceito de centro de gravidade só se aplica onde existe uma certa unidade e interdependência entre as forças contrárias e o espaço que ocupam. O tipo e o número de centros de gravidade do contendor dependem, portanto, do grau de interligação ou unidade global que as suas forças possuem. Esta ideia de interdependência é vincada quando afirma: «Todavia como a essência da guerra é o combate, e como a batalha é a luta da força principal, a batalha deve ser sempre considerada como o verdadeiro centro de gravidade da guerra»[429]. A sua afirmação que o centro de gravidade está onde as forças se encontram mais concentradas, refere-se menos às forças, do que ao que provoca a concentração, e que lhes confere

---

[428] Clausewitz, C. von, *On War*, ed. e trad., Michael Howard e Peter Paret, Princeton, Princeton University Press, 1989, pp. 485 e 486, cotejado com Clausewitz, C. von, *Vom Kriege*, 19ª ed., Regensburg, Pustet, 1991, pp. 810 e 811.
[429] Clausewitz, C. von, *On War*, p. 248.

propósito e orientação. Como nas ciências mecânicas, o centro de gravidade de Clausewitz é um ponto focal. Por isso, as forças combatentes tendem a concentrar-se aí e, em tempos escolhidos, emanam daí.

Clausewitz também refere que: «É por isso um acto supremo do julgamento estratégico, distinguir estes centros de gravidade nas forças inimigas e identificar as suas esferas de eficácia. Ser-se-á constantemente chamado a estimar o efeito que um avanço ou recuo de parte das forças de um dos lados terá no resto»[430]. Desta forma, evidencia que os centros de gravidade têm esferas de eficácia, e que o seu avanço ou recuo pode ter efeito no resto das forças envolvidas. Como avançam ou retiram no campo de batalha, os centros de gravidade arrastam as forças amigas. Pelo que, por analogia com a física, pode afirmar-se que os centros de gravidade possuem uma certa força centrípeta. Nestas circunstâncias, no pensamento de Clausewitz representam muito mais que uma concentração de forças. Como refere Beyerchen, reflectem, também, um dinamismo intrínseco, evidenciado pela analogia apresentada sobre um pêndulo oscilando de forma activa entre três magnetos[431].

Quando Clausewitz discutiu a relevância dos centros de gravidade para o planeamento da guerra, não sugere a possibilidade de existência de vários, para além do exército contrário. Salienta a analogia física do centro de gravidade à custa da clareza e da relevância militar, revelando a flexibilidade do conceito quando afirma: «O que o teórico tem a dizer a respeito é o seguinte: devem ter-se em mente as características dominantes de ambos os beligerantes. Dessas características resultará um certo centro de gravidade, o centro de todo o poder e movimento, do qual tudo o mais depende. Este é o ponto contra o qual todas as nossas energias devem ser direccionadas. As coisas pequenas dependem sempre de grandes, as de pouco valor das importantes e o acidental do essencial. Isso deve guiar a nossa aproximação. Para Alexandre, Gustavo Adolfo, Carlos XII e Frederico o Grande, o centro de gravidade era os respectivos exércitos. Se o exército tivesse sido destruído, eles teriam ficado para a história como fracassos. Em países sujeitos a disputas internas, o centro de gravidade é, geralmente, a capital. Em países pequenos, que se apoiam nos maiores, é, usualmente, o exército

---

[430] Ibid, p. 286.
[431] Beyerchen, Alan D., «Clausewitz, Nonlinearity and the Umpredictability of War», *International Security*, Inverno 1992, pp. 59 a 90.

do seu protector. Nas alianças, reside na comunidade de interesses e, nos levantamentos populares, é a personalidade dos líderes e a opinião pública. É contra estes que as nossas energias devem ser direccionadas. Se um inimigo é desequilibrado, não lhe deve ser concedido tempo para recuperar. Golpe após golpe deve ser aplicado na mesma direcção: o vitorioso, por outras palavras, deve atacar com todo o seu poder e não apenas contra uma facção do inimigo»[432]. Este extracto mostra que a identidade e a localização de um centro de gravidade, podem ser percebidas apenas considerando o contrário holisticamente, isto é, estabelecendo as ligações entre, ou no seio, das diferentes partes do contrário e, então, determinando o que as mantém todas juntas. As personalidades dos principais líderes, a capital, ou a comunidade de interesses de um conjunto de aliados, desempenham esta função científica. O aspecto saliente é, uma vez mais, a unidade e a interligação.

Clausewitz reforça este aspecto, quando refere: «A tarefa de redução das fontes de poder do inimigo a um único centro de gravidade depende: 1. Da destruição do poder político do inimigo...; 2. Da situação no teatro da guerra onde os vários exércitos estão a operar»[433]. Desta forma, explica que a redução da força contrária a um centro de gravidade depende, em primeiro lugar, da interligação ou unidade política do contrário e, em segundo lugar, da situação no teatro de guerra, nomeadamente quanto aos exércitos que aí actuam. O critério é, uma vez mais, a medida em que as forças contrárias podem operar como uma única entidade. Na I Guerra Mundial, a Alemanha, a combater em duas frentes, teve de procurar os centros de gravidade anglo-francês e o russo. Verifica-se, pois, que a conjugação das forças militares com os espaços geográficos em que se tem de operar, pode criar mais que um centro de gravidade. Clausewitz, embora preconize que se deve procurar, sempre que possível, um só centro de gravidade, admite a possibilidade de mais. A questão-chave que resulta da análise ao pensamento de Clausewitz, é encontrar o ponto onde o contrário esteja tão unido e interligado, que as acções contra ele numa área, também tenham um efeito decisivo noutras áreas. E, esse ponto, tanto pode ser tangível como intangível. Com efeito, a destruição de um líder político ou militar, ou da comunidade de interesses de uma aliança, podem desarticular completamente a estrutura de poder do contrário.

---

[432] Clausewitz, C. von, op. cit., pp. 595 e 596.
[433] Ibid, p. 617.

O centro de gravidade preconizado por Clausewitz é, por isso, um ponto focal e não uma potencialidade ou vulnerabilidade, por si só. Existe apenas onde se verifica suficiente unidade e interligação entre as várias partes do contrário, de modo a formar uma estrutura ou sistema que actua com um grau substancial de unidade, como um corpo físico. Para além disso, o centro de gravidade exerce uma certa força centrípeta, que tende a manter unida toda a estrutura e actuante o sistema. Nestas circunstâncias, um golpe no centro de gravidade, desequilibrará o contrário, provocará o colapso de toda a estrutura e a desarticulação do sistema. Por fim, a utilização do conceito de centro de gravidade, requer uma visão holística do contrário.

Grande parte das definições de centro de gravidade encontradas na literatura da estratégia, carecem do sentido de unidade e de interligação preconizado por Clausewitz. Como tal, verifica-se, frequentemente, a assunção de centros de gravidade onde eles não existem por falta de unidade e de interligação entre as forças contrárias. Neste caso, o pretenso centro de gravidade não é mais que uma capacidade crítica do contendor. Porém, o conceito de centro gravidade de Clausewitz está focalizado na consecução de um efeito específico, o colapso do contrário. Consequentemente, a aproximação conceptual deve ser baseada nos efeitos e não nas capacidades. Nesse sentido, o emprego do conceito de centro de gravidade de Clausewitz requer competência para prever, com razoável precisão, como, pelo menos, podem ser alcançados efeitos de primeira e de segunda ordem. Dito isto, é importante evidenciar que Clausewitz considera o cálculo do centro de gravidade um assunto de julgamento estratégico, para ser tratado aos mais altos níveis de decisão. É, por isso, duvidoso que ele aprovasse os esforços actuais para desenvolver fórmulas prescritivas. Acresce ainda que, o centro de gravidade de Clausewitz só é operativo em campanhas ou guerras concebidas para derrotar completamente o contrário. Nelas, os objectivos militares e políticos são essencialmente complementares. Em guerras limitadas o centro de gravidade tende a competir com os objectivos políticos, dado que, por definição, se relacionam com o colapso total do contrário. Verifica-se, no entanto, que a doutrina militar conjunta dos EUA[434] considera centros de gravidade em todas as espécies e

---

[434] *Doctrine for Joint Operations*, Joint Publication 3–0, Washington, U.S. Department of Defense, 1 Fevereiro 1995, pp. III 20 e III 21.

aos diferentes níveis da guerra. Presumivelmente, há centros de gravidade tácticos, cuja desarticulação facilita a consecução de objectivos tácticos, que, por sua vez, contribuem para a desarticulação de centros de gravidade operacionais, cuja destruição facilita a consecução de objectivos operacionais, etc., até que os objectivos estratégicos de defesa nacional sejam alcançados.

Clausewitz era um veterano das guerras napoleónicas, pelo que a ênfase colocada na concentração das forças e da energia para um golpe decisivo, resultou das suas observações de que essas concentrações, frequentemente, proporcionavam sucesso. Ele teve preocupações óbvias acerca da tendência para desbaratar recursos em acções que não levariam a um fim decisivo, fundamentadas, por um lado, no facto de os oficiais do seu tempo não serem profissionais com a formação adequada, e de a sua competência variar consideravelmente. Por outro lado, a arte operacional também não estava bem desenvolvida, pelo que não haviam ideias claras acerca dos princípios da guerra, nomeadamente sobre o princípio do objectivo e o princípio da economia de esforço, de forma a encorajar os comandantes a focalizar os seus esforços.

Na actualidade, os comandantes militares estão menos preocupados com a massa das forças e, mais, com os efeitos de massa. Apesar disso, a doutrina conjunta continua a manter que o propósito de identificar um centro de gravidade, é apoiar os comandantes no direccionamento de recursos e esforços, tal como no tempo de Clausewitz. Em simultâneo, a doutrina conjunta reconhece que o centro de gravidade pode não ser sempre prontamente perceptível e mudar a qualquer momento durante uma operação, o que faz com que deva ser continuamente analisado. Porém, esta solução só é aplicável se o processo de planeamento acompanhar a mudança, e se os líderes políticos e militares tiverem flexibilidade para redireccionar os seus esforços no decorrer da acção.

6. Vantagem estratégica

A modalidade de acção trata da obtenção de vantagem estratégica, requisito essencial para distinguir a estratégia do planeamento. Como já foi referido, sem contrários não há necessidade de estratégia. Nestas circunstâncias, o propósito da modalidade de acção é permitir que o Estado obtenha, da forma mais eficiente possível, uma vantagem estratégica sustentável sobre os seus contendores, «para ter a certeza da vitória»[435]. Como tal, implica um esforço estratégico, no sentido da alteração da relação de forças entre os actores, realizado com base na melhor combinação dos factores de decisão, segundo os princípios e as regras estratégicas. Como referem Hou, Sheang e Hidajat, um actor será capaz de alcançar a vantagem estratégica, se tiver uma melhor compreensão e análise de si próprio, do contrário, do meio, do tempo e do objectivo[436]. Tal compreensão permitirá a esse actor diferenciar a relação de forças de forma mais eficaz que os seus contendores, podendo, assim, alcançar melhor os seus objectivos.

Para Ohmae[437] é um facto que a força própria pode ser melhorada com referência a critérios de potencial absoluto. Por exemplo, um país pode procurar minimizar os custos de segurança, reorganizando as Forças Armadas e dotando-as de melhores padrões de gestão, de forma a reduzir os gastos militares. Se esses esforços tiverem sucesso, permitirão diminuir as despesas, e os recursos resultantes poderão ser aplicados no fortalecimento de outros factores do potencial estratégico, o que ampliará as alternativas estratégicas que o Estado pode usar face aos seus contendores. Estas melhorias, ainda que susceptíveis de poderem ser consideradas como parte da estratégia de defesa militar na sua componente estrutural, são conseguidas pelo planeamento. Nestas circunstâncias, face ao quadro conceptual adoptado, dever-se-á aplicar o termo estratégia, exclusivamente a acções genéticas, estruturais e operacionais, direccionadas para alterar o poder nacional relativamente ao dos contendores.

Extrapolando para o Estado o que Ohmae[438] refere para as empresas, poderá afirmar-se que se faz esta distinção entre potencial relativo e absoluto, porque há uma grande diferença entre os dois, no que concerne o grau de urgência para uso nas relações internacionais. Fraquezas ou ineficiências internas podem usualmente ser toleradas, pelo menos por algum tempo. Todavia, a deterioração do estatuto de força de um Estado relativamente aos seus contendores, pode colocar em risco a sua própria existência. Com efeito, permitirá que a segurança nacional seja afectada

---

[435] Hou, Sheang e Hidajat, op. cit., p. 175.
[436] Ibid, p. 183.
[437] Ohmae, Kenichi, *The Mind of the Strategist, The Art of Japanese Business*, Nova Iorque, McGraw-Hill, 1982, p. 36.
[438] Ibid, p. 37.

pelos contrários, a ponto de criar uma situação estratégica em que a governação autónoma do país não seja mais possível. Continuando a recorrer a Ohmae[439], poderá afirmar-se que outra razão para fazer a distinção entre potencial relativo e potencial absoluto, é o facto de a estratégia requerer um tipo específico de pensamento, distinto do usado no planeamento. Na realidade, quando se tenta alcançar ou manter uma posição de superioridade relativamente a um contendor perigoso, a mente funciona de forma muito diferente daquela que adopta quando o objectivo é, apenas, provocar melhoramentos internos, tendo como referência um modelo absoluto. No primeiro caso, a mente prepara-se para a disputa estratégica, que pode ter consequência dramáticas. No segundo caso, a mente focaliza-se nas melhorias genéticas e estruturais, cujos resultados são controláveis.

Nas relações internacionais não existem modalidades de acção perfeitas. O que importa não é o desempenho em termos absolutos, do domínio do planeamento, mas o desempenho relativamente aos contendores, do domínio da estratégia. Como tal, uma boa estratégia de defesa militar é aquela que permite às Forças Armadas contribuir para que o país obtenha uma margem de segurança nacional confortável relativamente aos seus contendores e a um custo aceitável. Encontrar a forma de alcançar este resultado – a vantagem estratégica – é o verdadeiro trabalho do mestre em estratégia. Para esse efeito, na concepção da modalidade de acção, Ohmae[440] propõe a adopção de quatro paradigmas distintos (focalizar na área funcional crítica; edificar a superioridade relativa; realizar iniciativas agressivas; e explorar os graus de liberdade de acção), que se adaptaram à acção estratégica do Estado.

Um Governo pode redistribuir os recursos colocados à disposição dos seus estrategas, com o objectivo de fortalecer certas capacidades, de forma a aumentar a segurança nacional. Todavia, se eles empregarem esses recursos da mesma forma que os estrategas contrários, não haverá uma alteração significativa na relação de forças. Foi o que aconteceu entre os EUA e a URSS durante grande parte da Guerra-Fria. Para isso, é necessário identifi-

---

[439] Ibid, ibidem.
[440] Ibid, p. 38. Hou, Sheang e Hidajat, op. cit., pp. 180 e 181, referem os paradigmas empresariais de Porter: liderança geral em custos; diferenciar; concentrar-se; e cadeia de valor. Apresentam, também, os paradigmas empresariais de Kolter: diferenciada; não diferenciada ou concentrada.

car as áreas funcionais críticas, e injectar os recursos naquela onde se reconhece uma oportunidade particular para alcançar uma vantagem estratégica significativa sobre os seus contendores, em resultado da intensificação e da diferenciação funcional. A Iniciativa de Defesa Estratégica dos EUA é um bom exemplo deste tipo de actuação, que levou à vitória sobre a URSS. No caso das empresas, a liderança geral em custos é o paradigma proposto por Porter para esse efeito[441]. Como se verificou no caso dos EUA permitiu alcançar um retumbante sucesso estratégico, em resultado da melhor aplicação dos recursos existentes na área funcional crítica.

Há casos em que, mesmo quando um Estado não desfruta de vantagem estratégica inicial sobre os seus contendores, e a luta pela área funcional crítica de sucesso é realizada com igual vigor por todos os actores, pode ser alcançada uma superioridade relativa, explorando toda e qualquer diferença nas condições da disputa estratégica entre cada actor e os seus contrários. Para isso, como referem Hou, Sheang e Hidajat pode ser desenvolvida uma capacidade que seja percebida como singular pela sua qualidade, características físicas e funcionais, formas de emprego, efeitos, tecnologia de produção, etc.[442]. Também se pode tirar partido das capacidades que não estão com empenhamento directo nos contrários, ou fazer uso de quaisquer outras diferenças na composição dos meios que criem um diferencial na relação de forças entre o país e os seus contendores. A utilização de armas nucleares nos ataques a Hiroshima e Nagasaqui ilustra a forma que os EUA encontraram para alcançar a vantagem estratégica pela superioridade relativa.

Se o principal contendor de um Estado está bem estabelecido numa posição forte e fixa, é difícil desalojá-lo. Por vezes, a única possibilidade de alterar a relação de forças passa por perturbar, directa e ostensivamente, as áreas funcionais críticas sobre as quais o contendor construiu a sua vantagem estratégica. Porter designa-a de concentração num grupo particular de actores, em determinadas capacidades ou numa área geográfica limitada[443]. Para pôr em prática tal modalidade de acção, o ponto de partida é questionar repetidamente as hipóteses aceites para a forma de compor-

---

[441] Apud Hou, Sheang e Hidajat, op. cit., p. 180, referem que, para as empresas, requerem instalações eficientes e reduzir custos directos ou indirectos.
[442] Ibid, ibidem.
[443] Ibid, ibidem.

tamento nas relações internacionais, com uma visão que considere a possibilidade de mudar as regras do jogo, ou de alterar o *status quo* e, em consequência, ganhar uma nova e poderosa vantagem estratégica. O ataque aéreo dos japoneses a Pearl Harbour, é um bom exemplo da anulação da vantagem estratégica proporcionada pela Marinha dos EUA no Pacífico. A partir desse momento o Japão pôde conquistar rapidamente imensos territórios.

Mesmo nos casos de intensa disputa estratégica, a vantagem estratégica pode ser alcançada pelo desenvolvimento de inovações no relacionamento noutras áreas funcionais, ou no desenvolvimento de diferentes tipos de relacionamento. Já antes se aludiu aos países árabes, que em 1967, depois de derrotados por Israel, direccionaram os esforços para recuperar a vantagem estratégica, através de novos relacionamentos políticos, económicos e diplomáticos. É um caso que ilustra bem a exploração do ambiente internacional, pela adopção de medidas vigorosas não consideradas por Israel e pelos seus aliados ocidentais, de forma a maximizar os benefícios dos países árabes. Para obter esse efeito nas empresas, Porter preconiza a cadeia de valor, que ajuda a explorar aspectos particulares não considerados pelos contrários, de forma a alterar a relação de forças[444].

Refere Ohmae[445] que, em cada um destes quatro paradigmas propostos para obtenção da vantagem estratégica, a principal preocupação é evitar proceder da mesma forma e na mesma área funcional que os contendores, de forma a alterar a relação de forças. O seu objectivo é alcançar uma situação em que o Estado obtenha vantagem estratégica e a dilate, através de medidas que os contendores considerem de difícil acompanhamento. Em si próprios, os paradigmas das áreas funcionais críticas, da superioridade relativa, das iniciativas agressivas e da liberdade de acção, parecerão simples e não merecedores de grandes análises. Mas, quando lhes é dado corpo, e são usados livremente como ferramentas na formulação estratégica, verifica-se que, muitas vezes, se transformam em dilemas dolorosos, ou dão origem a insolúveis confusões, quando se deveriam apresentar como desafios fascinantes e emocionantes para o estratega.

---

[444] Ibid, pp. 180 e 181.
[445] Ohmae, Kenichi, op. cit., pp. 40 e 41.

7. Provas da estratégia

Para que o decisor fique habilitado com a informação necessária para escolher uma modalidade de acção[446], deve recorrer às provas da adequabilidade, da exequibilidade e da aceitabilidade. Estes três critérios de selecção utilizam diferentes técnicas analíticas[447], que apenas serão referidas de forma breve, tendo em vista identificar o seu possível contributo para a escolha de uma modalidade de acção.

A adequabilidade de uma modalidade de acção está associada, quer à lógica em que se baseia e à forma como cria e/ou mantém a vantagem estratégica, quer, como referem Johnson e Scholes[448], à medida em que considera os desafios do ambiente externo (problemas e eventualidades); se fundamenta ou desenvolve os recursos e as capacidades nacionais, edificando ou explorando as sinergias internas e com aliados (potencialidades) e colmatando as deficiências do potencial nacional (vulnerabilidades); é consistente com a cultura nacional e o contexto político. Em suma, a adequabilidade é o critério que avalia se a modalidade de acção contempla as circunstâncias em que o Estado actua e tem possibilidade de desenvolvimento[449]. Está, por isso, ligada à questão fundamental sobre se «a modalidade de acção é boa?»[450]. Para responder a esta questão Johnson e Scholes propõem duas fases[451]: estabelecer um racional para cada modalidade de

---

[446] Importa ter presente que, ao decisor, não cabe apenas a escolha da modalidade de acção mas, também, a condução da sua execução, o acompanhamento dos acontecimentos e, se necessário, a revisão da forma como são articulados os factores de decisão. Tudo isto, para que seja garantido o sucesso estratégico.

[447] Algumas das principais técnicas analíticas são apresentadas em Ambrosini, Véronique; Johnson, Gerry; Scholes, Kevan, *Exploring Techniques of Analysis and Evaluation in Strategic Management*, Londres, Financial Times – Prentice Hall, 1998.

[448] Johnson, Gerry e Scholes, Kevan, *Exploring Corporate Strategy*, 5ª ed., Londres, Financial Times – Prentice Hall, 1999, p. 355.

[449] Inspirado em ibid, pp. 353 e 354.

[450] Hou, Sheang e Hidajat, op. cit., pp. 172 a 175, consideram os contributos de Tiles e Steinee para sugerirem oito critérios de testar a adequabilidade de uma modalidade de acção empresarial: consistência com o ambiente; pesar os efeitos da competição; coerência com as práticas e culturas empresariais; compatibilidade com os recursos da empresa; nível aceitável de riscos; adequar a modalidade de acção aos nichos de oportunidade de mercado; evitar modalidades de acção muito comuns.

[451] Johnson, Gerry e Scholes, Kevan, op. cit., p. 355.

acção por si só; estabelecer o mérito relativo de cada modalidade de acção, através de um processo de validação das diferentes opções.

O estabelecimento do racional para cada modalidade de acção por si só, faz uso de cinco técnicas analíticas. Embora desenvolvidas para as organizações privadas, desde que devidamente adaptadas quanto ao objecto, essas técnicas têm aplicação à acção do Estado nas relações internacionais. Assim, a análise do ciclo de vida serve para avaliar se a modalidade de acção é compatível com a situação estratégica em que o país estará envolvido, traduzida por diversos factores agregados nos indicadores de situação da posição estratégica (fraca, sustentável, favorável, forte e dominante) e da situação no ambiente estratégico (embrionária, crescimento, madura, decrescente)[452]. O posicionamento avalia se a posição estratégica é viável, com base na comparação entre a evolução das exigências estratégicas que emanam do ambiente externo e o progresso das capacidades estratégicas nacionais[453]. A técnica da análise da cadeia de valor descreve as actividades dos ambientes interno e externo do Estado, e relaciona-as com a análise das capacidades estratégicas nacionais. Responde à pergunta se a modalidade de acção é eficiente e se explora sinergicamente as competências essenciais do Estado[454]. O portfólio analisa o equilíbrio dos contributos dos departamentos estratégicos do Estado. Para isso, responde à pergunta se a modalidade de acção fortalece a harmonia entre as actividades estratégicas[455]. A técnica de análise do perfil de actividade (negócio), tem utilidade para evidenciar em que medida a modalidade de acção corresponde a parâmetros de desempenho, como a capacidade estratégica, a atracção do ambiente externo, a qualidade do factor humano e a capacidade industrial. Responde à pergunta se a modalidade de acção permite um bom desempenho estratégico.

A validação das diferentes opções é feita comparando os méritos relativos das modalidades de acção, tarefa essencial antes de se avaliar a exequibilidade e a aceitabilidade. Porém, não significa que as opções eliminadas nesta fase das provas de estratégia devam ser excluídas de

---

[452] Ibid, pp. 356 a 358.
[453] Ibid, p. 358.
[454] Ibid, pp. 360 a 362.
[455] Ibid, p. 362.

maior análise, visto que as três fases são interactivas[456]. Johnson e Scholes propõem quatro critérios para comparação[457]: não fazer nada; graduação; árvores de decisão; planeamento de cenários. O critério de não fazer nada traduz o resultado provável se o Estado mantiver a modalidade de acção em curso, sem considerar as alterações nos ambientes interno e externo. O critério da graduação permite a análise sistemática de cada modalidade de acção, relativamente à sua adequabilidade face aos factores que resultaram da análise do ambiente. As árvores de decisão hierarquizam as modalidades de acção, através de uma eliminação progressiva das restantes. O planeamento de cenários permite validar as opções, por comparação com situações futuras.

Nas avaliações sobre a adequabilidade de uma modalidade de acção, é muito comum enfatizar a importância da harmonia entre os ambientes externo e interno. Contudo, o ponto mais importante dessas avaliações, é a identificação se a estratégia faz sentido face ao objectivo a materializar, e se, nessa óptica, apresenta deficiências que necessitem de ser colmatadas, o que estabelece a ligação para a avaliação da exequibilidade. A adequabilidade de uma modalidade de acção está, por isso, centrada na observância do princípio do objectivo, isto é, na selecção e fidelidade a objectivos cuja materialização favoreça mais o interesse nacional, por: estarem ajustados à medida das acções que os meios permitem (equilíbrio); determinarem a comunalidade das acções, das informações e dos apoios que viabilizam a sua materialização (comunalidade); serem identificados e escolhidos com a informação e os actores estritamente necessários (selectividade); permitirem aproximações sucessivas e adaptações a mudanças conjunturais imprevistas (flexibilidade); uma vez materializados, provocarem o desequilíbrio do contendor e afectarem, no seu conjunto, a totalidade das forças por si utilizáveis (valor); serem compatíveis aos diferentes níveis de acção estratégica (compatibilidade).

A exequibilidade está associada à avaliação dos recursos e capacidades estratégicas necessárias[458] à operacionalização da modalidade de acção, e à identificação das deficiências que necessitam de ser colmatadas, bem como da possibilidade de o fazer, de forma a garantir o sucesso.

---

[456] Ibid, p. 355.
[457] Ibid, pp. 364 a 368.
[458] Ibid, p. 355.

Johnson e Scholes[459] propõem três técnicas para analisar a exequibilidade das modalidades de acção das empresas, que também podem ser aplicados ao Estado: circulação de fundos (funds flow analysis); equilíbrio da receita com a despesa (break-even analysis); análise de empenhamento de recursos (resource deployment analysis). A análise da circulação de fundos efectua uma previsão dos recursos financeiros necessários para uma modalidade de acção, bem como a sua origem. A análise de equilíbrio da receita com a despesa, pode ser usada para avaliar a exequibilidade de se alcançarem metas de retorno. Como tal, combina uma avaliação paralela de aceitabilidade dos riscos das diferentes modalidades de acção. A análise de empenhamento de recursos é mais ampla que as duas anteriores técnicas, que avaliam a exequibilidade em termos financeiros. Esta, considera amplamente os recursos e as competências relativamente a modalidades de acção específicas. É, por isso, uma forma de as comparar entre si quanto à exequibilidade.

Pelo exposto, pode dizer-se que a exequibilidade de uma modalidade de acção, depende da disponibilidade de meios humanos e materiais para empreender e sustentar as acções que permitam alcançar ou preservar os objectivos. Relativamente à disponibilidade de meios humanos e materiais, importa identificar aqueles que conferem posições vantajosas ao Estado, relativamente aos eventuais contrários. Como são fáceis de quantificar, não constituem normalmente impedimento à avaliação da exequibilidade da modalidade de acção. Menos quantificáveis são as habilidades dos meios humanos. Estas, são traduzidas pelas capacidades individuais e colectivas, disponíveis ou latentes no Estado, susceptíveis de serem empregadas na acção estratégica. Uma forma explícita de as avaliar, consiste em verificar: a qualidade dos processos de gestão das situações estratégicas e as competências requeridas pela modalidade de acção; a qualidade dos processos de coordenação e integração necessários para pôr em prática a modalidade de acção; e se a modalidade de acção constitui um desafio assumido por quem a deve apoiar. As habilidades dos meios materiais são reflectidas, para cada modalidade de acção, pela utilidade desses meios na operacionalização das linhas de acção.

A prova da exequibilidade está centrada na observância do princípio da economia de esforço, isto é, na organização e no emprego judicioso

---

[459] Ibid, p. 383.

dos meios, com vista à materialização, num dado meio e tempo, do objectivo prioritário fixado. Para isso, numa modalidade de acção exequível os meios devem: ter o seu emprego coordenado e direccionado para cada objectivo (coordenação); ser concentrados, com superioridade, no local e tempo que permitam a melhor materialização do objectivo prioritário fixado (concentração), ser orquestrados para que a sua aplicação no local e no tempo, garanta a melhor materialização do objectivo prioritário fixado (orquestração). Também é necessário: preparar manobras estratégicas claras, que não excedam as capacidades de compreensão e comando de quem as operacionaliza, nem dependam do sucesso de outras (clareza); adquirir uma vantagem desproporcionada, através de uma acção inesperada, no lugar, no tempo, com os meios e de forma para a qual o contendor não está preparado (surpresa).

A aceitabilidade está estruturada sobre três requisitos fundamentais e igualmente relevantes: a consistência entre os objectivos fixados pelo Governo, em função das expectativas dos públicos de interesse, e os resultados da modalidade de acção, avaliada pela análise da reacção dos públicos de interesse; a atractividade desses resultados, em termos de benefícios, de local e de tempo de materialização previstos e aceites pelo Governo e pelos cidadãos, avaliada pela análise do retorno; o tipo e a importância dos riscos decorrentes da materialização da modalidade de acção, avaliada pela análise do risco.

Para a análise da reacção dos públicos de interesse a novas modalidades de acção, Johnson e Scholes propõem a técnica da carteação dos públicos de interesse (*stakeholder mapping*)[460]. Esta técnica permite caracterizar a dimensão política da modalidade de acção, embora com limitações por ser muito qualitativa.

Para a análise do retorno provável de uma modalidade de acção, Johnson e Scholes[461] propõem três técnicas. A análise de lucro (*profitability analysis*), avalia o retorno financeiro dos investimentos, embora com limitações decorrentes da aplicação de projectos autónomos e de ter incidência em custos e benefícios tangíveis. A análise de custo-benefício (*cost-benefit analysis*) permite avaliações amplas, considerando factores tangíveis e intangíveis, embora com limitações decorrentes de dificulda-

---

[460] Ibid, p. 382.
[461] Ibid, pp. 372 a 377.

des de quantificação. A análise de valor dos accionistas (*shareholder value analysis*) determina o impacto de novas modalidades de acção, embora com limitações decorrentes dos detalhes técnicos frequentemente difíceis.

Para a análise de risco decorrente da adopção de uma determinada modalidade de acção, Johnson e Scholes[462] propõem as técnicas de: projecção de rácios financeiros (*financial ratio projections*), usada para avaliar a robustez da modalidade de acção; análise de sensibilidade (*sensitivity analysis*), para testar as hipóteses assumidas e a robustez da modalidade de acção, que têm como limitação o facto de testar separadamente os factores; simulação por modelos (*simulation modelling*), que avalia o efeito conjugado de vários factores e tem como limitação a qualidade de dados em relações causais.

A aceitabilidade está centrada na observância do princípio da liberdade de acção, isto é, em assegurar o controlo dos factores que apoiam a acção própria e dificultam a do contrário no espaço e no tempo. Como tal, uma modalidade de acção aceitável, deve: adquirir, manter e explorar a iniciativa pelo maior tempo e área possível (iniciativa); minimizar a vulnerabilidade dos planos, das acções, das relações e dos sistemas estratégicos próprios à manipulação e interferência dos contrários (segurança); explorar as condições do meio para viabilizar a melhor materialização do objectivo prioritário fixado (ponto conveniente); garantir o momento, a duração e o ritmo da acção que assegurem a melhor materialização do objectivo prioritário fixado (administração do tempo).

---

[462] Ibid, pp. 377 a 381.

CAPÍTULO III
INTERACÇÃO ESTRATÉGICA

1. Tipologia dos processos

1.1. *Características*

Nas relações internacionais interagem inúmeros actores, cada um dos quais possui objectivos políticos determinados pela defesa de interesses oriundos de múltiplas aspirações e desejos, e dispõe de poderes que serão manipulados em função do pensamento dos seus líderes. Nestas circunstâncias, não se pode esperar uma estabilidade duradoura nas relações internacionais, e também não é de admitir que as mudanças de relacionamento entre os actores se processem em obediência a uma sequência perfeitamente lógica e previsível. Contudo, como as acções são comandadas por seres racionais, não devem predominar as evoluções erráticas ou anárquicas, nem os procedimentos erráticos[463]. Pode pois afirmar-se que ocorrem situações originadas por actores que, depois de formularem exigências relativamente à consecução ou preservação de determinados interesses que valorizam, estabelecem relações internacionais de diversos tipos e empreendem acções de política externa[464]. Nestas, os actores realizam actos de comunicação (mensagens e negociações) e manifestações de força (desenvolvimento e emprego), apoiados por recursos e informa-

---

[463] Porém, como refere Luttwak, Edward N., op. cit., p. 199, também se deve ter em atenção que a lógica linear é uma fonte de vulnerabilidade, que tem um peso substancial no equilíbrio de poderes.

[464] Ribeiro, António Silva, op. cit., p. 68.

ções, destinados a materializar (alcançar ou preservar) os correspondentes objectivos políticos.

Do exposto interessa reter quatro aspectos fundamentais. Aquelas situações resultam das necessidades individuais e dos desejos dos grupos sociais gerarem impulsos de natureza e intensidade diversificada, que provocam a interacção dos actores internacionais. Os interesses são o elemento nuclear das relações internacionais, em função do qual, no limite, tudo se decide em harmonia ou em desacordo. Por isso, o grau de compatibilidade dos interesses, ao influenciar as posturas conciliáveis que admitem trocas ou reduções, e as posturas irreconciliáveis que exigem esforços de defesa, determina a conjuntura das relações internacionais. Nas acções de política externa aplica-se a força de forma não violenta (persuadindo), de forma potencialmente violenta (intimidando ou dissuadindo), ou de forma violenta (coagindo). A aplicação da força suscita reacções dos outros actores. Pode pois afirmar-se que há uma relação de acção-reacção[465], onde cada um dos actores é estimulado a responder de forma reactiva ao que o outro faz. Esta relação assume especial relevância no quadro dos processos decisórios do Estado durante situações de disputa estratégica. Os objectivos políticos surgem como metas parcelares assumidas em determinado momento pelos decisores de alto nível, que enformam o carácter inicial das pressões dos contendores, e cuja materialização implica a utilização de poder. Nestas circunstâncias, as relações internacionais caracterizam-se pela: existência de objectivos a materializar; conveniência de efectuar trocas ou reduções de interesses; necessidade de desenvolver pressões ou resistir a pressões de natureza e intensidade diversas.

A missão do decisor de mais alto nível é provocar a evolução da situação no sentido que permita a materialização de objectivos adequados à defesa dos maiores interesses de cada actor. Em consequência, as relações internacionais são um processo dinâmico de ajustes e comparações de interesses, de objectivos e de poderes, cuja estabilidade depende, não só, das

---

[465] O termo acção-reacção tem sido amplamente utilizado na análise de conflitos, especialmente pelos adeptos da teoria de jogos, influenciados pela psicologia comportamental. Também os estudiosos das corridas aos armamentos têm utilizado o conceito de acção-reacção. A aplicação dos modelos de acção-reacção aos processos de decisão nas relações internacionais, foi iniciada a partir dos anos 50 do século XX, como forma produtiva e plausível de conceber a actividade.

possibilidades de troca e redução de interesses que permitem a conciliação das partes, mas, também, um equilíbrio dos poderes mobilizáveis para a defesa dos objectivos. Porém, convém salientar que o equilíbrio de poderes não traduz capacidades globais de pressão equivalentes, mas uma articulação entre os objectivos e os poderes dos diferentes actores envolvidos na relação e daqueles que são capazes de fazer evoluir a conjuntura, que não recomenda o emprego de acções estratégicas destinadas a alterar o *status quo*[466], pelos riscos que a mudança da situação implica.

As relações internacionais não são função exclusiva dos seus elementos essenciais – interesses, objectivos e poder. Dependem, igualmente, dos condicionamentos impostos por factores de natureza: básica, que englobam a geografia, a economia, a cultura, a história e a ideologia; complementar, que compreendem as circunstâncias do momento, a mentalidade e personalidade dos dirigentes, a atmosfera envolvente (opinião pública)[467] e o Direito Internacional[468]. Como estes factores se influenciam reciprocamente e podem provocar reacções diversas, as relações internacionais apresentam grande complexidade.

---

[466] Traduz a manutenção da distribuição territorial, ideológica e de poder existente. A política de *status quo* é conservadora e defensiva. Por isso, é adoptada pelos Estados que dispõem de posições vantajosas e procuram estabilidade, em vez de mudança, de forma a maximizar as suas vantagens. Opõem-se aos Estados que adoptam políticas revisionistas. Os alinhamentos de poder que emergem das divisões entre Estados que adoptam políticas de *status quo* e revisionistas, incentivam a formação de alianças e contra-alianças, e o desenvolvimento do sistema da balança de poderes. Os Estados que adoptam políticas de *status quo* tendem a reagir às iniciativas dos Estados revisionistas, evitando o conflito aberto e a escalada das operações militares, enfatizam os procedimentos diplomáticos ordeiros, e procuram alcançar acordos negociados que preservem as suas vantagens competitivas. O Direito Internacional, como força conservadora nas relações internacionais, é frequentemente invocado pelos Estados que adoptam políticas de *status quo*, para defender os seus direitos.

[467] A opinião pública é um sentimento transitório, altamente moldável pelos meios de comunicação social e, muitas vezes, com grande conteúdo emocional e racional. Caminha, op. cit., p. 34.

[468] O Direito Internacional condiciona as relações internacionais, porque estabelece obrigações. Todavia, a prática comprova, por um lado, que as normas só são aceites pelos Estados, na medida que não atentem contra os seus interesses e, por outro lado, que o cumprimento dessas normas aumenta o poder, enquanto a infracção produz efeito contrário.

PROCESSOS	EXPRESSÃO	SITUAÇÕES	RELAÇÕES	SISTEMA	ACTORES	INTERESSES	PRESSÃO	TRABALHO	OBJECTIVOS	FINALIDADE
CONJUNTIVOS	JUSTIÇA AMIZADE	POLÍTICAS	COOPERAÇÃO ACOMODAÇÃO ASSIMILAÇÃO	HARMONIA	ALIADOS OU PARCEIROS	COMPATÍVEIS	PERSUASÃO — EXPLORAÇÃO DA FORÇA ARGUMENTATIVA	CONSENSUAL	CONVERGENTES	CRIAR VANTAGENS
DISJUNTIVOS	INJUSTIÇA ÓDIO	ESTRATÉGICAS	CONFLITO OPOSIÇÃO COMPETIÇÃO	DESACORDO	CONTRÁRIOS OU CONTENDORES	INCOMPATÍVEIS	COACÇÃO — EXPLORAÇÃO DA FORÇA MENTAL OU MATERIAL	NEGAÇÃO	DIVERGENTES	CRIAR PROBLEMAS

Fig. 6 – **Tipologia dos processos de interacção internacional**

No plano abstracto por onde se iniciou o exame aos processos de interacção, verifica-se que, embora não apresentem sempre as mesmas características, existem certas vias repetitivas de relação internacional, susceptíveis de sistematização em duas categorias fundamentais (Fig. 6)[469]: os processos conjuntivos, que são a expressão da justiça e da amizade, ligados a situações políticas e que se caracterizam por relações de cooperação, de acomodação e de assimilação[470], onde o sistema internacional se encontra em estado de harmonia e os actores (aliados ou parceiros), por possuírem interesses compatíveis[471], recorrem à persuasão (forma de relação de poder resultante da exploração da força argumentativa) e actuam consensualmente[472] para a materialização de objectivos convergentes, criando vantagens materiais ou espirituais mútuas; os processos disjuntivos, que são a expressão da injustiça e do ódio, ligados a situações estratégicas, e que se caracterizam por relações de conflito, de oposição e de competição[473], onde o sistema internacional se encontra em estado de desacordo e os actores (contrários ou contendores), por possuírem interesses incompatíveis, recorrem à coacção (forma de relação de poder resultante da exploração da força material e mental) e actuam em desacordo para a materialização de objectivos divergentes, criando problemas materiais e espirituais recíprocos.

Este esforço de sistematização no sentido de precisar o emprego da terminologia das relações internacionais, destina-se a contribuir para que, ao longo da investigação, sobretudo, na formulação e na operacionalização da estratégia de defesa militar, se perceba o que se está a tratar. Importa,

---

[469] Ribeiro, António Silva, op. cit., p. 168.

[470] Fernandes, António José, *Relações Internacionais, Factos, Teorias e Organizações*, Lisboa, Editorial Presença, 1991, pp. 21 e 22, designa-as por relações amigáveis, que classifica em cooperação, reciprocidade e integração. Refere que se revestem de um aspecto normal, quotidiano, pacífico.

[471] Os interesses compatíveis são aqueles cuja satisfação por um actor não implica a inviabilização dos interesses dos outros actores.

[472] O trabalho consensual caracteriza-se por as disputas terem resolução política, ou por conduzir a apoios estratégicos mútuos.

[473] Fernandes, António José, op. cit., p. 22, designa-as por relações conflituosas, que classifica em desacordos, diferendos, litígios e guerras. Refere que se revestem de um aspecto mais problemático, resultante de dificuldades de vária ordem, e o seu carácter mais ou menos grave pode pôr em causa o princípio da responsabilidade internacional dos Estados.

no entanto, notar que, como refere Fernandes[474], a classificação das relações internacionais segundo dois tipos fundamentais é apenas tendencial (existem várias), uma vez que as relações amigáveis comportam sempre elementos conflituosos e as relações conflituosas também comportam elementos pacíficos. Por exemplo, o conflito Leste-Oeste não impediu que se mantivessem relações diplomáticas e consulares entre países do Leste e do Ocidente, e que se incrementassem as relações entre os EUA e a URSS; e as relações amigáveis no seio da NATO e do Pacto de Varsóvia não evitaram que se desenvolvessem elementos conflituosos entre os seus membros, como foi o caso da França na NATO e da Roménia no Pacto de Varsóvia.

1.2. Processos conjuntivos

Os processos conjuntivos ajudam a perpetuar a ordem internacional estabelecida, desenvolvem-se de acordo com a normalidade reconhecida e aceite pelos actores internacionais. Embora nos processos conjuntivos existam elementos disjuntivos, eles são minimizados pelo recurso à persuasão, com exploração da força argumentativa, que fomenta o estado de harmonia no sistema internacional, necessário à satisfação de objectivos convergentes.

Nas relações de cooperação, cuja raiz latina é *cooperari*, que significa trabalhar conjuntamente, os actores agem em colaboração para materializar objectivos comuns, fomentando o diálogo e a compreensão mútuos, sem prejuízo da independência das partes. É a forma mais vulgar de relação internacional, considerada indispensável para a manutenção da harmonia da sociedade internacional. Raramente o esforço é igual entre as partes intervenientes na relação, pelo que o conteúdo da cooperação está associado, preferencialmente, a acções conjuntas para atingir objectivos comuns, sem a presença de qualquer forma dominadora de um parceiro relativamente aos restantes. Como refere Pereira[475], não é uma actividade de um Estado que satisfaz o interesse de outro Estado (como acontece nas relações da acomodação), mas a actividade de todos que satisfaz o inte-

---

[474] Como notou Fernandes, António José, op. cit., pp. 22 e 23.
[475] Pereira, André Gonçalves, *Curso de Direito Internacional Público*, 2ª ed., Lisboa, Editorial Ática, 1970, p. 27.

resse geral. Do ponto de vista jurídico, a cooperação assenta no princípio da soberania e na consequente igualdade entre os Estados. Para além disso, obedece ao princípio do consenso, que pressupõe o acordo de todos os actores interessados na cooperação. Do ponto de vista político, a cooperação é feita de acordo com as concepções do mundo e da vida de cada Estado. Por outras palavras, a cooperação tem sempre subjacente objectivos políticos. A necessidade de promover o desenvolvimento económico e social, e de preservar a paz mundial, a luta contra a escravatura, o trabalho forçado, as epidemias, o tráfico de estupefacientes, a fome, o analfabetismo, etc., suscitou o desenvolvimento das relações de cooperação de carácter global ou sectorial, e de natureza informal ou institucional em organizações de âmbito multilateral[476], com a finalidade de satisfazer interesses comuns a vários Estados, e em acordos e parcerias de âmbito bilateral, com a finalidade de satisfazer interesses comuns a dois Estados.

Nas relações de acomodação, cuja raiz latina é *accommodare*, que significa apropriar, adaptar, proporcionar ou conformar, perante objectivos individualizados e diferenciados, os actores mantêm uma espécie de acordo de trabalho mínimo, que permite a continuação das acções dos intervenientes nessa relação internacional, mesmo quando não estão de acordo entre si, viabilizando, assim, a sua consecução, através da acção ou da abstenção do outro. Por outras palavras, pode dizer-se que a acomodação materializa uma forma mais ou menos passiva de evitar o choque ou, no fim deste, de ajustar e adaptar os contrários. É caracterizável pela expressão "dá e

---

[476] Como refere Fernandes, António José, op. cit., pp. 35 e 36, as organizações de cooperação multilateral englobam hoje todos os domínios de actuação do Estado. Apenas como exemplo, referem-se, de seguida, algumas das mais conhecidas. As organizações de cooperação política destinam-se a estreitar as relações políticas entre os Estados e a promover a sua cooperação (ONU, OEA, OUA, Conselho da Europa, Liga Árabe, CPLP). As organizações de cooperação militar têm como finalidade predominante a manutenção da paz e da segurança dentro de uma determinada área geográfica (NATO e ANZUS). As organizações de cooperação económica destinam-se a fomentar as relações económicas, financeiras e comerciais entre os seus membros (OCDE, COMECON, EFTA, FMI, BIRD, PNUDI, CNUCED, GATT). As organizações de cooperação social e humanitária têm como finalidade a protecção do indivíduo ou de grupos sociais e dos seus direitos (UNICEF, OMS, FAO, OIT). As organizações de cooperação científica, cultural e técnica destinam-se a promover a cooperação entre os Estados, com vista a favorecer os intercâmbios culturais, bem como a investigação científica e a assistência técnica (UNESCO, OMM, UIT, UPU, AIEA).

recebe", com o sentido de que cada actor modifica os seus comportamentos com a intenção de se acomodar ao outro, através da simples tolerância, do respeito pela lei, ou da observância de diferentes estatutos de força. Fernandes[477] designa-as por relações de reciprocidade. Como refere Pereira[478], surgem quando dois ou mais Estados adoptam determinada conduta, com consciência da sua obrigatoriedade, em virtude de reconhecerem que, cada um deles, com essa conduta, satisfaz o interesse de um outro Estado e vê, em consequência, satisfeito por este o seu interesse. No quadro bilateral, Fernandes[479] apresenta como exemplos típicos: as relações consulares que se situam no domínio técnico em matéria comercial e administrativa; as relações diplomáticas (clássicas) no domínio político em todas as áreas de interesse para o Estado e os seus nacionais; as relações diplomáticas *ad-hoc* por representantes dos Estados e das Organizações Internacionais geralmente em ambiente multilateral.

Nas relações de assimilação, cuja raiz latina é *adsimilatio*, que significa tornar-se semelhante, ao contrário do que acontece nas relações de cooperação[480] e acomodação, verifica-se sempre a aceitação recíproca de modelos de comportamento. Por isso, e como refere Fernandes[481], para os Estados há perda de prerrogativas soberanas externas (caso dos Estados federais, como os EUA) ou, pelo menos, a limitação ao exercício dessas prerrogativas nos sectores de actividade abrangidos pelo processo de integração em que os Estados estão inseridos (caso de uma organização supranacional como a União Europeia). «No primeiro caso, os Estados abdicam das suas prerrogativas soberanas externas a favor de uma nova entidade política soberana (a Federação ou Estado Federal), que assume responsabilidade de representar externamente o conjunto de Estados Federados e absorve algumas prerrogativas soberanas internas que passam a ser da sua competência. No segundo caso, os Estados aceitam criar (ou tornar-se membros de) uma Organização Internacional de carácter supranacional,

---

[477] Ibid, p. 22.
[478] Pereira, André Gonçalves, op. cit., p. 27.
[479] Fernandes, António José, op. cit., pp. 27 a 33.
[480] A cooperação no quadro das Organizações Internacionais, apesar de exigir uma contribuição ou uma participação activa dos Estados, não elimina as suas prerrogativas soberanas, porque mantêm toda a competência necessária para decidir se aceitam, ou não, contribuir ou participar nos processos e nas tarefas.
[481] Fernandes, António José, op. cit., p. 256.

que promove relações de integração obrigatórias nos domínios abrangidos pela carta constitutiva da organização. Nestes domínios, os Estados membros deixam de ter competência para decidirem autonomamente, sendo obrigados a respeitar as decisões da organização»[482].

As relações de assimilação podem ocorrer a diferentes níveis, desde o nacional ao mundial, passando pelo regional. A nível nacional, a assimilação é um processo específico, que se verifica, sobretudo, entre actores com etnias diferentes, durante o qual os seus esquemas de pensamento e acção se misturam de forma a partilhar o mesmo modelo de comportamento. Embora o grau de assimilação dependa de numerosos factores, parece que os rácicos e os culturais assumem particular relevância. As minorias étnicas na Europa oferecem exemplos históricos das dificuldades de assimilação. Segundo Fernandes[483], existem diferentes teorias de integração política, cujos exemplos mais comuns são: a teoria funcionalista; a teoria neofuncionalista; a teoria federalista e a teoria de comunicação. A União Europeia é o exemplo mais marcante das relações de assimilação, sobretudo, nas áreas da economia e das finanças, que obrigaram a importantes perdas de soberania dos Estados membros.

1.3. *Processos disjuntivos*

Os processos disjuntivos contribuem para alterar a ordem internacional estabelecida, e desenvolvem-se questionando a normalidade reconhecida e aceite pelos actores internacionais. Embora nos processos disjuntivos existam elementos conjuntivos, eles são minimizados pelo recurso à coacção, com exploração da força material e mental, que fomenta o estado de desacordo no sistema internacional, associado à prossecução de objectivos divergentes (Fig. 7).

Nas relações de conflito os actores são inimigos e envolvem-se em litígios, durante os quais procuram alcançar objectivos que reputam por vitais. A raiz latina é *confligere*, que significa embater contra, colidir, combater e lutar, o que define uma situação onde os actores protagonizam uma

---

[482] Ibid, ibidem.
[483] Ibid, pp. 257 a 267.

ameaça sob a forma de confronto[484], que materializa o grau de negação associado à manifestação de hostilidade, uma luta que se caracteriza por um choque violento[485] para se obrigarem a capitular[486] nas respectivas ambições. Tal luta pode ter como efeitos básicos[487] a destruição ou o domínio, que incide, preferencialmente, sobre as populações. Na destruição um actor derruba o outro e suprime-o, eliminando os seus interesses. No domínio um actor manda soberanamente no outro, impondo-lhe coercivamente os seus interesses. Os efeitos básicos da destruição e do domínio têm em conta muito mais que apreciações materiais. Como refere Charnay[488], consideram a mutação da natureza e da essência profunda da entidade estratégica do contrário. A reacção considerada é vencer o conflito. Independentemente das escolas de pensamento, o conflito é a visão mais global e radical da divergência de objectivos. Embora não traduza, forçosamente, o emprego das Forças Armadas, é nele que a guerra tem lugar, entre outras formas de conflito.

---

[484] O centro de intenção e de acção do conflito é o confronto entre os intervenientes na relação. Contudo, há sempre um objectivo declarado, em razão do qual se manifesta o conflito, pelo que este é um meio de atingir um fim.

[485] A violência é uma propriedade da força. Esta é violenta se provoca a destruição do seu objecto de aplicação. Intimamente ligada à noção de violência está a de agressão, conceito cuja definição foi elaborada pela Comissão Especial sobre a Questão da Definição de Agressão, composta por 35 membros, que decidiu submetê-la à consideração da 29ª Sessão da Assembleia Geral da ONU, que aprovou, em 14 de Setembro de 1974 a Resolução 3314 com o seguinte texto: «Agressão é o uso da força armada por um Estado contra a soberania, a integridade territorial ou a independência política de outro Estado ou de qualquer outra forma inconsistente com a Carta das Nações Unidas».

[486] Na opinião de Couto, op. cit., p. 85, o estado de capitulação inerente às situações estratégicas, pode ser alcançado: criando um risco de esmagamento físico do inimigo, decorrente da destruição ou da ameaça de destruição dos seus meios materiais de reacção; criando um risco de asfixia económica, resultante da impossibilidade de o inimigo sustentar os meios de reacção de que dispõe; procurando a substituição do interlocutor, por forma a que as chefias inimigas sejam favoráveis aos nossos pontos de vista; originando um estado psicológico de capitulação, em resultado da deterioração das forças morais do inimigo. Para provocar a capitulação um actor escolhe, combina e emprega os meios à sua disposição, de forma a que a acção estratégica concorra para produzir no inimigo os efeitos psicológicos necessários e suficientes à decisão pretendida, isto é, a prevalência das exigências próprias.

[487] Luttwak, Edward N., op. cit., p. 11, designa-os por consequências estratégicas das decisões políticas.

[488] Charnay, Jean-Paul, op. cit., p. 176.

Nas relações de oposição, cuja raiz latina é *opponese*, que significa colocar diante, os actores são antagonistas e envolvem-se em diferendos, durante os quais procuram alcançar objectivos, que cada um deles deseja ou não, mas que reputam por importantes. Birou considera que a oposição é uma resistência activa ou passiva, um obstáculo violento ou não violento, a que outros actores materializem objectivos importantes[489]. Desta forma, os actores protagonizam uma ameaça sob a forma de obstáculo, que materializa o grau de negação associado à manifestação de resistência (activa ou passiva), numa luta que se caracteriza por contrariedade para se tornarem ineficientes nas respectivas ambições. É uma forma suave de conflito, que pode ter como efeitos básicos o comando ou controlo, que incide, preferencialmente, sobre regiões geográficas. No comando um actor dirige superiormente o outro, condicionando globalmente os interesses do contrário.

No controlo um actor dirige superiormente o outro, condicionando parcelarmente os interesses do contrário. Isto é, permite a satisfação de alguns interesses numas áreas, em prejuízo de outros noutras áreas. A reacção considerada é contornar a oposição.

Nas relações de competição, cuja raiz latina é *competitio*, que significa disputar por pretender em comum, os actores são adversários e envolvem-se em disputas, durante as quais tentam alcançar os mesmos objectivos, que consideram secundários. Nos processos de conflito e de oposição a atenção centra-se no outro. Como tal, os actores estão em permanente contacto ou comunicação.

Como nota Holsti[490], no processo de competição o relacionamento directo não acontece necessariamente, porque aquilo que os adversários visam em primeiro lugar, são os objectivos que desejam e, só depois, se consideram um ao outro, protagonizando uma ameaça sob a forma de dificuldade, que materializa o grau de negação associado à manifestação de rivalidade, numa luta que se caracteriza pela concorrência destinada a causar prejuízos nas respectivas ambições. Tal luta pode ter como efeitos básicos a instabilidade ou a transformação, que incide, preferencialmente, sobre outros poderes nacionais. Na instabilidade um actor provoca incons-

---

[489] Birou, A., *Dicionário de Ciências Sociais*, Lisboa, Publicações D. Quixote, 1978, pp. 286 e 287.
[490] Holsti, K. J., *International Politics – A Framework for Analysis*, 6ª ed., Londres, Prentice Hall International, 1992, p. 350.

tância no outro, dificultando a satisfação dos seus interesses. Na transformação um actor provoca mudanças no outro, alterando os seus interesses. A reacção a considerar é diferir a competição.

Nos processos disjuntivos os contendores têm com finalidade criar problemas recíprocos que devem ser superados. A intensidade da coacção utilizada em cada relação, dependente do valor atribuído ao objectivo a preservar ou manter, determina o grau de negação e as formas de manifestação da força (ameaças) que se colocam mutuamente. Porém, no ambiente operativo do Estado e no contexto de qualquer situação estratégica, não existem só problemas a superar. Surgem, frequentemente, eventualidades a explorar, que determinam igualmente as atitudes estratégicas de cada actor quanto às oportunidades a aproveitar, aos apoios a utilizar e às neutralidades a relegar.

2. Formas de acção

Como se referiu antes, a formulação de exigências relativamente à consecução ou preservação de determinados interesses, leva ao estabelecimento de relações internacionais e ao empreendimento de acções de política externa, em que os actores realizam actos de comunicação (mensagens e negociações) e manifestações de força (desenvolvimento e emprego), apoiados por recursos e informações. Daqui resulta que as acções de política externa diferem nas suas formas, não só pelo conteúdo da mensagem e pela natureza das negociações, mas, também, pelo tipo de atitude, pela natureza da força e pelos resultados e consequências. A decisão sobre o tipo de acção política externa a realizar é influenciada pela ideologia e pelo poder nacional. A ideologia enforma as diferentes concepções sobre o rumo em que a acção deve ser conduzida. O poder oferece as formas de pressão a utilizar na acção, que podem variar entre a persuasão e a coacção.

As formas de acção que recorrem à persuasão, com exploração da força argumentativa, são designadas por pacíficas. Destinam-se a materializar objectivos relativos a interesses secundários, que se adaptam ao sabor de consensualizações de diversos tipos. As pressões resultantes do poder de cada actor, ou não surgem ou aparecem de forma dissimulada e não agressiva, para forçar a solução de compromisso que harmonize os interesses das partes. Entre as formas de pressão pacíficas, assumem grande importância na política externa as que recorrem à tradição e ao trabalho das instituições, porque, ao assegurarem, na maioria das situações, o respeito pela ordem internacional instituída, facilitam a aceitação das decisões. Sem esta aceitação, a operacionalização da política externa seria extraordinariamente difícil e extremamente penosa, pelo facto de, por um lado, implicar a obtenção de um acordo específico para cada problema e, por outro lado, fomentar a tentação de obter qualquer acordo através do emprego da violência física. Apesar de a política externa requerer aceitação, muitas vezes é um processo autoritário, em virtude de a tomada e a operacionalização das decisões dos órgãos colectivos tenderem a ser imperativas.

As formas de acção que recorrem à coacção, com exploração da força material e mental, são rotuladas de não pacíficas. Visam a materialização de objectivos relativos a interesses vitais ou importantes, que se mantêm irredutíveis às consensualizações de qualquer tipo. As pressões resultantes do poder de cada actor tornam-se pertinentes e agressivas, para forçar a solução de ruptura que impõe os interesses de um contendor aos de outro. A sua expressão mais gravosa é a guerra, conceito que, após a II Guerra Mundial, tem vindo a ser gradualmente substituído ou complementado pelo conceito de crise, no âmbito do qual também se exprimem mais comummente as formas de acção pacíficas.

2.1. Pacíficas

As formas de acção pacíficas[491] caracterizam-se por, nos actos de comunicação e nas manifestações de força através das quais um actor tenta persuadir (convencer) outro da sua razão, se verificar a obediência aos limites impostos pelos códigos de conduta decorrentes de imposições culturais[492] e pelas regras pragmáticas relacionadas com as possibilidades dos meios de cada actor. As manifestações de força são ordenadas, os con-

---

[491] De acordo com o art. 33º da Carta das Nações Unidas, as partes num conflito procurarão, antes de tudo, chegar a uma solução por negociação, inquérito, mediação, conciliação, arbitragem, solução judicial, recurso a entidades ou acordos regionais, ou por qualquer outro meio pacífico à sua escolha.

[492] Caminha, João C. G., op. cit., p. 38, identifica normas precedentes, leis, tradições, tratados, convénios, jurisprudência, etc., através dos quais os Estados procuram soluções de compromisso, que permitam articular os interesses das partes envolvidas na relação internacional.

tendores possuem reduzida liberdade de movimentos e declaram uns aos outros os respectivos meios e intenções. As formas de acção pacíficas pressupõem o acordo entre as partes e podem ser sistematizadas em: diplomáticas (negociações directas, processo de inquérito, bons ofícios, mediação e conciliação); jurídicas (arbitragem e via judicial) e superestatais.

As formas de acção diplomáticas não dizem respeito a regras do Direito Internacional, pelo que não derivam da interpretação de tratados. Por isso, não fazem apelo a considerações de natureza vinculativa. Como refere Prieto[493], fundamentam-se na equidade e na tolerância, e destinam-se a conduzir as relações internacionais através da negociação e do diálogo, ou por quaisquer outros meios para promover as relações pacíficas entre os Estados. No seu âmbito enquadram-se: as negociações directas; o processo de inquérito; os bons ofícios; a mediação; a conciliação. As negociações directas[494] designam, no entender de Magalhães[495], as negociações que são efectuadas directamente pelos detentores do poder político. Distinguem-se, por isso, daquelas que se processam através de intermediários ou de representantes, que designa por negociações diplomáticas.

---

[493] Prieto, Noé Cornago, «Diplomacy», *Encyclopaedia of Violence, Peace and Conflict*, vol. I, s. l., Academic Press, 1999, p. 559.

[494] As negociações directas são estabelecidas por meio de correspondência entre os Chefes de Estado ou os Ministros dos Negócios Estrangeiros, ou por intermédio dos agentes diplomáticos. Nestes actos, as relações obedecem a regras e fórmulas. Existe um estilo diplomático na forma dos documentos e nos actos da diplomacia. Os principais documentos diplomáticos são: tratados; concordatas; notas diplomáticas; memórias diplomáticas; discursos diplomáticos; cartas; instruções; relatórios; despachos. Entre os documentos diplomáticos de vontade unilateral destacam-se: actos de abdicação; actos de tomada de posse; actos de reconhecimento; actos de renúncia; actos de protesto; actos de notificação; credenciais e plenos poderes; ultimato; declarações de guerra. Os documentos diplomáticos bilaterais ou multilaterais em que há a conjugação da vontade de dois ou mais Estados, são as convenções e os tratados.

[495] Magalhães, José Calvet de, *Manual Diplomático*, 4ª ed., Lisboa, Editora Bizâncio, 2001, p. 39.

RELAÇÕES	ACTORES	ACÇÕES	OBJECTIVOS	AMEAÇAS	MANIFESTAÇÕES	CARACTERIZAÇÕES	RESULTADOS	REACÇÕES	EFEITOS	ALVO
CONFLITO	INIMIGOS	LITÍGIOS	VITAIS	CONFRONTO	HOSTILIDADE	CHOQUE	CAPITULAÇÃO	VENCER	DESTRUIÇÃO OU DOMÍNIO	POPULAÇÕES
OPOSIÇÃO	ANTAGONISTAS	DIFERENDOS	IMPORTANTES	OBSTÁCULO	RESISTÊNCIA	CONTRARIEDADE	INEFICIÊNCIA	CONTORNAR	COMANDO OU CONTROLO	REGIÕES GEOGRÁFICAS
COMPETIÇÃO	ADVERSÁRIOS	DISPUTAS	SECUNDÁRIOS	DIFICULDADE	RIVALIDADE	CONCORRÊNCIA	PREJUÍZOS	DIFERIR	INSTABILIDADE OU TRANSFORMAÇÃO	PODERES NACIONAIS

Fig. 7 – **Caracterização das relações internacionais de conflito, de oposição e de competição**

As negociações directas processam-se na forma escrita ou em contactos bilaterais ou multilaterais, através de congressos e de conferências internacionais[496], que visam a obtenção de proveitos recíprocos no sentido dos objectivos dos intervenientes. As negociações diplomáticas[497] são, simultaneamente, o processo mais antigo e comum, mas menos eficaz, de garantir a reciprocidade nas relações internacionais, especialmente quando as partes em divergência se equivalem em potencial estratégico. A experiência demonstra que, nestas circunstâncias, raramente se verifica a desistência ou a transigência de qualquer delas, em relação às respectivas pretensões.

O processo de inquérito é conduzido por uma ou mais entidades terceiras que, neste caso, formarão uma comissão internacional, constituída por acordo entre as partes. Esse acordo especifica os factos materiais que deverão ser objecto da investigação, o modo e o prazo de constituição da comissão e a extensão dos poderes conferidos aos comissários. Neste processo, segundo Tuscoz[498], o inquiridor ou a comissão de inquérito deve analisar os factos e reunir as provas, de forma a estabelecer uma base objectiva em que poderá assentar facilmente as negociações. Por isso, é mais um processo para facilitar a solução, do que uma forma de resolução de divergências. Actualmente, o inquérito por terceiros nomeados pelas partes encontra-se em franca decadência. Porém, como refere Hartmann[499], este processo faz parte da prática das grandes organizações internacionais, que costumam nomear comissões de inquérito.

---

[496] Os congressos e as conferências são, normalmente, convocados por um ou mais Estados, no quadro de negociações recíprocas. Nelas participam delegados dos Estados soberanos, que devem intervir de boa fé nas discussões, dispondo do direito de liberdade de voto. O Tratado de Vestefália (1648) foi precedido de congressos e conferências de grande duração e muito trabalhosos. Os tratados são registados e têm de ser respeitados. A sua modificação pode ocorrer, sendo para tal necessário o consentimento das partes.

[497] Nas relações internacionais, as negociações estão sempre presentes e são realizadas pelos diversos representantes dos Estados, muitas vezes sem o objectivo final de firmar um tratado ou convenção. Nestes actos intervêm, forçosamente, os diplomatas.

[498] Tuscoz, Jean, *Direito Internacional*, Mem Martins, Publicações Europa-América, 1994, p. 345.

[499] Hartmann, Frederick, *The Relations of Nations*, 2ª ed., Nova Iorque, The MacMillan Company, 1962, p. 232.

Os bons ofícios consistem numa intervenção amigável de uma terceira parte[500], a fim de levar os Estados em divergência a procurarem uma solução pacífica. São mais um processo de aproximação e facilitação dos contactos entre as partes, de forma a evitar que as divergências se agravem, do que propriamente uma forma resolução das divergências. Com efeito, o contributo essencial da terceira parte, consiste em levar os contendores a negociar. Porém, não participa nas negociações. Limita-se a providenciar um canal de comunicação entre os contendores, abrindo assim caminho para a diplomacia bilateral directa. Os sucessivos Secretários Gerais das Nações Unidas têm oferecido, por várias vezes, os seus bons ofícios[501] aos Estados envolvidos em divergências, assumindo assim o papel de apaziguador. Como evidencia Tuscoz[502], favorecem o diálogo entre as partes, de forma a estabelecer a confiança entre elas, sendo que o processo de bons ofícios evolui com frequência para a mediação[503].

A mediação é muito semelhante aos bons ofícios. Segundo Tuscoz[504], consiste na intervenção activa de um mediador (Papa, soberano, personalidade de prestígio, ou organização internacional aceite pelas partes), que participa directamente nas negociações, levando as partes a acordarem numa solução para a divergência. Para esse efeito, o mediador procura apaziguar eventuais agravos entre as partes, e formula propostas que, embora não sejam vinculativas, tentam conciliar as posições dos actores em disputa, em conformidade com os artigos 4º e 6º das Convenções de Haia

---

[500] Quanto ao papel de terceiras partes, convém fazer a distinção entre os bons ofícios e as secções de interesses. Estas, referem-se a situações em que as relações diplomáticas foram interrompidas e uma embaixada de uma terceira parte é encarregada de supervisionar os interesses de uma das partes. Por vezes, um Estado pode solicitar que os seus diplomatas sejam autorizados a agir a partir de uma embaixada de uma terceira parte. Esta situação ocorreu durante a disputa internacional entre Portugal e a Indonésia sobre Timor, quando os nossos diplomatas estabeleceram uma secção de interesses na embaixada holandesa em Jacarta.

[501] São exemplos de bons ofícios: o papel da Suíça na conclusão formal das hostilidades entre o Japão e os EUA em 1945; o contributo da França para desencadear as negociações entre os EUA e o Vietname do Norte em Paris, em Fevereiro de 1970.

[502] Tuscoz, Jean, op. cit., p. 345.

[503] Hartmann, Frederick, op. cit., p. 231.

[504] O contributo dos EUA no conflito Israelo-Árabe desde 1973, constitui um exemplo de mediação.

de 1899 e de 1907. Como refere Prieto[505], é um método particularmente adequado nas situações em que a solução de compromisso é muito difícil de alcançar, face às hostilidades entre as partes, ou devido à natureza do conflito.

A conciliação distingue-se do processo de inquérito, na medida em que, para além de definir os factos que estão na origem da divergência, examina os aspectos jurídicos do diferendo e propõe às partes uma solução amigável. A comissão, que integra personalidades de reconhecida neutralidade e experiência, é instituída por tratado e deve examinar os aspectos jurídicos do diferendo, propondo, às partes, uma solução aceitável[506]. Diferencia-se, por isso, da mediação, dado que é muito menos flexível para as partes, em virtude de estas serem confrontadas com uma proposta que aceitam ou rejeitam, atitude que põe fim à conciliação.

Embora fundamentada na equidade e na tolerância, só é possível encontrar as formas de acção diplomáticas puras associadas às relações de cooperação, de acomodação e de assimilação e, por vezes, nas situações de competição, quando as acções destinadas a persuadir o adversário ainda são muito intensas ou, então, para ganhar simpatias ou pôr fim às suspeitas dos neutros[507]. Nas restantes situações, as técnicas e os processos de condução das negociações entre os Estados envolvem sempre formas de pressão económica, psicossociológica, política ou militar, que conferem à diplomacia o carácter de estratégia diplomática.

As formas de acção jurídicas dizem respeito às regras do Direito Internacional, pelo que derivam da interpretação de tratados. Pressupõem sempre a intervenção de entidades independentes, que fazem apelo a considerações de natureza jurídica e as suas propostas ou conclusões são vinculativas. Tal como no Direito Interno, as duas formas de acção jurídica são a arbitragem e a via judicial. Mas, no caso do Direito Internacional, a função jurisdicional assenta no dogma da vontade dos Estados a ele se submeterem, seja directamente na constituição de tribunais arbitrais, seja pela vinculação a tratados que possam determinar a sua aplicação. No seu âmbito enquadram-se a arbitragem e a via judicial.

---

[505] Prieto, Noé Cornago, op. cit., p. 564.
[506] Hartmann, Frederick, op. cit., p. 232.
[507] Couto, Abel, op. cit., p. 81.

A arbitragem tem por objectivo a resolução de litígios com recurso a juízes árbitros[508], escolhidos pelas partes e tem por base o respeito pelo Direito Internacional. Pressupõe a prévia celebração de um Compromisso Arbitral, que define o objecto do litígio, as condições de designação dos árbitros, os poderes destes últimos, as regras do processo e, eventualmente, o direito aplicável pelos árbitros[509]. A decisão dos juízes árbitros é obrigatória e definitiva, mas a sua execução é deixada à boa fé das partes em divergência. Distingue-se da mediação e da conciliação, devido à sua natureza quase judicial e ao facto de o veredicto ser final. Os tribunais arbitrais podem apresentar-se sob a forma de tribunais *ad-hoc* ou permanentes[510].

A via judicial tem como diferença relativamente à arbitragem, uma questão de organização e de formalidade. Neste caso, a decisão é da competência de um tribunal pré-constituído, formado por juízes não escolhidos pelas partes. O órgão judicial internacional mais importante é o Tribunal Internacional de Justiça, com sede em Haia, que dispõe de um colectivo de 15 juízes nomeados por 9 anos reelegíveis[511]. Relativamente à organização, a via judicial prevê a aceitação ou rejeição da jurisdição do Tribunal. Tem competência consultiva e contenciosa. Porém, a esta última só podem recorrer os Estados que aceitarem a cláusula de jurisdição. A obrigatoriedade das sentenças pode ser accionada com recurso ao Conselho de Segurança, que desencadeia os mecanismos necessários (art. 94º da Carta das Nações Unidas). Como este poder é condicional (se o Conselho de Segurança achar necessário), verifica-se que os membros do Conselho de Segurança podem bloquear os pedidos do Tribunal Internacional de Justiça[512].

---

[508] O Tribunal Arbitral Permanente de Haia, instituído em 1899, é detentor da lista de nomeação de juízes árbitros, que não necessitam de ser magistrados de Direito.

[509] Dinh, Nguyen Quoc; Daillier, Patrick; Pellet, Alain, op. cit., p. 766.

[510] Gouveia, Jorge Bacelar, *Manual de Direito Internacional*, Coimbra, Livraria Almedina, 2003, p. 557.

[511] Os magistrados são eleitos separadamente pela Assembleia Geral e pelo Conselho de Segurança, por maioria absoluta de votos nos dois órgãos. O Tribunal é renovável anualmente por terços. As despesas são suportada pela ONU. Cada Estado só pode incluir um nacional, de forma a garantir a representação das grandes formas de civilização dos principais sistemas jurídicos do mundo. De acordo com este critério, a distribuição dos juízes segundo os continentes é a seguinte: Europa 6, Ásia 2, América 3, África 3 e Médio Oriente 1.

[512] Para além deste tribunal, também tem âmbito global o Tribunal Penal Internacional. Como refere Gouveia, Jorge Bacelar, op. cit., p. e ss. 619, é de natureza diferente do

As formas de acção superestatais são reguladas pela Carta das Nações Unidas, nomeadamente no seu Capítulo VIII (Acordos Regionais). O art. 52º incentiva à criação das Organizações Internacionais e ao seu papel na solução pacífica de controvérsias locais, com o natural estímulo do Conselho de Segurança. O art. 53º destaca, no entanto, que nenhuma acção coerciva deve ser levada a efeito sem autorização do Conselho de Segurança.

As formas de acção jurídicas e superestatais estão intimamente ligadas, porquanto ambas são aplicadas por organizações superestatais. Porém, as primeiras, pelos seus órgãos jurídicos, enquanto, as segundas, pelos seus órgãos directivos. Em ambos os casos a decisão é obrigatória, fundada no Direito Internacional e determinada por personalidades ou entidades independentes. Holsti[513], com base em dados apresentados por Ernest Hass, refere que a ONU alcançou um sucesso considerável na gestão dos conflitos internacionais entre 1945 e 1965. A partir deste ano e, até ao fim da Guerra-Fria, começou a diminuir a sua capacidade para conseguir alcançar soluções para as disputas internacionais, fosse a diminuição ou o fim do conflito, o isolamento do conflito, ou ajudar a estabelecer um acordo final. Nesse período, as organizações regionais também não tiveram um melhor desempenho na resolução superestatal de disputas internacionais. A partir do fim da Guerra-Fria a ONU voltou a assumir um papel mais activo, sobretudo porque a URSS/Rússia deixou de bloquear o Conselho de Segurança com o seu veto. Porém, importa realçar que as intervenções da ONU, na generalidade dos casos e na melhor das hipóteses, conseguem refrear situações de violência extensiva e evitam as intervenções militares das grandes potências, mas não alcançam acordos definitivos sobre as questões subjacentes à disputa internacional. Segundo Holsti[514], mantém os conflitos congelados, na forma de pequenas guerras-frias que persistem por alguns anos. Alguns acabarão, provavelmente, por se tornar em aceitações passivas da situação, outros ficarão obsoletos com a passagem do tempo ou com o desenvolvimento de novas circunstâncias diplomáticas. Se a ONU conseguir manter essa situação, impedindo a intervenção das

---

Tribunal Internacional de Justiça, uma vez que a sua jurisdição é sobre pessoas que cometeram crimes e não sobre Estados soberanos. Todavia, o tipo de crimes que neles podem ser julgados, oferece possibilidades para a resolução de disputas internacionais.

[513] Holsti, K. J., op. cit., p. 373.
[514] Ibid, p. 374.

grandes potências, poderão alcançar-se acordos formais. Em suma, poderá afirmar-se que a ONU é um órgão superestatal com relevância na gestão de crises, mas com limitações na resolução das disputas internacionais.

As formas de acção pacíficas (Fig. 8), por assentarem na persuasão, não podem ser consideradas no âmbito da estratégia. No entanto, em boa verdade, qualquer delas poderá recorrer indirectamente, em maior ou menor grau, as formas de coacção política, económica, psicossocial, ou militar. Por outro lado, os actores nunca participam em igualdade de condições na política internacional, mas, antes, com o estatuto que decorre do poder que dispõem, o que significa, em última instância, a capacidade de impor os seus interesses pela força das armas. Por isso, a ONU atribui maiores responsabilidades e prerrogativas aos países de maior poder nacional. Estas duas inegáveis realidades, levam Caminha[515] a admitir a existência, pelo menos, de uma estratégia diplomática, ligada à diplomacia ostensiva e, sobretudo, à diplomacia secreta, através da qual os grandes poderes fazem concessões recíprocas à revelia das potências secundárias, em áreas onde os respectivos poderes se anulam quando há um equilíbrio aceitável de interesses a trocar.

Não é demais realçar que o recurso à coacção e à exploração da força material e mental, é muito mais importante na política internacional, que as formas de acção diplomáticas, jurídicas ou superestatais, que recorrem à persuasão e à exploração da força argumentativa. É por isso que, na presença de um pequeno poder, os principais poderes chamam a si as decisões internacionais que afectam as grandes áreas ou interesses. Nestas circunstâncias, os Estados não podem confiar em exclusividade a sua segurança àquelas formas de acção. Se o fizerem, serão esmagados pelas realidades da vida internacional, que admitem formas de acção não pacíficas, onde o recurso a diferentes níveis de coacção, cria um leque amplo de consequências, variáveis entre a transformação e a destruição dos actores. Assim sendo, os governantes esclarecidos só consideram os valores da justiça e da tolerância inerentes às formas de acção pacíficas, na justa medida em que servem para aumentar o poder e para materializar objectivos nacionais. Quando esses valores debilitam o poder são desprezados e adoptadas formas de acção não pacíficas. Estas, traduzem a supremacia do poder nacional sobre o Direito Internacional no sistema internacional.

---

[515] Caminha, João C. G., op. cit., p. 43.

2.2. Não pacíficas

As formas de acção não pacíficas[516] caracterizam-se por, nos actos de comunicação e nas manifestações de força através das quais um actor tenta coagir (obrigar) outro a cumprir a sua vontade, se verificar um jogo com limites impostos pelos códigos de conduta decorrentes de imposições culturais e pelas regras pragmáticas relacionadas com as capacidades dos meios de cada actor. As manifestações de força tornam-se desordenadas, os contendores possuem grande liberdade de realização de movimentos e escondem uns dos outros os respectivos meios e intenções. Pressupõem o desacordo entre as partes, e Couto[517] sistematiza-as em não belicosas e belicosas. Nas não belicosas são usados, preferencialmente, meios psicológicos, económicos e políticos, segundo as formas de coacção psicológica, económica, política clandestina no interior do contendor, e diplomática[518].

---

[516] O recurso a formas de acção não pacíficas é uma consequência de, apesar de todos os esforços dispendidos na elaboração do Direito Internacional e na constituição e funcionamento de organizações supranacionais destinadas a regular as disputas, o sistema político internacional ainda se encontrar numa fase feudal, com o poder organizado em núcleos esparsos e autónomos, em que, apesar das interdependências decorrentes da globalização, cada Estado se defronta com os restantes, tal como noutras épocas os senhores de domínios quase auto-suficientes, se desafiavam mutuamente e levavam à luta as suas cortes heterogéneas e turbulentas de cavaleiros, de servos, de vassalos e de homens livres.

[517] Couto, Abel, op. cit., pp. 86 a 90.

[518] Estas formas de coacção podem ser materializadas pelas seguintes actividades: retorsão, represália, embargo, boicote, bloqueio pacífico e ruptura das relações diplomáticas. A retorsão traduz-se na adopção de medidas lícitas, mas aplicadas com intencional e desusado rigor, de modo a colocar em posição desfavorável outro Estado ou os seus cidadãos. É uma medida discriminatória, de compulsão, que constitui uma falta de equidade e de cortesia, mas não viola o estabelecido pelo Direito Internacional. A represália é o acto pelo qual os Estados respondem a violações de tratados ou dos princípios do Direito Internacional. Os requisitos da legitimidade das represálias são os seguintes: só devem ser actos de legítima defesa; devem ser proporcionais à lesão; devem ser usados como último recurso e depois de esgotadas as soluções pacíficas e só em caso de violação patente ao Direito Internacional. O embargo é o arrasto do navio e carga de um súbdito de um Estado nos portos ou águas do Estado ofendido. O boicote é uma forma de embargo tendente a impedir ou a dificultar o comércio com o Estado ofensor. Diverge da represália e da retorsão, porque não é feito de Estado contra Estado. Implica, antes, acção individual. O bloqueio pacífico consiste em impedir, por meio da força armada, com navios de guerra, toda a comunicação com as costas e portos de um país, a que não foi declarada guerra. O seu fim é forçar o

A forma de coacção militar poderá ser usada, desde que tenha apenas um carácter punitivo de exemplo localizado, sem intenção de prosseguir ou de empenhar meios militares em esforços de grande dimensão e duração. Nas belicosas[519] os meios militares têm preponderância sobre os restantes na acção política externa e, por isso, consubstanciam claramente o facto de a estratégia ser a aplicação da política de forma imperativa.

Como já foi referido, a coacção é a ameaça do emprego ou o emprego efectivo da força em sentido lato, de forma a impor ao contrário os nossos pontos de vista. No caso da ameaça do emprego da força, segundo Schelling[520], ela deve explicitar com clareza a acção que é exigida ao contendor, o carácter de urgência dessa exigência, o tipo de castigo pelo não cumprimento da exigência e a recompensa pela sua observância. No caso do emprego efectivo da força, ele é feito através do esmagamento físico[521], da asfixia económica[522], da deterioração das sua forças morais[523], da substituição do interlocutor[524], etc. Porém, a acção coerciva, normalmente, é identificada apenas com o emprego da força militar. Sendo as disputas estratégicas um fenómeno com carácter integral e não exclusivamente militar, onde se combinam e empregam acções diplomáticas, económicas, psicológicas e militares, a acção coerciva pode e deve revestir-se de várias formas, segundo a natureza das forças empregues: psicológica, económica, política clandestina no interior do contendor, diplomática e militar. Para além disso, a acção coerciva varia de intensidade, de acordo com as formas como cada contendor manifesta a força, para fazer prevalecer as suas exigências, com recurso à hostilidade, à resistência e à rivalidade. Os resulta-

---

país bloqueado a fazer certas concessões. O bloqueio pacífico deve respeitar as seguintes condições: ser declarado, notificado e mantido de forma suficiente; os navios da Nação bloqueada que não respeitam o bloqueio podem ser sequestrados.

[519] Cuja raiz latina – *bellicosu* –, significa inclinado à guerra, guerreiro, beligerante, aguerrido, que incita à guerra, belicista. Logo, acções bélicas são acções de guerra onde se usa a força que o Estado dispõe.

[520] Schelling, Thomas, *Arms and Influence*, New Haven, Yale University Press, 1966, p. 72.

[521] Destruição dos meios materiais de reacção do contrário.

[522] Impedindo o contrário de manter os meios de reacção de que dispõe.

[523] Criando no contrário um estado psicológico de capitulação.

[524] Conquistando o poder e apoiando um grupo nacional dissidente que seja favorável aos nossos pontos de vista.

	Envolvimento de Terceiros	Forma de Actuação	Resultado	Conclusão	Observações
Negociação Directa	Não	Contactos directos e de boa fé	Transacção, aquiescência ou desistência	Acordo entre as partes	Pressupõe boa fé e um razoável relacionamento entre as partes
Processo de Inquérito	Comissão internacional de inquérito, constituída por acordo das partes	Terceira parte faz averiguação dos factos ocorridos	Apuramento dos factos que estão na origem da controvérsia	Aceitação das responsabilidades pelas partes	Presume-se algum desconhecimento dos factos pelas partes
Bons Ofícios	As partes aceitam intervenção amigável de parte terceira	Terceira parte tenta aproximar e facilitar os contactos entre as partes, sem participar	Eventual solução de negociação	Solução pacífica aceite pelas partes	Terceira parte tem um papel de aproximação das partes
Mediação	Terceira ou terceiras partes (mediador ou mediadores)	Intervenção activa, com participação no apaziguamento de eventuais agravos	Formulação de propostas de solução	Solução não vinculativa	Terceira parte tem papel interventivo
Conciliação	Comissão constituída por tratado	Comissão examina aspectos jurídicos do diferendo	Proposta de solução aceitável pelas partes	Aceitação ou rejeição da proposta	Terceira parte faz análise jurídica do diferendo
Arbitragem	Juízes árbitros	Decisão de juízes escolhidos pelas partes	Sentença vinculativa	Execução depende da boa fé das partes	Tem natureza quase judicial e o veredicto é final
Via Judicial	Tribunal pré-constituído	Decisão de juízes não escolhidos pelas partes	Decisão definitiva	Execução da sentença é obrigatória	No âmbito da ONU (TIJ), execução pode ser exigida pelo Conselho de Segurança da ONU
Acção Superestatal	Órgãos directivos da ONU	Conforme a Carta das Nações Unidas	Decisão obrigatória	Execução da sentença é obrigatória	Medidas coercivas necessitam de autorização do Conselho de Segurança da ONU

Fig. 8 – **Formas de acção pacíficas**

dos associados podem ser a capitulação, a ineficiência e os prejuízos, o que tem como efeitos básicos a destruição ou domínio, o comando e controlo, e a instabilidade e transformação.

A coacção psicológica visa influenciar, num sentido desejável, o raciocínio, as atitudes, as emoções, os motivos, as decisões e os comportamentos dos governos dos contendores ou neutros, de determinados grupos e indivíduos no seu interior e da opinião pública em geral[525], a fim de conquistar adesões para os objectivos visados, de desacreditar os do outro, de desmoralizá-lo[526] e de reduzir a sua eficiência, criando dúvidas, dissidências e desafectações entre os seus apoiantes. Utiliza métodos de comunicação direccionados para aquelas audiências, envia mensagens através dos meios disponíveis[527] e recorre a todos os motivos profundos que impelem os cidadãos a baterem-se ou a recusarem fazê-lo. Entre os mais importantes, destacam-se o patriotismo, o idealismo, o receio, a esperança, o ódio, o desejo de bem-estar, a vaidade, o orgulho e o sentimento de solidariedade. Embora a coacção psicológica tenha sido sempre utilizada, e esteja intimamente ligada às outras formas de coacção[528], as modernas tecnologias das comunicações e os progressos nas técnicas psicológicas, conferiram à coacção psicológica uma importância muito superior, a ponto de se individualizar como instrumento da estratégia[529]. Os seus efeitos são conse-

---

[525] Na actualidade, qualquer acção do Estado, a nível interno ou externo, em regimes democráticos ou totalitários, necessita do apoio da opinião pública. Com efeito, enquanto nas sociedades democráticas a decisão e a execução das acções dependem grandemente da adesão popular, nas sociedades autocráticas verifica-se grande susceptibilidade aos movimentos de massas.

[526] Couto, Abel, op. cit., p. 87.

[527] Os principais meios de coacção psicológica são: a televisão, o cinema, a rádio, a imprensa, os panfletos, os folhetos, os livros, os cartazes, os rumores (boatos), os slogans e a INTERNET (sobretudo os blogs).

[528] Na realidade, a coacção militar tem sempre em conta factores psicológicos na escolha das operações a realizar. A coacção económica visa enfraquecer o moral da população contrária. As coacções política, clandestina e diplomática têm repercussões morais muito importantes.

[529] Para isso, os Estados utilizam departamentos especializados na selecção de factos para notícia, e na sua difusão e apresentação com recurso aos meios de comunicação social, tendo em vista condicionar, manobrar, ou até alterar a opinião pública em função das interpretações próprias de valores éticos e morais universalmente aceites, da História e do Direito. Este comportamento dos Estados é válido nos planos interno e externo. Con-

guidos explorando tensões sociais ou económicas, bem como paixões de natureza ideológica, através do recurso a técnicas de propaganda[530], de doutrinação e de esclarecimento. Inserem-se neste quadro a manipulação[531] ou o controlo da opinião pública e a desinformação[532], com a exploração de temas criteriosamente escolhidos, o estímulo de pacifismos e o recurso a acções terroristas de intimidação. Embora a coacção psicológica tenha grande importância, caso não seja adequadamente realizada, pode provocar a perda de credibilidade e desencadear o risco inerente a más interpretações das mensagens transmitidas. Segundo Kiehl[533], a coacção psicológica pode ser sistematizada segundo três quadros operacionais distintos. As operações psicológicas estratégicas destinam-se a obter o apoio e a cooperação de audiências amigas e neutrais, e a alterar a vontade e capacidade de audiências hostis, potencialmente hostis e neutrais para realizarem acções agressivas, e contribui para a gestão de crises e para a dissuasão em apoio de acções diplomáticas. As operações psicológicas de gestão de crises destinam-se a criar uma atmosfera de apoio e vontade de cooperar entre partes em conflito e a população, a fim de apoiar a consecução dos objectivos da missão e a protecção da força. As operações psicológicas de combate são realizadas contra audiências alvo, em apoio dos objectivos

---

tudo, os valores, apesar de amplamente invocados, poucas vezes são respeitados. Quanto à História e ao Direito acabam, normalmente, por prevalecer as razões e as interpretações do mais forte.

[530] Na propaganda, umas vezes, procura-se caluniar, desvalorizar, incutir medo, etc. Outras vezes, apoia-se a infiltração de ideias favoráveis à política externa de um país, junto da população de outro país. Apesar de a generalidade dos países consagrar esforços às actividades internacionais de propaganda, foram os EUA quem, durante a Guerra-Fria, de forma intensiva e com mais sucesso, desenvolveu as operações de propaganda à escala global. Para esse efeito, criou uma vasta rede de rádio e de TV (*Voz da América*), salas de leitura, centros de informação, de distribuição de livros e de panfletos, e organizou exposições e demonstrações (*US Information Agency*). Complementarmente, financiou a *Radio Free Europe* dirigida aos países de Leste, e a *Radio Liberty* direccionada para a URSS. Em 1983 estabeleceu a *Radio Marti* destinada à difusão para Cuba. Como refere Luttwak, Edward N., op. cit., p. 192, a propaganda também serve para manipular as percepções contrárias acerca das capacidades militares.

[531] Tendo em vista subverter as lealdades às chefias.
[532] Com o sentido de informar erradamente, mentindo.
[533] Kiehl, William P., *Information Operations: Time for a Redefinition?*, Carliste, The US Army Peacekeeping Institute, 2002, pp. 8 e 9.

dos comandantes de qualquer nível, como parte integrante das operações de combate. São concebidas para derrotar a força oponente, reduzindo ou eliminando a sua vontade de combater, bem como para apoiar a liberdade operacional do comandante.

A coacção económica pode ser exercida com recurso à influência económica ou à imposição de sanções. No primeiro caso há a intervenção económica de um actor junto de outro, com o objectivo de o inserir numa área de influência económica. Manifesta-se por ajuda económica ao desenvolvimento, concessão de taxas preferenciais para empréstimos, concessão de incentivos ao investimento estrangeiro, concessão da cláusula de país mais favorecido, assistência técnica, etc.. Embora estas modalidades pareçam pacíficas, elas dissimulam uma intenção estratégica mais profunda e sofisticada que é o condicionamento da liberdade de acção política pela influência económica que cria grandes dependências dos fracos relativamente aos fortes. No segundo caso, como refere Couto[534], a coacção económica destina-se a levar o contendor a uma asfixia económica ou, pelo menos, a ter quebras sensíveis nos níveis de produção e de vida, por forma a facilitar o desenvolvimento de crises políticas internas que possam ser exploradas por outras formas de coacção. A coacção económica pode ter consequências positivas no contendor, nomeadamente, estimular a reorganização e o reapetrechamento, fomentar a solidariedade e o aumento da coesão para auto defesa, e aumentar a produtividade e a eficiência, o que conduz a um nível de resistência imprevisto. Ao nível das consequências negativas são de evidenciar os custos económicos, sociais e políticos para os países a que são impostas as medidas de coacção económica, resultantes da recessão da produção interna, do desemprego, da instabilidade no investimento e de tensões sociais internas. A nível internacional as consequências negativas mais comuns são as perturbações da rede de trocas e no tráfego, as instabilidades nos sistemas monetário e financeiro, a ruptura nos aprovisionamentos e alinhamentos políticos dos países terceiros a favor e contra as medidas de coacção económica. A coacção econó-

---

[534] Couto, Abel, op. cit., p. 89. Para evitar os efeitos da coacção económica é usual a tomada de medidas defensivas, nomeadamente: constituição de stocks estratégicos; diversificação dos mercados de origem e destino; manutenção das indústrias básicas; manutenção de vias de comunicação independentes; diversificação das fontes financeiras e reservas cambiais; políticas de aliança ou integração económica.

mica, em qualquer das formas antes identificadas, só adquire importância fruto das inúmeras interdependências dos Estados para a manutenção dos níveis de prosperidade[535]. Genericamente, como refere Holsti[536], a coacção económica expressa-se por acções como boicotes de importações ou de aquisições de serviços, exploração de dependências económicas, manipulações de preços e de recursos financeiros, restrições de empréstimos, suspensões de ajudas, expropriações, imposições de tarifas ou de quotas de aquisições, perturbações nos sistemas de transportes e comunicações, embargos e bloqueios, que podem requerer o emprego de meios militares ou ser explorados por outras formas de coacção[537].

A coacção política clandestina no interior do contendor visa, como afirma Couto[538], não só a sua desestabilização, criando-lhe dificuldades internas que enfraquecem a capacidade de acção externa, mas, também, levá-lo a rever os seus objectivos políticos num sentido mais favorável aos interesses que se pretendem promover ou proteger, ou, então, a colocar no poder um Governo apoiado por uma facção mais favorável àqueles interesses. Esta forma de coacção evidencia-se, frequentemente, pelo fomento de crises de identidade nacional, pela desvalorização da percepção de ameaças externas, pelas campanhas de desprestígio do sistema político, pelo desenvolvimento de um clima de subversão, pela organização de levantamentos revolucionários susceptíveis de conduzir a intervenções internacionais, etc.

---

[535] Quando encarada numa perspectiva ampla e asséptica, a acção económica tem como objectivo alcançar níveis de desenvolvimento capazes de gerar o progresso e de suportar a segurança e o bem-estar dos diferentes povos do mundo. Contudo, este objectivo nem sempre é verdadeiro e universal, porque as decisões económicas de cada Estado não assentam em princípios altruístas, mas nas interpretações daqueles que apresentam mais vantagens e menos inconvenientes, tendo sempre como referência fundamental a necessidade de atingir ou preservar os objectivos nacionais, empregando o menor número possível de recursos. Por isso, pode dizer-se que existe uma estratégia económica, cujas expressões mais comuns evidenciam, não só, o seu papel como motor do desenvolvimento, através das organizações internacionais, mas, também, como gerador de problemas globais, decorrentes dos métodos de desenvolvimento e como instrumento para garantir a proeminência do Estado, por intermédio das ajudas internacionais.
[536] Holsti, K. J., op. cit., pp. 184 e 185.
[537] Couto, Abel, op. cit., pp. 89 e 90.
[538] Ibid, p. 89.

A coacção diplomática procura, geralmente, o isolamento político ou o condicionamento comportamental do contendor, reduzindo-lhe a liberdade de acção nos *fora* internacionais, subtraindo-lhe apoios diplomáticos através da aprovação de moções de condenação, da exclusão de organizações internacionais, ou cerceando a colaboração prestada por outros actores. Como refere Couto: «É, actualmente, mais vasta, complexa e multifacetada que outrora, dado que a acção é sempre multilateral e, por vezes, à escala planetária, os palcos são variados, havendo que actuar junto de Governos, em organizações internacionais, etc., e os resultados podem assumir formas também variadas, desde políticas declaratórias, recomendações da ONU, deliberações do Conselho de Segurança, créditos financeiros, fornecimento de material de guerra, etc., etc..»[539].

Luttwak[540] evidencia o condicionamento comportamental provocado pela combinação das formas de coacção diplomática e psicológica, para manipular as percepções dos contendores acerca das capacidades militares recíprocas. Neste contexto, refere que, algumas vezes, são desvalorizadas, de forma a poderem ser empregues com uma força inesperada. Isto ocorre quando há intenção de agir directamente sobre um contrário, causando-lhe surpresa. Porém, na maior parte das vezes, o propósito é dissuadir. Para isso, são efectuadas grandes demonstrações militares, na presença dos adidos militares estrangeiros, acompanhadas de proclamações sobre a existência de extraordinárias capacidades militares, de forma a produzir imagens ampliadas das verdadeiras capacidades militares. Neste contexto, refere o exemplo de Mussolini, que dissuadiu o Reino Unido e a França de interferirem na conquista da Etiópia e na intervenção na Guerra Civil de Espanha.

A coacção militar, segundo Couto[541], visa obrigar o contendor a aceitar os nossos pontos de vista (legítimos ou ilegítimos), ou a impedi-lo de recorrer a determinadas linhas de acção, quer através do emprego de meios militares orientados para as suas fontes de poder, quer por intermédio da evidente determinação de empregar uma capacidade militar susceptível de o anular ou paralisar. Pode assumir as formas de posicionamentos ou de movimentos de forças, de alterações dos graus de prontidão, de mobiliza-

---

[539] Couto, Abel, op. cit., p. 88.
[540] Luttwak, Edward N., op. cit., pp. 192 e 193.
[541] Couto, Abel, op. cit., p. 90.

ções de reservas, de realização de exercícios ou de demonstrações de força, de fornecimento de instrutores, de bloqueio militar ou, em último recurso, de intervenção aberta das forças militares. O recurso à coacção militar, como forma de acção política internacional, é sujeito a diversas mutações, decorrentes dos aspectos morais e sociais da guerra, e do emprego das tecnologias que conferem eficácia e reduzem a letalidade das armas.

Em estratégia, qualquer acção pressupõe uma reacção contrária. Por isso, às formas de coacção opõem-se as formas de anti-coacção nos mesmos domínios, que visam rejeitar as condições que o contrário pretende impor, através da utilização de meios materiais e de meios morais em nível e tipo apropriados. Os meios morais estão associados ao processo psicológico, que leva a preferir ou rejeitar a razão contrária, ou a moldar-se, ou não, à situação desfavorável criada. Por isso, a essência da estratégia, utilizando formas de coacção belicosas ou não belicosas, é, essencialmente, de ordem psicológica. Isto é, relaciona-se com as situações que conduzem à desintegração pessoal e material do contrário, através da destruição do seu moral e da sua vontade de agir. Os meios materiais são um instrumento utilizado para alcançar esse fim. No entanto, como o seu emprego impõe grandes sacrifícios, importa ter presente o imperativo de manter a adesão da população aos objectivos nacionais. Para isso, é usual agir-se de duas formas. A forma persuasiva tira partido dos motivos profundos que levam cidadãos a bater-se, sacrificando as suas vidas. Para obter o seu empenhamento em acções estratégicas tão exigentes, é preciso informá-los, dirigi-los e explicar-lhes a necessidade desses sacrifícios. As campanhas de imprensa, de rádio e de televisão são muito úteis. Porém, é essencial obter o contributo de agrupamentos sociais influentes, nomeadamente o clero, os professores, os sindicatos e os partidos políticos. A população deve ter o sentimento que todos participam no esforço estratégico e que assumem a sua parte do desconforto e das privações suplementares. É da maior vantagem que uma ideologia social alimente o espírito de sacrifício da população. A forma coerciva destina-se a condicionar a actuação de elementos subversivos. Nesse sentido, é necessário: impor medidas severas de controlo dos meios de informação; colocar em lugar seguro indivíduos perigosos para a manutenção da ordem; exercer vigilância sobre elementos duvidosos, retirando-os de postos onde possam prejudicar o esforço estratégico; reprimir a desordem e a acção subversiva; preservar a população e as Forças Armadas da propaganda adversa.

3. Modelos de acção estratégica

Um problema essencial da concepção de uma modalidade de acção é a escolha de um modelo de acção estratégica que, conforme refere Charnay, «seleccione e combine certos elementos do sistema»[542], isto é, os factores de decisão, segundo os princípios estratégicos da importância do objectivo, da economia de esforço e da liberdade de acção, considerados conjuntamente, de forma a tornarem possível uma avaliação objectiva das possibilidades próprias e dos contrários num determinado contexto estratégico. Luttwack designa esses modelos de acção estratégica por «estilos nacionais»[543] e refere que marcam uma posição no espectro da manobra-atrito. Afirma que não são universais e que as excepções criadas pelo homem ou pelas circunstâncias, podem ser importantes. Também refere que não decorrem das condições permanentes das Nações, nem de características étnicas fixas. Evidencia que, como reflectem imagens das potencialidades ou das vulnerabilidades materiais relativas entre dois contendores, dependem do alvo da comparação e podem variar no tempo com as circunstâncias, por vezes abruptamente.

Couto[544], partindo dos trabalhos de Beaufre[545], propôs os modelos de acção estratégica de nível integral (Fig. 9), que intitulou de ameaça directa, de ameaça indirecta, de pressão indirecta, de acções sucessivas, de lassidão, de acção militar de aniquilamento, de acção militar de atrito e de acção indirecta de neutralização. Cada um deles engloba condutas dife-

---

[542] Charnay, Jean-Paul, op. cit., p. 139.
[543] Luttwak, Edward N., op. cit., pp. 98 e 99.
[544] Couto, Abel, op. cit., pp. 296 a 303.
[545] Beaufre, André, op. cit., pp. 40 a 43, apresenta os seguintes cinco modelos estratégicos: ameaça directa, quando se dispõe de meios de coacção eficazes e utilizáveis, como foi o caso da URSS para manter o seu império durante a Guerra-Fria; a pressão indirecta quando o objectivo é modesto e não se dispõe de meios suficientes para constituir uma ameaça decisiva, como foi o caso das estratégias hitleriana e soviética, devido à dissuasão provocada pela ameaça directa das forças contrárias; uma sucessão de acções políticas, diplomáticas e militares limitadas, como Hitler realizou entre 1935 e 1939; a luta prolongada de fraca intensidade militar, como foram as guerras de descolonização; o conflito violento visando a vitória militar do tipo das guerras napoleónicas, da *Blitzkrieg* de 1939 a 1940 e das guerras do Golfo de 1991 e 2003.

rentes na sua materialização técnica. Porém, como são homólogas na sua finalidade, mantém o carácter de modelo[546].

Segundo Couto, esta categorização destina-se apenas a facilitar a compreensão do quadro conceptual dos modelos clássicos de acção estratégica aplicáveis ao Estado a nível integral. Não esgota todas as possibilidades, nem significa, de forma alguma, qualquer compartimentação entre modelos. Com efeito, basta que um dos factores de decisão mude, para estarem criadas condições que favoreçam o aparecimento de outros modelos de acção estratégica. Sobre esta problemática, Charnay[547] refere que a concepção de um modelo depende, não só da investigação do estratega que considera o sistema no seu conjunto, mas, também, das possibilidades técnicas de um dado momento e da estrutura na qual ele se inscreve.

O modelo de ameaça directa[548] é materializável quando o objectivo é secundário[549]. Visa, essencialmente, a manutenção do *status quo* existente, impedindo um contrário de o alterar. Pode ser adoptado quando se dispõe de meios materiais muito superiores ou igualmente poderosos, e se goza de considerável liberdade de acção. Situa-se no âmbito do estilo de acção da estratégia directa. Como o objectivo é secundário, o contendor não quererá correr grandes riscos na sua materialização. Como tal, o seu empenhamento em meios humanos e materiais, e a sua determinação moral serão de fraco valor. Em consequência disso, duas situações se podem colocar. Se a relação de forças for desequilibrada, este modelo pode manifestar-se sob a forma de ultimato, como aconteceu a Portugal, em 11 de Janeiro de 1890, quando a Grã-Bretanha, mesmo sem empenhar meios poderosos, exigiu que, até à tarde desse dia, o Governo de Lisboa mandasse retirar as tropas que se encontravam no vale do Chire. Se a relação de forças for equilibrada, a ameaça de emprego de meios poderosos pode levar um contendor a abdicar de modificar a situação existente. É o caso que se verifica entre as potências nucleares, através da estratégia de dissuasão nuclear. Porém, as estratégias de dissuasão, sejam nucleares ou convencionais, assentam no modelo da ameaça directa.

---

[546] Charnay, Jean-Paul, op. cit., p. 139.
[547] Ibid, ibidem.
[548] Ibid, ibidem. Beaufre, André, op. cit., p. 40.
[549] Caso fosse importante ou vital usar-se-ia, por exemplo, o modelo de aniquilamento militar.

O modelo de ameaça indirecta[550] é materializável quando o objectivo é secundário. Visa, essencialmente, a manutenção do *status quo* existente, as nossas forças são muito inferiores e dispõe-se de suficiente liberdade de acção. Situa-se no âmbito do estilo de acção da estratégia indirecta. Este modelo é utilizado pelos Estados fracos, que se sentem ameaçados por vizinhos fortes. Para isso, a nível militar são postas em prática disposições que se destinam a dificultar qualquer sucesso rápido dos contrários. As acções diplomáticas e psicológicas visam criar condições para o desenvolvimento de alianças permanentes ou conjunturais que congregam fortes apoios externos, susceptíveis de materializar uma importante ameaça. A conjugação das disposições militares com os apoios externos, reduz a liberdade de acção do contendor, que renuncia assim aos seus objectivos.

O modelo de pressão indirecta[551] é materializável para um objectivo relativamente secundário, quando as nossas forças são superiores e a liberdade de acção reduzida, ou quando as nossas forças são inferiores e a liberdade de acção grande. Situa-se no âmbito do estilo de acção da estratégia indirecta. É, aliás, a sua expressão mais pura, dado que não implica o uso da força militar própria, embora se possa favorecer a acção militar de terceiros, quando tal concorrer para a consecução ou preservação do objectivo visado.

Como em qualquer das situações identificadas, não se pode utilizar o potencial estratégico necessário e não se justificam grandes sacrifícios, o objectivo deverá ser alcançado por acções de carácter insidioso e de natureza clandestina no interior do contendor, ou de natureza diplomática, económica ou psicossocial nos *fora* internacionais necessários à vida política do contendor. Estas acções prolongam-se no tempo e destinam-se a desarticular a sua capacidade operativa e a enfraquecer as suas forças morais, levando-o a aceitar o objectivo visado.

Este modelo foi aplicado por Hitler antes da II Guerra Mundial, através da criação e emprego de «quintas colunas». Também foi determinante nas estratégias dos EUA e da URSS durante a Guerra-Fria, para o controlo das suas zonas de influência, e para sustentar a corrida aos armamentos. Foi igualmente aplicado por Portugal relativamente à Indonésia, no quadro da resolução do problema da independência de Timor, entre 1975 e 2001.

---

[550] Couto, Abel, op. cit., p. 297.
[551] Ibid, ibidem. Beaufre, André, op. cit., p. 40.

O modelo de acções sucessivas[552] (do salame ou da alcachofra)[553] é materializável para um objectivo importante, quando as nossas forças são superiores ou equilibradas e a liberdade de acção reduzida, ou quando as nossas forças, disponíveis ou utilizáveis, são limitadas e a liberdade de acção suficiente. Situa-se na zona de transição entre os estilos de acção das estratégias directa e indirecta. Embora se enquadre mais no campo da estratégia indirecta, quando a acção militar é muito relevante pode incluir-se na estratégia directa. Como característica marcante, apresenta a impossibilidade de usar um potencial mássico que confira superioridades materiais decisivas. Como o objectivo é importante, são admissíveis sacrifícios elevados de ambas as partes, o que exige forças materiais consideravelmente robustas.

Se o objectivo for decomposto ou disfarçado em objectivos parcelares, se forem desenvolvidas acções diplomáticas e psicológicas que convençam outros actores com interesse na área e as respectivas opiniões públicas, quanto ao carácter limitado e razoavelmente legítimo dos nossos objectivos parcelares, e se as acções realizadas para a sua materialização forem modestas e espaçadas no tempo, combinando a ameaça directa, a pressão indirecta e as acções militares rápidas mas limitadas, os contrários poderão considerar que não se justificam grandes empenhamentos. Foi o modelo adoptado por Hitler na conquista da Áustria e da Checoslováquia, no prelúdio da II Guerra Mundial. A utilização deste modelo na actualidade é extremamente improvável, sobretudo se, desse facto, resultarem prejuízos para as grandes potências, que possuem interesses estratégicos globais. Contudo, em tese, é adequado quando um determinado actor tem planos estratégicos de longo prazo, com objectivos estratégicos importantes, cuja materialização só pode ser conseguida pelo emprego ofensivo de meios militares reduzidos.

O modelo de lassidão[554] é materializável quando o objectivo é vital, as nossas forças muito inferiores e a liberdade de acção grande. Situa-se no âmbito do estilo de acção da estratégia indirecta. Neste modelo o fraco desencadeia a acção estratégica, dispondo de meios materiais insignifican-

---

[552] Couto, Abel, op. cit., p. 298. Beaufre, André, op. cit., pp. 40 e 41, 124 e 125, 130 e 131.
[553] Charnay, Jean-Paul, op. cit., p. 143.
[554] Couto, Abel, op. cit., p. 298. Beaufre, André, op. cit., pp. 41 e 125.

tes e de uma ideologia que valoriza grandemente as suas forças morais. Os meios materiais são utilizados lentamente, com recurso a tácticas de flagelação adequadas, que permitem preservar, ao máximo, os reduzidos meios militares próprios, de forma a prolongar a sua duração, enquanto se desgasta o contrário, enfraquecendo progressivamente as suas forças morais e materiais. A ideologia, no campo externo, serve de suporte às intensas acções diplomáticas e psicológicas, que se destinam a obter apoios e ajudas e a reduzir os apoios e a liberdade de acção contrária. No campo do contendor a ideologia serve de apoio às acções psicológicas que, ao enfraquecerem as suas forças morais, degradam a sua vontade colectiva.

Assume a forma de uma guerra prolongada de baixa intensidade militar, como aquela que Portugal travou nas suas colónias africanas entre 1961 e 1974, contra os movimentos de libertação. Na Guiné-Bissau foram melhorando as forças materiais, mantendo tácticas de actuação adequadas, aumentando as acções de desgaste nas forças portuguesas e enfraquecendo progressivamente as forças materiais e, especialmente, as morais. Assim, a relação de forças foi-se alterando e a liberdade de acção do PAIGC crescendo, enquanto a de Portugal se reduzia. A decisão só não foi obtida por desgaste das forças morais portuguesas, porque ocorreu a Revolução de 25 de Abril. No entanto, esta foi uma reacção dos militares, desencadeada pelos efeitos da prolongada guerra anti-subversiva em África, onde os objectivos em jogo tinham valor diferente para as partes em confronto. Os movimentos de libertação lutavam pela autonomização da sua pátria. Nas forças portuguesas, muitos militares, sobretudo os oficiais mais instruídos, alguns com cargos de maior responsabilidade, já não lutavam pelo Portugal do Minho a Timor e, muito menos, se interessavam por conter o avanço do comunismo, preocupações estratégicas centrais do regime vigente no país.

O modelo de aniquilamento militar[555] é materializável para um objectivo vital ou importante, em situação de suficiente liberdade de acção, quando os nossos meios militares são muito superiores, ou quando estão em condições de inferioridade relativa, mas se dispõe da iniciativa e se actua com surpresa. Situa-se no âmbito do estilo de acção da estratégia directa por excelência, dado que recorre, quase exclusivamente, ao uso da força militar própria para a consecução ou preservação do objectivo visado. Se os nossos meios militares são muito superiores, uma acção rápida, desen-

---

[555] Couto, Abel, op. cit., p. 300. Beaufre, André, op. cit., p. 42.

volvida com meios dotados de características operacionais adequadas, permitirá aniquilar o núcleo do sistema de forças militares do contrário, anulando a sua vontade de resistir. A rapidez da acção militar é essencial para que o contrário não disponha de tempo para edificar novas capacidades ou para desenvolver as alianças que alterem a relação de forças.

Este modelo foi excepcionalmente protagonizado pelos exércitos de massas de Napoleão, e esteve presente nos grandes conflitos europeus dos séculos XIX e XX. Também foi adoptado nas campanhas do Golfo lideradas pelos EUA em 1990 e 2003. Se os nossos meios militares estão em condições de relativa inferioridade, mas se se dispõe de iniciativa e se consegue actuar com surpresa, é possível, agindo com antecipação e através de um golpe instantâneo, aniquilar uma parte vital do núcleo do sistema de forças contrário. São exemplos clássicos desta variante do modelo de aniquilamento militar: o ataque japonês a Pearl Harbour, que neutralizou gravemente a esquadra americana do Pacífico; os ataques israelitas que destruíram, no solo, a maior parte da aviação egípcia e, posteriormente, a capacidade nuclear iraquiana.

O modelo de atrito militar[556] é materializável quando o objectivo é vital ou importante, os nossos meios são inferiores, mas se se dispõe de apreciável capacidade militar, a liberdade de acção é suficiente ou grande, mas não se pode actuar por antecipação, ou a iniciativa pertence ao contrário. Situa-se no âmbito do estilo de acção da estratégia directa, dado que as forças militares são o principal instrumento de coacção. Usado segundo tácticas adequadas, permitirá melhorar a relação de forças, combinando a manobra com acções de flagelação, de forma a evitar a batalha decisiva e, em simultâneo, a desgastar prolongadamente, no tempo e no espaço, material e psicologicamente, o contrário. Neste desgaste assumem papel relevante as formas de coacção política, económica e psicossocial. Quando se alcança uma situação favorável na relação de forças, a decisão é obtida pelo aniquilamento militar, ou pela desarticulação das forças morais contrárias, que tornam desnecessário o golpe militar decisivo, por abdicação da vontade de prosseguir a luta. São exemplos clássicos do modelo de atrito militar a estratégia defensiva de Portugal durante as invasões francesas e as estratégias defensivas da Rússia aos ataques napoleónicos e alemães.

---

[556] Couto, Abel, op. cit., p. 301.

MODELO	PRINCÍPIOS DA ESTRATÉGIA			ESTILO DE ACÇÃO
	OBJECTIVO	ECONOMIA DE ESFORÇO	LIBERDADE DE ACÇÃO	
AMEAÇA DIRECTA	SECUNDÁRIO	MUITO SUPERIORES / EQUILÍBRIO	GRANDE / SUFICIENTE	DIRECTO
AMEAÇA INDIRECTA	SECUNDÁRIO	INFERIORIDADE	SUFICIENTE	INDIRECTO
PRESSÃO INDIRECTA	SECUNDÁRIO	SUPERIORES / INFERIORES	REDUZIDA / GRANDE	INDIRECTO
ACÇÕES SUCESSIVAS	IMPORTANTE	SUPERIORES – EQUILÍBRIO / LIMITADAS	REDUZIDA / SUFICIENTE	INDIRECTO / DIRECTO
LASSIDÃO	VITAL	MUITO INFERIORES	GRANDE	INDIRECTO
ANIQUILAMENTO MILITAR	VITAL / IMPORTANTE	MUITO SUPERIORES / INFERIORES	SUFICIENTE	DIRECTO
ATRITO MILITAR	VITAL / IMPORTANTE	INFERIORES	SUFICIENTE / GRANDE	DIRECTO
NEUTRALIZAÇÃO INDIRECTA	VITAL / IMPORTANTE	MUITO INFERIORES	REDUZIDA	INDIRECTO

Fig. 9 – **Modelos de acção estratégica a nível integral**

O modelo de neutralização indirecta[557] é materializável para um objectivo vital ou importante, quando os nossos meios são muito inferiores e se desfruta de liberdade de acção reduzida. Situa-se no âmbito do estilo de acção da estratégia indirecta. A decisão, em circunstâncias tão desfavoráveis na relação de forças e na liberdade de acção, pode ser obtida actuando de forma clandestina, insidiosa e súbita, maximizando os meios disponíveis e a liberdade de acção existente, de forma a controlar os centros de poder político, militar e administrativo do contrário, bem como a destruir o complexo industrial ou energético, as bases militares, os depósitos de material de guerra ou outras infra-estruturas logísticas fundamentais, de forma a desarticular os seus nodos de poder. É o modelo típico usado nos golpes de Estado perpetrados por forças político-militares internas contra governos fracos, e em países com débeis estruturas políticas, económicas, sociais e militares, por forças externas que, por meio de acções clandestinas no interior do contrário, procuram colocar no poder um Governo mais favorável. Realça-se que, se este modelo de acção é usado em condições desfavoráveis na relação de forças e na liberdade de acção, muito mais fácil será o seu emprego quando essas condições são favoráveis, como foi demonstrado pelas intervenções dos EUA em países da América Latina, onde a CIA foi o seu principal instrumento de acção. Sem ser um modelo de acção decisivo, é extremamente flexível, pelo que pode ser empregue em todas as situações, de forma autónoma ou como complemento de outros modelos.

Os modelos de acção estratégica a nível integral propostos por Couto, salientam a importância da harmonia entre os princípios da estratégia na utilização dos factores de decisão, realçam o carácter e a originalidade do raciocínio estratégico, e permitem perceber a diversidade de soluções possíveis para as actuações estratégicas.

A importância da harmonia entre os princípios da estratégia na utilização dos factores de decisão, decorre não só da inutilidade de se optar por modelos clássicos de acção estratégica para os quais não existe capacidade de sustentação ou liberdade de acção, mas, também, da necessidade de se escolherem objectivos que permitam optar por outros modelos clássicos de acção estratégica, fazendo face a previsíveis evoluções da conjuntura.

---

[557] Ibid, p. 301.

Relativamente ao carácter e à originalidade do raciocínio estratégico, como notou Beaufre, este é bem distinto do relativo à táctica, à logística e à política, porque combina «os dados psicológicos e os dados materiais através de um procedimento intelectual abstracto e racional»[558], que reúne e analisa os elementos da situação, tendo em vista elaborar uma síntese (diagnóstico e escolha de solução). Com efeito, a táctica e a logística assentam em métodos para emprego de meios destinados a obter determinada solução, enquanto a política, ao ter de apreciar o que a opinião pública deseja ou admite, recorre de forma preponderante à psicologia e à intuição. No meio da complexidade associada às grandes transformações mundiais actuais, a existência de um método de raciocínio como o da estratégia, que permite conduzir os acontecimentos, em vez de se ser arrastado por eles, assume, por isso, a maior relevância.

No que se relaciona com a diversidade de soluções possíveis para as situações estratégicas, os modelos clássicos de acção estratégica tornam claro o carácter falacioso das concepções e das acções de alguns estrategas, que procuram a decisão através de um único modelo. Pode considerar-se um exemplo típico deste comportamento, a fórmula da "batalha decisiva", atribuída a Clausewitz. Beaufre chama atenção para esta problemática, quando refere que «a estratégia não deve ser uma doutrina única, mas sim um método de pensamento que permita classificar e hierarquizar os acontecimentos, e que permita depois, escolher os procedimentos mais eficazes. A cada situação corresponde uma estratégia específica; toda a estratégia pode ser a melhor em certas conjunturas e a pior noutras. Esta é a verdade essencial»[559]. A História política, diplomática e militar é um repositório de provas que invalidam as soluções estratégicas únicas, e mostra como podem originar problemas, cujas consequências terríveis se arrastam pelos séculos. A estratégia é um jogo dinâmico de parada e resposta, em que as acções recíprocas dos contendores visam obrigar uns a aceitar a vontade dos outros. Como tal, surgem frequentemente condições para que, de um lado ou do outro, se opte por diferentes modelos de acção, em função de uma análise judiciosa aos factores de decisão. Para além disso, a interacção estratégica entre os contendores altera os factores de decisão, particularmente os meios, o que modifica a relação de forças. Nestas circunstâncias,

---

[558] Beaufre, André, op. cit., p. 43.
[559] Ibid, p.11.

desenvolvem-se condições para a adopção de outros modelos de acção estratégica. Como refere Couto[560], um modelo de lassidão evolui, frequentemente, na fase final da acção, para o aniquilamento militar, a ameaça directa favorece a utilização da pressão indirecta, e o atrito militar pode evoluir para uma acção de lassidão ou para o aniquilamento militar.

CONCLUSÕES

O fio condutor desta investigação foi a pergunta de partida: «Que conceitos operacionais da estratégia são essenciais à sustentação teórica do processo estratégico?». A sua versão final resultou, sobretudo, da interacção com a fase de exploração, na qual foram realizadas as leituras e as entrevistas exploratórias, sustentadas numa permanente observação participante.

Os conceitos operacionais identificados, debatidos e desenvolvidos no texto, são apenas aqueles que a experiência pessoal reputou como essenciais ao processo estratégico. Foram sistematizados em gerais, intermédios e particulares, e associados de forma a desenvolver uma integração conceptual tão sólida, ampla e objectiva quanto possível, e a apresentar um entendimento geral sobre o processo estratégico.

Quase todos os conceitos identificados, debatidos e desenvolvidos têm um carácter operatório, na medida em que resultaram de construções empíricas realizadas por outros autores, a partir de observações directas ou de informação por eles recolhida. Porém, apresentam-se alguns conceitos sistemáticos, obtidos a partir de construções lógicas, que se realizaram por raciocínio abstracto-dedutivo, por analogia e por oposição. Foram desenvolvidos do geral para o particular, partindo de paradigmas propostos por grandes autores, mas estudando cada conceito em relação a outros conceitos, isolando progressivamente dimensões e indicadores. Neles se incluem, em especial, os princípios e as regras da estratégia.

Da investigação realizada resultou um incremento na sustentação teórica do processo estratégico, proporcionado pela identificação, debate e desenvolvimento dos conceitos operacionais da estratégia, que a experiência pessoal como estrategista levou a considerar como essenciais. Neste contexto, é aprofundada a análise sobre os conceitos de segurança nacional

---

[560] Couto, Abel, op. cit., p. 303.

e de defesa nacional, de forma a definir-lhes o conteúdo e as funções no contexto da estratégia como processo. A investigação também desenvolve a sistematização e a análise às concepções particulares de estratégia como plano, manobra, modelo comportamental, posição e perspectiva, abordando ainda a complementaridade destas concepções. Para além disso, pormenoriza a análise à modalidade de acção, aos factores de decisão, aos níveis de decisão e execução e às provas da estratégia. Quanto à modalidade de acção, identifica as questões a resolver, relativas à preparação e ao emprego do poder nacional. Sobre os factores de decisão, apresenta os elementos que dão corpo às questões que podem surgir na formulação e na operacionalização de uma modalidade de acção. Relativamente aos níveis de decisão e execução exigidos pela complexidade estrutural do Estado, explica como desmultiplicam entre si a função englobante do decisor de topo, dando origem às funções englobadas das autoridades responsáveis, subordinadas e laterais. Sobre o conceito de centro de gravidade, originalmente apresentado por Clausewitz e baseado nos efeitos, a investigação recupera-o como elemento essencial do processo estratégico. Para isso, clarifica as diferenças do conceito original relativamente a outros que, sob a mesma designação, se referem a múltiplos pontos críticos estratégicos e operacionais que podem ser atacados, ou a um centro/fonte de poder do contrário, que estão muito ligados ao emprego de meios. Ainda no campo do incremento da sustentação teórica, a investigação aprofunda o conteúdo dos parâmetros de avaliação das provas de adequabilidade, de exequibilidade e de aceitabilidade a que são sujeitas as modalidades de acção.

Da investigação realizada também resultaram algumas novidades na sustentação teórica do processo estratégico, proporcionadas pela investigação, debate e desenvolvimento dos conceitos operacionais da estratégia. Neste âmbito, a investigação apresenta um novo conceito de estratégia, definida como a ciência e a arte de edificar, dispor e empregar meios de coacção num dado meio e tempo, para se materializarem objectivos fixados pela política, de forma a superar problemas e a explorar eventualidades em ambiente de desacordo. Também caracteriza cada um dos elementos estruturantes deste conceito, para evidenciar a sua função no processo estratégico.

A investigação propõe novos princípios e regras da estratégia, destinados a orientar o processo criativo de articulação dos factores de decisão no quadro da formulação e da operacionalização de uma modalidade de acção estratégica em qualquer campo de acção. Estes princípios e regras contribuem para optimizar a eficácia na utilização dos meios para a materialização dos objectivos visados, desfrutando das melhores condições de meio e tempo para superar problemas e explorar eventualidades em ambientes de desacordo. Também são relevantes para a formação e para o treino de estrategistas em jogos de simulação, destinados a proporcionar uma educação útil para o desempenho das suas funções.

É apresentada uma fundamentação estratégica inovadora para as categorias das relações internacionais de conflito, de oposição e de competição, resultante da associação de diferentes tipos de actores, acções, objectivos, ameaças, manifestações, caracterizações, resultados, reacções e consequências. Desta forma, clarifica-se que, na coacção, há níveis distintos de emprego da força, úteis para diferenciar as relações internacionais em função dos factores indicados.

Também é nova a associação dos modelos de acção estratégica aos princípios da estratégia, de forma a realçar a originalidade do raciocínio estratégico e a evidenciar a diversidade de formas possíveis para as acções estratégicas.

Os conceitos propostos possuem um vasto campo de aplicação prática no processo estratégico. Podem não ajudar a actividade de todos os planeadores estratégicos, da mesma forma que uma boa carta náutica serve um navegador experimentado. Espera-se, no entanto, que tenham uma utilidade semelhante àquela que os marinheiros de Quinhentos davam aos corpos celestes ou aos sinais de terra: orientação sobre o caminho a seguir, para conferir um acréscimo de sustentação teórica ao processo estratégico.

BIBLIOGRAFIA

INSTRUMENTOS AUXILIARES DE PESQUISA

– BIROU, A., *Dicionário das Ciências Sociais*, 4ª ed., Lisboa, Publicações D. Quixote, 1978.
– *ENCYCLOPAEDIA BRITANNICA*, Vol. 16, Londres, 1963.
– MONTBRIAL, Thierry de e KLEIN, Jean, *Dictionnaire de Stratégie*, Paris, Presses Universitaires de France, 2000.
– PRIETO, Noé Cornago, «Diplomacy», *Encyclopaedia of Violence Peace and Conflict*, vol. I, s. l., Academic Press, 1999.

OBRAS ESPECÍFICAS

– AMBROZINI, Véronique; JOHNSON, Gerry; SCHOLES, Kevan, *Exploring Techniques of Analysis in Strategic Management*, Londres, Financial Times-Prentice Hall, 1998.
– ANDREWS, Kenneth, *The Concept of Corporate Strategy*, 2ª. ed., Dow-Jones Irwin, 1980.
– ANSOFF, H. Igor, *Corporate Strategy*, Nova Iorque, McGraw-Hill, 1965.
– ANSOFF, H. Igor e MCDONNELL, E. J., *Implanting Strategic Management*, 2ª. ed., Nova Iorque, Prentice Hall, 1990.
– ARON, Raymond, *Paz e Guerra entre as Nações*, 2ª ed., Brasília, Editora Universidade de Brasília, 2002.
– BAQUER, Miguel Alonso, *En qué Consiste la Estratégia*, Madrid, Ministério de Defensa, Secretaria General Técnica, 2000.
– BEAUFRE, André, *Introdução à Estratégia*, Lisboa, Edições Sílabo, 2004.
– BESSA, António Marques, *O Olhar de Leviathan*, Lisboa, Instituto Superior de Ciências Sociais e Políticas, 2001.
– BEYERCHEN, Alan D., «Clausewitz, Nonlinearity and the Unpredictability of War», *International Security*, Inverno 1992.
– BONAPARTE, Napoleão, *Como fazer a Guerra*, Lisboa, Edições Sílabo, 2003.
– CAETANO, Marcelo, *Manual de Ciência Política e Direito Constitucional*, 6ª ed., Coimbra, Almedina, 1996.
– CAMINHA, João C. G., *Delineamentos da Estratégia*, vols. I, II e III, Rio de Janeiro, Biblioteca do Exército Editora, 1982.

– CHANDLER, A. D., *Strategy and Structure: Chapters in the History of the Industrial Enterprise,* Cambridge, MIT Press, 1962.
– CHARNAY, Jean-Paul, *Critique de la Stratégie,* Paris, L'Herme, 1990.
– CLAUSEWITZ, Carl von, *Princípios da Guerra,* Lisboa, Sílabo, 2003.
– CLAUSEWITZ, Carl von, *Da Guerra,* 2ª. ed., Mem Martins, Europa-América, 1997.
– CLAUSEWITZ, Carl von, *Von Kriege,* 19ª ed., Regensberg, Pustet, 1991.
– CLAUSEWITZ, Carl von, *On War,* ed. e trad. Michael Howard e Peter Paret, Princeton, Princeton University Press, 1989.
– COLLINS, John M., *Grand Strategy – Principles and Practices,* Maryland, Naval Institute Press, 1974.
– CORREIA, Pedro Pezarat, *Manual de Geopolítica, Conceito, Teorias e Doutrinas,* vol. I, Coimbra, 2003.
– CORREIA, Pedro Pezarat, *Políticas de Defesa e Segurança,* Cascais, Conferência realizada no Centro Cultural de Cascais, 5 de Julho de 2006.
– COUTAU – BÉGARIE, Hervé, *Traité de Stratégie,* Paris, Économica, 1999.
– COUTO, Abel Cabral, *Elementos de Estratégia,* vol. I, Lisboa, Instituto de Altos Estudos Militares, 1988.
– CREVELD, Martin von, *La Transformation de la Guerre,* s. l., Éditions du Rocher, 1998.
– DAVID, Charles Phillppe, *A Guerra e a Paz, Abordagem Contemporânea da Segurança e da Estratégia,* Lisboa, Instituto Piaget, 2001.
– DEREK, Jinks, *How to Influence States: Socialization and International Human Rights Law,* Chicago – Public Law and Legal Theory Working Paper n.º 62, University of Chicago, Março 2004.
– DINH, Nguyen Quoc; DAILIER, Patrick; PELLET, Allain, *Direito Internacional Público,* 2ª ed., Lisboa, Gulbenkian, 2003.
– FERNANDES, António José, *Introdução à Ciência Política. Teoria, Métodos e Temáticas,* Porto, Porto Editora, 1995.
– FERNANDES, António José, *Relações Internacionais. Factos, Teorias e Organizações,* Lisboa, Editorial Presença, 1991.
– FERRO, Mónica; RIBEIRO, Manuel de Almeida; SALDANHA, António de Vasconcelos, *Textos de Direito Internacional Público – Organizações Internacionais,* Lisboa, Instituto Superior de Ciências Sociais e Políticas, 2003.
– FREDERICO II, *Reflexões sobre a Arte de Vencer,* Lisboa, Edições Sílabo, 2005.
– *Fundamentos da Doutrina,* Rio de Janeiro, Escola Superior de Guerra, 1981.
– GLUECK, F. W., *Business Policy and Strategic Management,* Nova Iorque, McGraw Hill, 1980.

- GOUVEIA, Jorge Bacelar, *Manual de Direito Internacional*, Coimbra, Livraria Almedina, 2003.
- GRAY, Collins, S., «Inescapable Geography» *The Journal of Strategic Studies*, vol. 22, n°s. 2/3, Junho-Setembro 1999.
- HAMEL, G., «Strategy, Innovation and the Quest of Value», *MIT Sloan Management Review*, vol. 39, n°.2, Inverno 1998.
- HAMEL, G., «Strategy as Revolution», *Harvard Business Review*, vol. 74, n.° 4, 1996.
- HART, B. Liddell, *Strategy*, 2ª ed., Nova Iorque, Meridian, 1991.
- HART, B. Liddell, *Memories*, vol. 2, Londres, Cassel, 1965.
- HARTMAN, Frederick, *The Relations of Nations*, 2ª ed., Nova Iorque, The MacMillan Company, 1962.
- HOLSTI, J. K., *International Politics – A framework for analysis*, 6ª ed., Londres, Prentice-Hall International, 1992.
- HOU, Wee Chow; SHEANG, Lee Khai; HIDAJAT, Bambang Walujo, *Sun Tzu A Arte da Guerra e do Gerenciamento*, 3ª ed., Rio de Janeiro, Editora Record, 2005.
- HUNGER, J. D. e WHEELEN, Thomas L., *Strategic Management*, 4ª ed., Reading, Addison-Wesley, 1993.
- HUNTINGTON, Samuel, *The Common Defense: Strategic Programmes in National Politics*, Nova Iorque, Columbia University Press, 1961.
- JOHNSON, Gerry e SCHOLES, Kevan, *Exploring Corporate Strategy*, 5ª ed., Londres, Financial Times-Prentice Hall, 1999.
- KIEHL, William P., *Information Operations: Time for a Redefinition?*, Carliste, The US Army Peacekeeping Institute, 2002.
- KNIGHTS, D. e MORGAN, G., «Strategic discourse and subjectivity; Towards a critical analysis of corporate strategy in organizations», *Organization Studies*, n° 12, vol. 3, 1991.
- LARA, António de Sousa, Ciência *Política – Estudo da Ordem e da Subversão*, Lisboa, Instituto Superior de Ciências Sociais e Políticas, 2004.
- LUTTWAK, Edward, *Strategy, The Logic of War and Peace*, Londres, The Belknap Press of Harvard University Press, 1987.
- MAGALHÃES, José Calvet de, *Manual Diplomático*, 4ª ed., Lisboa, Editora Bizâncio, 2001.
- MALTEZ, José Adelino, *Curso de Relações Internacionais*, Lisboa, Princípia, 2002.
- MALTEZ, José Adelino, *Princípios de Ciência Política*, 2ª ed., Lisboa, Instituto Superior de Ciências Sociais e Políticas, 1998.
- MARTIN, Miguel Ángel Ballesteros, «Las Estratégias de Seguridad y de Defensa», *Fundamentos de la Estratégia para el Siglo XXI*, s.d., Centro de Estudios de la Defensa Nacional, 67, Dezembro 2003.

- MINTZBERG, Henry, *The Rise and Fall of Strategic Planning*, Nova Iorque, Prentice Hall, 1994.
- MOREIRA, Adriano, *Teoria das Relações Internacionais*, Coimbra, Almedina, 2002.
- MOREIRA, Adriano, «A marcha para a unidade do Mundo: Internacionalismo e Nacionalismo», in *Estudos Políticos e Sociais*, vol. VII, n.º 4, Lisboa, Instituto Superior de Ciências Sociais e Políticas, 1969.
- MOREIRA, Adriano, *Ideologias políticas – Introdução à História das Teorias Políticas*, Lisboa, Instituto Superior de Ciências Sociais e Política Ultramarina, 1964.
- MURRAY, Williamson e GRIMSLEY, Mark, «Introduction: on Strategy», Williamson Murray; McGregor Konx; Bernstein, Alvin, ed., *The Making of Strategy, Rulers, States and War*, Cambridge, Cambridge University Press, 1999.
- NEWMAN, J. von e MORGENSTERN, O., *Theory of Games and Economic Behavior*, Princeton, Princeton University Press, 1944.
- NICKOLS, Fred, *Strategy – Definition and Meanings*, s.l., Distance Consulting, s.d.
- OHMAE, Kenichi, *The Mind of the Strategist, The Art of Japanese Business*, Nova Iorque, McGraw-Hill, 1982.
- PARRET, Peter, *Clausewitz and the State*, Nova Iorque, Oxford University Press, 1976.
- PEREIRA, André Gonçalves, *Curso de Direito Internacional Público*, 2ª ed., Lisboa, Editora Ática, 1970.
- POIRIER, Lucien, «Essais de Stratégie Théorique» Paris, *Fundation pour les Études de Défense National*, 1º suplemento ao número 13 (1º trimestre 1982), *Stratégique*, 1982.
- PORTER, Michael, «Strategy and Internet», *Harward Business Review*, vol. 79, n.º 3, 2001.
- PORTER, Michael, «What is Strategy?», *Harward Business Review*, Novembro-Dezembro, 1996.
- SACCHETTI, António Emílio, *Temas de Política e Estratégia*, Lisboa, Instituto Superior de Ciências Sociais e Políticas, 1986.
- SANTOS, Vítor Marques dos, *Apontamentos das Lições de Teoria das Relações Internacionais*, Lisboa, Instituto Superior de Ciências Sociais e Políticas, 2005.
- SANTOS, Víctor Marques dos, *A Humanidade e o seu Património: reflexões contextuais sobre a conceptualidade evolutiva e dinâmica operatória em Teoria das Relações Internacionais*, Lisboa, Instituto Superior de Ciências Sociais e Políticas, 2001.
- SCHELLING, Thomas C., *Arms and Influence*, New Haven, Yale University Press, 1966.

- SHY, John, «Jomini», *The Makers of Modern Strategy: From Machiavelli to the Nuclear Age*, ed. Peter Paret, Princeton, Princeton University Pres, 1986.
- SILVA, Golberi do Couto e, *Planejamento Estratégico*, 2ª ed., Brasília, Editora Universidade de Brasília, 1981.
- SNYDER, Glen e DIESING, Paul, *Conflict Among Nations*, New Jersey, Princeton University Press, 1977.
- TOFFLER, Alvin e TOFFLER, Heidi, *Guerra e Antiguerra*, Lisboa, Livros do Brasil, 1994.
- TUSCOZ, Jean, *Direito Internacional*, Mem Martins, Publicações Europa-América, 1994.
- TZU, Sun, *A Arte da Guerra*, Mem-Martins, Publicações Europa-América, s.d.
- WARDEN, John, *The Air Campaign: Planning for Combat*, Washington, National Defense University Press, 1988.
- WHIPP, R., «Creative deconstruction: strategy and organizations», S.R., Clegg, C., Hardy, e W.R., Nord, (ed.), *Handbook of Organization Studies,* Londres, Sage, 1986.
- WYLIE, J. C., *Military Strategy: A General Theory of Power Control*, Westport, Greenwood Press, 1980.

DOCUMENTOS OFICIAIS E OFICIOSOS

- DECRETO–LEI n.º 31956, de 2 de Abril de 1942.
- DECRETO–LEI n.º 78/75, de 7 de Fevereiro.
- DOCTRINE FOR JOINT OPERATIONS, Joint Publications 3-0, Washington, US Department of Defense, 1 Fevereiro 1995.
- *NAVAL PLANNING*, Naval Doctrine Publication 5, Department of the Navy, 1996.
- *OPERATIONS,* FM 100-5, Washington, US Department of the Army, 1993.
- *PLANEAMENTO OPERACIONAL NAVAL – PARTE I PLANEAMENTO DE OPERAÇÕES (PAA1(A))*, Lisboa, Estado-Maior da Armada, 1987.
- RESOLUÇÃO DO CONSELHO DE MINISTROS n.º 10/85, de 20 de Fevereiro (CEDN – 1985).
- *WAR INSTRUCTIONS*, Washington, Department of the Navy, 1944.

ÍNDICES REMISSIVOS

ÍNDICE REMISSIVO DE ASSUNTOS

A
acções sucessivas, 225, 228
aceitabilidade, 25, 43, 101, 132, 164, 188, 189, 191, 192, 193, 235
acomodação, 199, 200, 201, 202, 212
aculturação, 33
adequabilidade, 25, 88, 101, 131, 188, 190, 235
África, 162, 213, 229
agir, 28, 51, 54, 85, 86, 97, 105, 111, 112, 113, 123, 141, 148, 151, 157, 175, 176, 211, 223, 224
Alemanha, 47, 89, 90, 96, 146, 181
Alexandre, 122, 135, 180
ambiente de desacordo, 20, 43, 45, 77, 235
ameaça, 48, 51, 52, 53, 54, 55, 56, 62, 77, 83, 84, 85, 88, 94, 95, 120, 161, 169, 204, 205, 217, 225, 226, 227, 228, 234
ameaça directa, 225, 226, 228, 234
ameaça indirecta, 225, 227
América Latina, 232
análise de risco, 142, 193
análise do ambiente, 63, 190
análise funcional, 24
arbitragem, 207, 208, 212, 213
áreas de interesse, 108, 202
Aron, Raymond, 49
assimilação, 199, 202, 203, 212
ataque directo, 89
Atenas, 92
Austerlitz, 149
Áustria, 228
autoridade lateral, 109, 115
autoridade responsável, 109, 111, 115
autoridade subordinada, 109
autoridade superior, 49, 109, 110, 134, 157

B
batalha decisiva, 89, 230, 233
Batalha do Atlântico, 119
Bijagós, 172
bloqueio, 87, 89, 146, 216, 224
bons ofícios, 208, 211

C
capacidades coerentes, 81
capacidades diversificadas, 80
capacidades estratégicas, 189, 190
capacidades expedicionárias, 81
Carlos XII, 180
Cárpatos, 145
Carta das Nações Unidas, 95, 204, 207, 213, 214
Castex, 97, 129
centro de gravidade, 16, 26, 27, 29, 36, 37, 97, 106, 138, 149, 177, 178, 180, 181, 182, 183, 235
Checoslováquia, 228
CIA, 7, 232
ciclo de decisão, 169
ciência política, 21, 22, 23, 24
coacção, 20, 24, 25, 26, 27, 32, 33, 36, 37, 38, 44, 50, 60, 72, 73, 74, 75, 77, 78, 84, 85, 87, 88, 89, 90, 91, 93, 94, 95, 104, 105, 109, 123, 130, 199, 203, 206, 207, 215, 216, 217, 219, 221, 222, 223, 224, 225, 230, 235, 236
coacção diplomática, 77, 223

coacção económica, 88, 219, 221
coacção militar, 50, 217, 219, 223
coacção política, 77, 90, 123, 215, 222, 230
coacção psicológica, 216, 219
compatibilidade, 17, 105, 133, 139, 188, 190, 196
competências essenciais, 189
competição, 64, 66, 70, 119, 188, 199, 205, 209, 212, 236
conceito de estratégia, 16, 19, 20, 34, 45, 60, 62, 66, 70, 71, 75, 79, 90, 95, 104, 235
concepções particulares, 16, 59, 60, 65, 66, 70, 71, 235
conciliação, 81, 197, 207, 208, 212, 213
conflito, 9, 25, 45, 55, 56, 63, 71, 73, 78, 82, 85, 86, 88, 90, 91, 115, 119, 121, 128, 130, 139, 145, 148, 150, 156, 172, 173, 196, 197, 199, 200, 203, 204, 205, 207, 209, 211, 212, 214, 220, 225, 230, 236
conjuntura, 31, 32, 35, 38, 53, 55, 62, 80, 82, 128, 158, 164, 196, 197, 232
consciência colectiva, 68
Conselho de Segurança, 95, 213, 214, 218, 223
contrário, 24, 26, 29, 33, 37, 39, 42, 44, 48, 53, 61, 84, 86, 87, 94, 95, 97, 98, 99, 100, 104, 106, 108, 109, 111, 114, 123, 128, 134, 138, 139, 141, 142, 144, 150, 151, 153, 155, 157, 160, 161, 162, 164, 165, 166, 167, 169, 171, 172, 174, 175, 177, 180, 181, 182, 184, 193, 197, 202, 204, 205, 217, 223, 224, 226, 229, 230, 232, 235
controlo, 32, 34, 40, 49, 67, 91, 102, 107, 108, 111, 113, 116, 118, 120, 148, 156, 157, 159, 164, 165, 168, 170, 172, 193, 205, 219, 220, 224, 227
controlo da opinião pública, 220
Convenção, 149
cooperação, 25, 66, 147, 199, 200, 201, 202, 212, 220
crenças, 33
Cuba, 220
cultura, 47, 68, 130, 158, 188, 197
cultura estratégica, 130

D

decomposição, 137
defesa nacional, 16, 29, 35, 45, 46, 48, 53, 54, 55, 56, 57, 58, 72, 76, 77, 79, 163, 183, 235, 236
desempenho, 76, 118, 128, 157, 185, 189, 214, 236
desgaste, 87, 88, 92, 121, 133, 156, 229, 230
desinformação, 153, 220
destruição, 25, 40, 56, 83, 86, 87, 89, 91, 92, 94, 111, 148, 181, 183, 204, 215, 219, 224
dialéctica das vontades, 115
Direito Internacional, 95, 197, 200, 208, 210, 212, 213, 214, 215, 216, 240, 241, 242, 243
Direito Interno, 212
dissuadir, 85, 223
domínio, 22, 40, 49, 60, 72, 76, 77, 81, 89, 92, 102, 111, 122, 124, 136, 148, 150, 158, 165, 172, 185, 202, 204, 219
doutrina, 40, 41, 42, 43, 57, 79, 81, 104, 125, 130, 156, 163, 182, 183, 233
doutrina estratégica, 41, 125, 163
doutrinação, 220

E

edificar, dispor e empregar, 20, 30, 38, 77, 108, 110, 235
efectividade, 131
eficácia, 28, 40, 44, 126, 141, 142, 148, 157, 180, 224, 236
eficiência, 31, 41, 67, 134, 141, 143, 157, 219, 221
elaboração estratégica, 16, 22, 23, 119, 131

equilíbrio de poder, 86, 110, 195, 197
esclarecimento, 36, 126, 220
Escola Superior de Guerra, 37, 72, 240
Esparta, 92
Estalinegrado, 156
estratégia de dissuasão, 93, 226
estratégia de intimidação, 88
estratégia de negócio, 64
estratégia defensiva, 88, 92, 93, 230
estratégia defensiva pura, 93
estratégia defensiva-ofensiva, 88, 92, 94
estratégia directa, 84, 85, 86, 87, 88, 90, 93, 226, 228, 229, 230
estratégia empresarial, 64
estratégia estrutural, 31, 32, 80, 81, 82, 83
estratégia genética, 31, 32, 80, 82, 83
estratégia geral, 78, 110, 111, 112, 113
estratégia global, 75, 76, 83
estratégia indirecta, 84, 87, 88, 90, 92, 227, 228, 232
estratégia integral, 28, 53, 73, 75, 76, 77, 78, 100, 110, 113
estratégia nacional, 31, 76, 82, 172, 177
estratégia ofensiva, 88, 89, 94
estratégia ofensiva pura, 88, 89
estratégia operacional, 31, 32, 80, 81, 82, 83, 84, 112, 114
estratégia particular, 79, 114
estratégia preemptiva, 93, 95
estratégia preventiva, 93, 94
estratégia total, 146
estrutura, 17, 19, 37, 38, 50, 72, 78, 79, 81, 97, 106, 109, 113, 116, 118, 120, 148, 164, 181, 182, 226
Etiópia, 223
EUA, 7, 34, 47, 55, 83, 86, 135, 139, 141, 145, 156, 173, 182, 185, 186, 187, 200, 202, 211, 220, 227, 230, 232
evolução da conjuntura, 80, 82, 128
exequibilidade, 25, 43, 101, 132, 140, 188, 189, 190, 191, 235
expectativa estratégica, 169

F
factores de decisão, 16, 24, 25, 26, 27, 29, 32, 97, 104, 107, 109, 114, 120, 124, 125, 126, 154, 155, 160, 184, 188, 225, 226, 232, 233, 235
Falkland/Malvinas, 119
ferramentas práticas, 21, 23, 178
ferramentas teóricas, 21, 178
força, 23, 29, 42, 47, 49, 50, 51, 53, 63, 69, 71, 73, 77, 80, 82, 84, 85, 87, 90, 93, 94, 95, 103, 106, 111, 112, 113, 115, 118, 119, 121, 122, 123, 140, 142, 147, 149, 150, 151, 152, 154, 155, 156, 160, 161, 166, 171, 177, 179, 180, 181, 182, 184, 195, 196, 197, 199, 200, 202, 203, 204, 206, 207, 215, 216, 217, 220, 223, 224, 227, 229, 236
forças disponíveis, 134
formas de acção, 16, 103, 157, 206, 207, 208, 212, 214, 215, 216
formas de acção superestatais, 214
formas de coacção, 72, 73, 74, 75, 77, 78, 87, 90, 123, 215, 216, 219, 221, 223, 224, 230
formulação, 24, 26, 27, 31, 43, 54, 70, 77, 79, 98, 100, 102, 103, 104, 107, 108, 120, 124, 126, 128, 131, 159, 171, 187, 199, 206, 235
formulação estratégica, 24, 43, 70, 102, 124, 131, 187

G
génio estratégico, 29
gestão estratégica, 61
grande estratégia, 75, 76, 146
grau de negação, 32, 40, 204, 205, 206
Guerra Civil de Espanha, 223
guerra de atrição, 177
Guerra-Fria, 50, 56, 86, 95, 139, 147, 169, 185, 214, 220, 225, 227
Guiné-Bissau, 172, 229
Guiné-Conacri, 172

H
Haia, 211, 213
hierarquização, 84
hipóteses de guerra, 48, 75
Hiroshima, 186

I
I Guerra Mundial, 86, 90, 119, 129, 145, 146, 156, 181
ideologia, 68, 197, 206, 224, 229
II Guerra Mundial, 19, 86, 89, 91, 119, 129, 145, 146, 156, 207, 227, 228
imposição de sanções, 221
incerteza, 24, 30, 35, 44, 71, 159, 164, 169
indicadores, 189, 234
Indonésia, 211, 227
influência económica, 221
informações, 33, 95, 101, 102, 104, 108, 129, 141, 144, 148, 161, 164, 166, 168, 172, 190, 196, 206
interacção estratégica, 16, 71, 233
interesses nacionais, 20, 46, 47, 51, 52, 53, 54, 55, 137
intuição, 64, 103, 233
Iraque, 89, 95, 139
Isonzo, 145
Israel, 34, 95, 187

L
lassidão, 225, 228, 234
líder estratégico, 28, 29
linhas de acção, 106, 191, 223

M
manipulação, 108, 170, 171, 193, 220
manobra, 16, 35, 38, 41, 59, 61, 62, 64, 65, 70, 80, 81, 97, 98, 100, 106, 107, 111, 114, 140, 153, 154, 157, 171, 225, 230, 235
manobra estratégica, 38, 62, 80, 81, 97, 157
Mar Verde, 172
massificação das forças, 149, 150

massificação dos efeitos, 150
mediação, 207, 208, 211, 212, 213
meio, 20, 24, 25, 26, 27, 32, 34, 37, 38, 60, 77, 84, 98, 100, 104, 105, 109, 111, 115, 118, 119, 126, 129, 140, 154, 155, 157, 159, 164, 165, 168, 169, 170, 171, 174, 175, 176, 184, 192, 193, 204, 207, 208, 216, 232, 233, 235, 236
meios de coação, 16
meios de coacção, meio e tempo, 32, 38
mestre na arte da estratégia, 28, 29
Minho, 229
missão, 20, 36, 54, 66, 75, 104, 111, 112, 113, 131, 134, 136, 145, 177, 196, 220
mobilização, 23, 76, 146
modalidade de acção, 16, 26, 27, 29, 33, 38, 85, 97, 98, 99, 100, 101, 103, 104, 107, 110, 112, 113, 114, 115, 118, 120, 125, 126, 127, 151, 160, 163, 165, 166, 168, 183, 185, 186, 188, 189, 190, 191, 192, 193, 225, 235
modelo comportamental, 16, 59, 62, 63, 64, 65, 68, 70, 71, 235
modelo estratégico, 27
modelos de acção, 16, 24, 26, 27, 41, 104, 196, 225, 226, 232, 233, 236
modo estratégico, 44, 85

N
Nação, 20, 37, 39, 47, 48, 51, 53, 55, 72, 91, 217
Nagasaqui, 186
negociações directas, 208
neutros, 30, 71, 153, 212, 219
níveis de decisão e execução, 16, 26, 27, 97, 116, 235

O
objectivos de guerra, 36
objectivos estratégicos básicos, 36, 38, 99, 100, 106, 119
objectivos estratégicos de defesa nacional, 183

objectivos fixados pela política, 20, 27, 35, 37, 38, 45, 77, 80, 87, 235
objectivos nacionais actuais, 38
objectivos nacionais permanentes, 37, 38
ONU, 7, 55, 59, 119, 173, 201, 204, 213, 214, 215, 218, 223
opções estratégicas, 22, 24, 154, 155
operacionalização, 24, 26, 27, 43, 44, 63, 77, 79, 98, 100, 103, 104, 107, 108, 120, 124, 125, 126, 128, 131, 150, 154, 158, 159, 168, 170, 171, 172, 190, 191, 199, 207, 235
operacionalização estratégica, 27, 43, 108, 124, 125, 128, 150, 168
operações psicológicas, 29, 220
oposição, 9, 25, 71, 119, 135, 199, 205, 209, 234, 236
orçamentos, 33, 142

P

Pacífico, 187, 230
Pacto de Varsóvia, 200
PAIGC, 229
parceiros, 66, 71, 171, 199
perigo, 41, 57, 92, 142, 149, 168, 176
perspectiva, 16, 20, 21, 22, 59, 64, 67, 68, 69, 70, 71, 126, 222, 235
perspectiva das tendências individuais, 21
perspectiva funcionalista, 21, 22
perspectiva racionalista, 21
perspectiva sistémica, 21, 22
persuasão, 25, 33, 45, 86, 199, 200, 206, 215
perturbações sistémicas, 100
Pétain, 156
planeamento estratégico, 19, 61, 63
planeamento operacional, 83
plano, 16, 23, 30, 49, 56, 59, 60, 61, 64, 65, 70, 73, 78, 94, 108, 137, 141, 150, 151, 155, 156, 158, 165, 167, 169, 199, 235
Plano Schlieffen, 129

Plano XVII, 42, 129
planos de contingência, 163
Platão, 153
poder, 20, 22, 27, 28, 29, 30, 32, 34, 36, 37, 38, 39, 40, 42, 43, 44, 53, 57, 59, 60, 65, 71, 72, 75, 76, 79, 82, 86, 91, 93, 98, 99, 100, 101, 102, 103, 104, 110, 118, 121, 122, 123, 133, 141, 144, 148, 150, 151, 152, 177, 178, 180, 181, 184, 196, 197, 199, 206, 207, 208, 213, 215, 216, 217, 222, 223, 232, 235
poder nacional, 20, 27, 28, 29, 34, 36, 38, 40, 43, 44, 72, 75, 76, 79, 82, 98, 99, 100, 101, 103, 104, 123, 144, 148, 150, 152, 184, 206, 215, 235
política de defesa nacional, 54
políticas sectoriais, 64
posição, 16, 59, 64, 65, 66, 68, 70, 71, 73, 89, 94, 100, 106, 110, 121, 150, 153, 175, 185, 186, 189, 216, 225, 235
potencialidades, 29, 31, 81, 87, 94, 99, 106, 108, 136, 178, 188, 225
praticante estratégico, 28, 29
prazos críticos, 48
pressão indirecta, 225, 227, 228, 234
pressupostos, 94, 95
previsão, 103, 160, 191
princípio da economia de esforço, 140, 141, 144, 158, 165, 183, 191
princípio da importância do objectivo, 131, 132, 133, 165
princípio da liberdade de acção, 164, 165, 166, 171, 193
princípios da estratégia, 26, 120, 124, 125, 127, 129, 132, 232, 236
princípios da guerra, 121, 122, 123, 130, 183
procedimentos, 38, 41, 42, 43, 44, 85, 121, 122, 124, 125, 147, 158, 161, 162, 195, 197, 233
processo de decisão, 21, 23, 105, 128, 137, 168
processo de inquérito, 208, 210, 212

processo estratégico, 16, 26, 37, 69, 97, 234, 235
processos conjuntivos, 199, 200
processos disjuntivos, 36, 78, 199, 203, 206
Programa do Governo, 110
programas, 77, 80, 156
progressividade, 137
projecção, 147, 193
projectos, 111, 112, 115, 169, 192
propaganda, 58, 79, 135, 153, 220, 224
provas da estratégia, 16, 26, 27, 97, 127, 235
públicos de interesse, 192

R
raciocínio estratégico, 59, 232, 233, 236
Radio Free Europe, 220
Radio Liberty, 220
Radio Marti, 220
RAF, 7, 119
ramos da estratégia, 16, 72, 73, 80, 84
realimentação, 23
recursos, 23, 27, 31, 33, 36, 39, 44, 48, 50, 56, 65, 69, 75, 76, 80, 81, 83, 91, 106, 107, 108, 114, 125, 134, 135, 136, 140, 142, 143, 152, 154, 155, 176, 177, 183, 184, 185, 188, 190, 195, 206, 222
regra da administração do tempo, 176
regra da clareza, 144, 158
regra da concentração, 150, 153
regra da coordenação, 144
regra da flexibilidade, 137
regra da iniciativa, 168
regra da segurança, 158, 172, 173
regra do ponto conveniente, 174, 175
regras da estratégia, 104, 125, 126, 127, 128, 129, 153, 157, 234, 235
Reino Unido, 55, 119, 145, 223
relação de forças, 24, 41, 49, 82, 90, 105, 115, 133, 134, 160, 174, 176, 184, 185, 186, 187, 226, 229, 230, 232, 233

relações de poder, 23, 59
retroacção, 23, 116, 118
reversibilidade, 137
Revolução Francesa, 47, 149
Revolution on Business Affairs, 7, 125
Revolution on Military Affairs, 7, 125
risco, 25, 27, 49, 51, 52, 56, 63, 70, 89, 91, 94, 131, 137, 142, 148, 150, 155, 162, 184, 192, 193, 204, 220
Rússia, 55, 87, 90, 92, 214, 230

S
segurança colectiva, 55, 86
segurança nacional, 16, 45, 46, 47, 48, 50, 51, 52, 53, 54, 55, 56, 57, 58, 76, 143, 184, 185, 234
sensibilidade à evolução, 137
sensibilidade ao insucesso, 137
serviços de informações, 108, 166, 170
sistema de forças, 160, 230
sistema político, 22, 32, 75, 216, 222
situação económica, 152
situação estratégica, 38, 74, 99, 100, 185, 189, 206
sucesso estratégico, 61, 62, 64, 107, 132, 139, 186, 188
superar problemas e explorar eventualidades, 43, 45, 126, 236

T
táctica, 31, 34, 42, 43, 63, 78, 81, 114, 115, 118, 119, 120, 122, 131, 167, 233
técnica de comparação, 23
técnica de observação directa, 23
técnica de observação documental, 23
técnica de sistematização, 23
tempo, 19, 20, 24, 25, 26, 27, 28, 32, 35, 37, 38, 44, 45, 55, 59, 60, 75, 77, 81, 82, 87, 91, 92, 94, 95, 98, 99, 100, 103, 104, 107, 108, 109, 111, 113, 114, 118, 119, 123, 124, 125, 126, 129, 131, 133, 138, 139, 140, 142, 143, 145, 146, 150, 151, 153, 155, 156, 157,

159, 163, 164, 165, 166, 167, 168, 169, 171, 175, 176, 178, 181, 183, 184, 192, 193, 214, 225, 227, 228, 230, 235, 236
teoria, 22, 36, 41, 60, 68, 104, 121, 126, 196, 203
teórico estratégico, 28
Timor, 211, 227, 229
tomada de decisão, 21, 24, 35, 44, 96, 163, 169
Tribunal Arbitral Permanente, 213
Tribunal Internacional de Justiça, 213, 214
Tribunal Penal Internacional, 213
turbulência ambiental, 61

U
Universidade de Berlim, 178

URSS, 7, 55, 83, 86, 91, 96, 169, 185, 200, 214, 220, 225, 227
US Information Agency, 220

V
validade, 169
valor estratégico, 45
valores, 23, 40, 45, 47, 58, 71, 215, 219
vantagem estratégica, 16, 26, 27, 32, 62, 67, 97, 101, 151, 183, 185, 186, 187, 188
variáveis, 17, 22, 42, 63, 101, 102, 123, 130, 175, 215
via judicial, 208, 212, 213
Vicksburg, 65
visão estratégica, 132
Voz da América, 220
vulnerabilidades, 29, 31, 81, 94, 99, 100, 106, 136, 188, 225

ÍNDICE REMISSIVO ONOMÁSTICO

A
Alexandre, 122, 135, 180
Andrews, Kenneth, 64
Ansoff, H. Igor, 19, 61
Aron, Raymond, 49

B
Baquer, Miguel Alonso, 74
Beaufre, André, 35, 41, 42, 72, 73, 77, 78, 80, 84, 85, 87, 88, 92, 98, 106, 115, 120, 121, 122, 140, 165, 167, 171, 225, 226, 227, 228, 229, 233
Bessa, António Marques, 28
Bonaparte, Napoleão, 103, 135, 137, 141, 143, 151, 159, 162, 170, 175, 176
Bronssilov, 145, 156
Bullow, 62

C
Caetano, Marcelo, 45, 53
Caminha, João C. G., 60, 74, 76, 79, 121, 122, 153, 168, 207, 215
Castex, 97, 129
Chandler, A. D., 19
Charnay, Jean-Paul, 25, 27, 28, 30, 34, 35, 38, 40, 43, 44, 55, 62, 63, 68, 73, 75, 77, 80, 85, 88, 91, 111, 115, 124, 133, 139, 153, 204, 225, 226, 228
Clausewitz, Carl von, 37, 93
Clegg, S. R., 19
Correia, Pedro Pezarat, 56, 58
Coutau-Bégarie, Hervé, 98
Couto, Abel, 19, 24, 25, 31, 32, 49, 50, 63, 75, 81, 87, 88, 105, 121, 125, 147, 167, 171, 212, 216, 219, 221, 222, 223, 225, 227, 228, 229, 230, 234

D
Daillier, Patrick, 95, 213
David, Charles-Philippe, 46, 48, 49, 50, 52, 54, 59
De La Chapelle, 121
Derek, Jinks, 33
Dinh, Nguyen Quoc, 95, 213

E
Easton, David, 23

F
Falkland/Malvinas, 119
Fernandes, António José, 21, 22, 199, 200, 201, 202
Ferro, Mónica, 95
Foch, 73, 90, 120
Folard, 129
Frederico II, 41, 44, 92, 129, 132, 133, 141, 149, 153, 154, 158, 159, 160, 161, 162, 171, 175, 176, 177

G
Gray, Colin S., 34
Grimsley, Mark, 34

H
Hamel, G., 69
Hardy, C., 19
Hart, Liddell B., 65, 87, 91, 92, 93
Hidajat, Bambang Walujo, 30

Hitler, 86, 91, 225, 227, 228
Hou, Wee Chow, 30
Huntington, Samuel P., 77

J
Jomini, 26, 30, 41, 62, 122, 124, 129, 149, 243

K
Klein, Jean, 123
Knights, D., 19

L
Lara, António de Sousa, 20, 45
Lenine, 122
Ludendorff, 90, 91, 156
Luttwak, Edward N., 75, 85, 86, 100, 110, 113, 118, 160, 195, 204, 220, 223, 225

M
Mac-Mahon, 162
Maltez, José Adelino, 22, 23, 28
Marmont, 62
Martin, Miguel Ángel Ballesteros, 51
McDonnell, E. J., 61
Mintzberg, Henry, 63, 65
Moltke, 63, 90, 121
Montbrial, Thierry, 123
Moreira, Adriano, 27, 32, 130
Morgan, G., 19
Morgenstern, O., 61
Murray, Williamson, 34

N
Newman, J. von, 61
Nord, W. R., 19

P
Péricles, 92

Pétain, 156
Plano Schlieffen, 129
Platão, 153
Poirier, Lucien, 109, 117
Porter, Michael, 62, 66, 67

R
Ribeiro, António Silva, 20, 195, 199
Ribeiro, Manuel de Almeida, 95

S
Sacchetti, António Emílio, 47, 54
Saldanha, António de Vasconcelos, 95
Santos, J. Loureiro dos, 63
Saxe, 129
Scharnhorst, 120
Sheang, Lee Khai, 30
Snyder, Glen, 63
Somme, 145

T
Toffler, Alvin, 148
Tregoe, Benjamim, 69
Tucídedes, 129
Turenne, 120
Tzu, Sun, 92, 105, 139

U
Ulm, 98

W
Warden, John, 177
Whipp, R., 19
Wylie, J. C., 26

Z
Zimmerman, John, 69